W0307310

DUMONT

Wenn schon falsch, dann richtig!
Christoph Gottwald erzählt in ›Blütenträume‹ die spektakuläre Lebensgeschichte des Kölner Dollarfälschers Jürgen Kuhl. Sohn einer bürgerlichen Familie, entwickelt der 1944 geborene Kuhl früh ein Faible fürs Halbseidene. Im Milieu etabliert sich ›Duv‹ (kölsch für Taube) schnell, sein Geld jedoch verdient er zunächst legal, als Repro-Fotograf, Kameraassistent, Modeschöpfer und als Kunstmaler, der vor allem mit Bildern im Warhol-Stil reüssiert. Irgendwann aber verkaufen sich die großformatigen Bilder nicht mehr so gut. Doch die Siebdruckanlage in seinem Atelier in Köln-Pulheim lässt sich auch anders nutzen …
Im März 2007 wurde Jürgen Kuhl in einer spektakulären Aktion des BKA bei der Übergabe von sechs Millionen Dollar Falschgeld verhaftet. 2012 wurde er aus der Justizvollzugsanstalt Euskirchen entlassen.

Christoph Gottwald,
geboren 1954 in Köln, studierte Germanistik, Soziologie und Philosophie. 1984 erschien sein Krimidebüt ›Tödlicher Klüngel‹, dem die Köln-Krimis ›Lebenslänglich Pizza‹ (1986) und ›Marie Marie‹ (1994) folgten, sowie der Roman ›Endstation Palma‹ (1998). Christoph Gottwald arbeitet als Drehbuchautor für Fernsehproduktionen sowie als freier Rundfunk- und TV-Journalist und Schriftsteller.

Christoph Gottwald

BLÜTENTRÄUME

Die unglaubliche Geschichte
des Geldfälschers Jürgen Kuhl

DUMONT

FSC
www.fsc.org
MIX
Papier aus verantwortungsvollen Quellen
FSC® C083411

Februar 2014
DuMont Buchverlag, Köln
Alle Rechte vorbehalten
© 2010 DuMont Buchverlag, Köln
Umschlag: Zero, München
Umschlagabbildung: © Imagemore Co., Ltd./Corbis
Satz: Fagott, Ffm
Gesetzt aus der Garamond und der Old Face
Druck und Verarbeitung: CPI – Clausen & Bosse, Leck
Gedruckt auf säurefreiem und chlorfrei gebleichtem Papier
Printed in Germany
ISBN 978-3-8321-6259-7

www.dumont-buchverlag.de

Für Katja und Tim

1.

Der 23. Mai 2007 war ein wunderbarer Tag. Was das Wetter anging. Kurz vor 10 Uhr schloss ich die Ateliertür hinter mir und spazierte unter tiefblauem Himmel einen Feldweg in Richtung Widdersdorf entlang. Ich blieb stehen und steckte mir eine Zigarette an. Ich hustete. Nach den ersten Zügen am Tag hustete ich immer. Nach den letzten auch. Das ist die Schwindsucht, hatte meine Tini immer gesagt. Aber es war nicht die Schwindsucht. Vermutlich war es die Spätfolge einer Lungenentzündung, die ich mir in einer nordspanischen Spätsommernacht zugezogen hatte. Nach ein paar Cuba libre an der Strandbude und einem nächtlichen Bad in der Costa Dorada war ich auf der Rückbank eines Käfer-Cabrios eingeschlafen, während sich mein Kumpel Heinz im Pensionszimmer mit einer schottischen Touristin vergnügte. Als ich um 5 Uhr morgens aufwachte, war meine Badehose immer noch klamm. Über dreißig Jahre ist das her.

Lungenentzündung hin, Schwindsucht her. Eigentlich war es völlig unnötig, dass ich mit fünfundsechzig Jahren noch qualmte. Aber nach hundert gescheiterten Versuchen, den blauen Dunst aus meinem Leben zu verbannen, hatte ich es irgendwann aufgegeben, mich davon verabschieden zu wollen.

Umgeben von prächtig gesprossener Gerste stand ich also im Feld und ließ den Rauch meiner Zigarette ins wolkenlose Firmament steigen. Heute war so ein Tag, an dem sich etwas Entscheidendes in meinem Leben verändern konnte. Ich kannte dieses Gefühl, dieses Kribbeln unter der Haut, das ich immer im Casino verspürt hatte, wenn der Croupier die Kugel kreisen ließ und dabei »Rien ne va plus« sagte.

Natürlich stand heute etwas anderes an, als 1000 Euro auf das letzte Dutzend zu setzen. Aber auch Tage wie den heutigen kannte ich. Den einen oder anderen von dieser Güte hatte ich schon erlebt im Laufe der Jahrzehnte. Immer war es um dicke Fische gegangen, die am Köder schnupperten und darauf warteten, von mir an Land gezogen zu werden.

Heute war der Fisch 550.000 Euro dick. Sauberes Geld. Nach Abzug aller Nebenkosten und Provisionen blieben in jedem Fall 400.000 für mich übrig. Das Geld würde ich wegbunkern für magere Zeiten. Denn die Geschäfte liefen gerade gut an. Auch auf legale Art und Weise wäre ich in zwei Jahren alle finanziellen Sorgen los. Aber diese Sache wollte ich noch durchziehen. Auch wegen Susanne Wagental, denn für sie hing mehr davon ab als für mich. Wenn alles so lief, wie sie es sich vorstellte, konnte sie heute die Grundlage schaffen, um Ende des Jahres eine Million Euro reicher zu sein. Davon würde sie die eine Hälfte für die Betreuung ihrer kranken Mutter weglegen und sich aus der anderen Hälfte eine weiche Matratze stopfen, auf der die jetzt neunundzwanzigjährige Eventmanagerin irgendwann eine entspannte Babypause einlegen konnte.

Ich schaute zurück auf die kleine Gewerbeansiedlung, die ein innovativer Bauer vor zwölf Jahren auf einen Zipfel seiner Ländereien gebaut hatte. Rund zwanzig Firmen waren in den paar Blocks untergebracht, die von der Donatusstraße abgingen. Mein Atelier – oder meine Werkstatt, wie man's nimmt – befand sich im ersten Block. Langsam ließ ich den Blick über das Gelände wandern. Nichts war zu sehen, was mich in irgendeiner Weise beunruhigte.

Ein alter 220-SE-Mercedes bog von der Bonnstraße ab und stoppte vor dem Atelier. Friedhelm »Freddy« Hackmann stieg aus.

Ich schaute auf meine Uhr. 10.25 Uhr. Besser zu früh als zu spät. Für halb elf waren wir verabredet. Ich trat die Zigarette aus.

Bei einem Gestüt auf der Rennbahn in Weidenpesch hatte Freddy sich einst zum Jockey ausbilden lassen, und danach war er ein paarmal sogar als Sieger aus dem Sattel gestiegen. Dann aber gab es Probleme. Es ging um Pferde-Doping, in umgekehrter Richtung. Ein renommierter Züchter aus Baden-Baden hatte behauptet, fünf seiner Toppferde seien pharmazeutisch so manipuliert worden, dass sie mit hängender Zunge als letzte ins Ziel gestrauchelt wären. Der Verdacht fiel auf Freddy. Denn er oder sein bester Kumpel hatten die Rennen gewonnen.

Beweise gab es keine. Aber so ein Verdacht ist nicht unbedingt der goldene Steigbügel für die Karriere eines Nachwuchsjockeys. Freddy durfte kaum noch Rennen reiten. Und dann wurden die Vorwürfe laut, ein paar Jockeys hätten sich abgesprochen, um an Dreierwetten mitzukassieren. Drahtzieher sollte Freddy gewesen sein. Wieder gab es keine Beweise.

Freddy war jetzt Mitte vierzig und wog hundert Kilo, verteilt auf sein Jockeygardemaß von 1,62 Meter. Wenn wir beide zusammen in der Stadt unterwegs waren, drehten sich die Leute nach uns um und grinsten. War bestimmt ein witziger Anblick: ich mit meinen gut 190 vertikalen Zentimetern und einer so entschlackten Figur, dass mir mitleidige Schulkinder an der Bushaltestelle ihre Pausenbrote aufdrängten, und daneben Freddy, der wandelnde Kubikmeter.

Es gab nur zwei Leute, die wussten, was sich in dem Container befand, den ich vor gut einem Jahr angemietet hatte. Freddy und ich. Deshalb hatte ich ihn gebeten, mir etwas zur Hand zu gehen. Als ich ihm versprach, dass sich heute Abend, wenn die Sache planmäßig gelaufen wäre, 5000 Euro in der Westentasche seines Sakkos einfinden würden, schlug der Exjockey hocherfreut in meine ausgestreckte Hand ein.

»Alles klar?«, begrüßte mich Freddy.

»So weit ja. Ist dir was aufgefallen bei der Anfahrt?«

»Nee, nichts.«

Ich setzte mich auf den Beifahrersitz, und Freddy fuhr los. Im Wagen war es heiß und muffig. Ich kurbelte die Scheibe runter und legte den rechten Ellenbogen in den Fahrtwind.

Durch Pulheim bis zur Venloer Straße, dann stadteinwärts, den Militärring kreuzen, am Friedhof vorbei, hinter Bickendorf links abbiegen in die Rochusstraße.

Freddy steuerte den Benz durch die Einfahrt des stillgelegten Betriebshofs. Früher sind hier kleine Firmen ihrem Handwerk nachgegangen. Dreher, Werkzeugmacher, Schlosser. Nachdem vor einem Jahr auch der Motorradschrauber seine Schuppen geräumt hatte, war nur noch Jupp übrig. Er war über siebzig, kam ab und zu auf seinem Moped angeknattert und sortierte Berge von defekten Küchengeräten, verrosteten Fahrrädern und sonstigem metallhaltigem Müll, den er im Laufe der Jahre angeschleppt hatte.

Der Eigentümer ließ die alten Fertigungsstätten verfallen und vermietete vierundzwanzig Container, die er nebeneinander auf der gegenüberliegenden Seite des Grundstücks aufgestellt hatte. Der Mieter von Nummer 17 war ich.

Als wir an diesem späten Vormittag auf das Gelände fuhren, parkte vor Jupps Schrottareal ein kleiner Lkw mit offener Ladefläche, auf der ein Mann stand. Ein zweiter saß auf dem Fahrersitz.

»Was machen die da?«, fragte Freddy.

Ich schaute auf meine Uhr. Wir lagen gut in der Zeit. Das bedeutete aber nicht, dass wir es uns leisten konnten, hier ewig abzuwarten, bis die beiden Typen mit ihrem Lkw das Feld geräumt hatten.

»Fahr nicht direkt zu dem Container«, sagte ich.

Freddy rollte bis zur verriegelten Tür der stillgelegten Firma, die früher mit landwirtschaftlichen Getriebeölen gehandelt hatte, und zog die Handbremse. Wir steckten uns Zigaretten an und schauten unauffällig zu dem Lkw rüber. Der Fahrer stieg aus und kletterte zu seinem Kollegen auf die Ladefläche. Sie bückten sich und schoben irgendwas hin und her. Aber sie luden nichts ab und nichts auf.

»Einen richtigen Plan haben die nicht«, sagte ich.

»Vielleicht sind die mit dem Schrottfritzen verabredet«, spekulierte Freddy.

»Kann ich mir kaum vorstellen, dass der Jupp telefonische Terminabsprachen macht«, erwiderte ich. »Sieht eher so aus, als wollten die beiden sich bei ihm bedienen. Und wir hindern sie gerade daran.«

»Meinst du echt, die wollen den verrosteten Schrott klauen?«

»Vielleicht gibt's irgendwo im Kilo ein paar Cent dafür.«

»Und was machen wir, wenn die sich nicht bald vom Acker machen?«

»Dann steige ich aus und notiere mir auffällig deren Kfz-Nummer.«

»Und wenn die das nicht gut finden?«

»Dann ziehen wir die Sache trotzdem durch.«

Die Männer auf dem Lkw schienen mindestens so viele Probleme mit unserer Anwesenheit auf dem Gelände zu haben wie wir mit ihrer. Unsere Zigaretten waren noch nicht bis zum Filter runter, da kletterten die beiden von der Ladefläche, setzten sich ins Führerhaus und fuhren weg. Sie hatten ein BM-Kennzeichen.

»Bergheimer«, sagte Freddy.

»Hauptsache, sie sind weg«, erwiderte ich. »Los jetzt!«

Freddy drehte den Zündschlüssel und setzte den Benz rückwärts vor meinen Container. Ich stieg aus und steckte den Schlüssel in das Vorhängeschloss.

Als ich die Metallklappe öffnete und sich das Sonnenlicht auf den Kartons ausbreitete, zogen sich krampfartig meine Magenwände zusammen, und mir wurde in dem Moment wieder so richtig klar, wie viel sinnlos verplemperte Energie ich in diese bedruckten Papierfetzen gesteckt, wie viel Herzblut, wie viel Ehrgeiz ich verschwendet hatte. Und nichts hatte es gebracht. Gar nichts. Seit einem Jahr lagerten die Blüten hier, und oft hatte ich daran gedacht, den ganzen Klump einfach in die Luft zu sprengen. Im übertragenen Sinn natürlich. Rauswerfen aus meinem Leben, verbrennen, schreddern, in Salzsäure auflösen. Nur weg damit.

»Wie viel ist in so einem Karton?«, holte mich Freddy zurück nach Bickendorf.

»Hier vorne die drei. Die reichen.«

Es waren Umzugskartons von Obi, die ich mit Lassoband zugeklebt hatte. Ich griff mir einen und stellte ihn in den geöffneten Kofferraum. Freddy packte den zweiten, ich wieder den dritten.

»Abflug!«

Freddy stand in der Luke des Containers und schaute in einen Müllsack aus blauem Plastik, in dem sich zwei alte Pistolen, fünf Einschubmagazine und ein Döschen Patronen befanden.

»Vergiss es«, sagte ich, »aus dem Schrott fliegt keine Kugel mehr.«

»Muss ja nicht unbedingt«, gab Freddy zu bedenken, »aber wenn ich die in Öl bade und 'n bisschen aufpoliere, hätten wir zur Not was in der Hand. Ich meine, wenn die Wagental jetzt doch plötzlich mit drei von ihren Russen in der Tür steht, dann wären das hier eventuell zwei starke Argumente für die weiteren Verhandlungen.«

Freddy machte den Sack zu und deponierte ihn unter dem Fahrersitz. Mir war es egal.

Als wir die Kartons damals hier im Container einlagerten, schob Freddy den blauen Sack in die hintere Ecke und schwadronierte los, er hätte die Colts als Sicherheit für eine Pokerschuld bekommen, der Typ aber wäre aus dem Libanon nicht mehr zurückgekehrt, und die Waffen einfach wegschmeißen wär' doch zu schade. Wenn seine Frau die aber zu Hause zufällig im Keller oder im Kleiderschrank fände, würde es Stress geben ohne Ende und so weiter und so weiter.

Ich schob den schweren Eisenriegel vor, hängte das Bügelschloss dran und klickte es zu. Wenn die Sache heute gut ging, würde ich mir ab morgen früh ernsthaft Gedanken machen, wie ich mich auf unauffällige Art und Weise von der Blechbude hier und den restlichen Umzugskartons für immer verabschieden könnte. Das schwor ich mir in diesem Moment.

Wir fuhren zurück nach Widdersdorf und drehten eine Ehrenrunde durch die Gewerbestraße. Alles schien ganz normal zu sein. Keine auffälligen Autos, keine betont unbeteiligt wirkenden Männer, die an Werktoren oder Rollgittern rumbastelten und sich darauf konzentrierten, nicht den Eindruck zu erwecken, dass sie nur wegen uns einen Blaumann anhatten.

Ich stieg aus und schloss die Ateliertür auf. Freddy öffnete den Kofferraum, und dreißig Sekunden später standen die drei Obi-Kartons auf dem Betonboden neben meinem Arbeitstisch.

Bei ihrem letzten Besuch hatte Frau Wagental zehn Faltbögen von der Post mitgebracht, für gelbe Pappkartons. Sechs hatte ich aufgeklappt und zusammengefummelt. Vielleicht reichten auch fünf.

Mit dem Teppichmesser schnitt ich das Gewebeband auf und öffnete einen der Obi-Kartons. Ich griff hinein und hob die ersten gebündelten Scheine auf den Tisch.

»Geil«, flüsterte Freddy mit ehrfürchtiger Stimme.

Ich lächelte. Klar war ich stolz auf das, was ich geleistet hatte. So gute 100-Dollar-Scheine hatte noch keiner hinbekommen. Vielleicht in den Staaten, aber die waren dann vermutlich so gut, dass sie im Umlauf waren und auch die Banker sie für echt hielten. Aber in Europa waren meine Scheinchen konkurrenzlos.

»Wie viel ist so ein Bündel?«

»50.000. Zwanzig davon sind eine Million.«

Ich packte vierundzwanzig Bündel in das erste Postpaket.

»Darf ich mithelfen?«, bat Freddy mit trockener Kehle.

Der Anblick solcher Geldmengen, auch wenn's Falschgeld ist, lässt viele Leute vegetativ total am Rad drehen. Vor allem Leute, die sich ihr ganzes Leben lang, jeden Tag, jede Stunde die Hirne zermartert haben, wie sie möglichst effektiv möglichst viel Schotter machen könnten. Atemnot, Brechreiz, Herzklabaster, Tinnitus, Triefnase, die ganze Palette. Da waren Freddys ausgetrockneter Rachen und sein Schüttelfrost noch das ganz kleine Programm.

Ein paar Minuten später hatten wir die bestellten 6 Millionen US-Dollar in fünf adretten gelben Postkartons verpackt.

»Ich denk mal, du haust jetzt besser ab«, sagte ich, »in einer halben Stunde kommt Frau Wagental.«

»Okay.« Freddy nickte. »Ich bleibe in der Nähe. Falls mir irgendwas Faules auffällt, rufe ich dich an. Hast du dein Handy dabei?«

Ich klopfte meine Taschen ab, links in der Hosentasche spürte ich das flache Gerät. »Wenn alles über die Bühne ist, melde ich mich bei dir.«

Freddy nickte, warf noch einen wehmütigen Blick auf die gelben Kartons und verließ das Atelier. Ich hörte seinen Benz vom Gelände fahren, und dann war es still im Raum. Sehr still. Ich machte das Radio an, das auf meinem Arbeitstisch stand. Es lief ein Song von Grönemeyer. Ich schob ein Pad in die Maschine und ließ mir einen Espresso brühen.

Um eine Minute nach zwölf klopfte es an der Ateliertür. Ich stand auf und öffnete. Susanne Wagental trug eine weiße Bluse unter dunkelblauem Jackett, eine Jeans und helle Leinenturnschuhe. Die dunkelblonden, kurz geschnittenen Haare waren seitlich gescheitelt, die Augen und Lippen dezent geschminkt. Das Ganze passte zusammen, und es passte zu ihr, soweit ich das nach den paar Treffen, die wir im Laufe des letzten halben Jahres abgehalten hatten, beurteilen konnte.

»Ich grüße Sie, Herr Kuhl«, sagte sie und strahlte mich aus ihren hellen Augen fröhlich an. »Schönes Wetter habe ich mitgebracht, was?«

»Kommen Sie rein.«

Mit federnden Schritten ging sie an mir vorbei, orientierte sich kurz und nahm Kurs auf die gelben Kartons. Ich folgte ihr zum Arbeitstisch.

»In jedem sind vierundzwanzig Bündel à 50.000.«

»Ist ja irre! Der Pole hat alles geliefert!«

»Die volle Summe.«

Frau Wagental nahm ein Dollar-Bündel aus einem der Kartons und ließ die Noten unter ihrer Daumenkuppe durchrauschen.

»Wunderbar sehen die aus!«

»Dieselbe Qualität, die ich vor sechs Wochen geliefert habe.«

»Diese Dollars hat ein Künstler gemacht, ein ganz großer!«

Komplimente von jungen Damen tun gut. Ich lächelte bescheiden. »Die Polen sollte man nicht unterschätzen.«

»In jedem Karton sind vierundzwanzig mal 50.000, sagten Sie?«

Ich nickte. »Wollen Sie nachzählen?«

»Nein, ich denke mal, wir können uns vertrauen, oder?« Das sagte sie mit diesem komplizenhaften Augenzwinkern, das sie perfekt beherrschte. »Die Euros sind draußen in meinem Golf.«

»Ihre russischen Freunde haben sich auf Vorkasse eingelassen?«

»Die waren so begeistert von der ersten Lieferung, die wollen unbedingt mehr«, sagte sie. »Gehen wir?«

Ich nickte, nahm einen gelben Karton und trat hinter ihr aus dem Atelier in die Sonne hinaus.

»Warum parken Sie eigentlich nicht hier vor der Tür?«, fragte ich.

»Ist das kein reservierter Stellplatz?«

»Nein.«

Wir gingen die 20 Meter in Richtung Einfahrt, wo Frau Wagental ihren silbergrauen Golf abgestellt hatte.

Sie ging vor und öffnete die Hecklappe. Auf der Ladefläche stand eine helltürkise Einkaufstüte von Douglas. Die Eventmanagerin nahm sie an sich und ließ mich hineinschauen: proppenvoll mit gebündelten Euros.

»550.000«, sagte sie, »wie vereinbart.«

»Okay. Bringen wir es zu Ende.«

Wir gingen zurück ins Atelier.

»Soll ich's hierhin stellen?« Mit fragendem Blick hielt sie die Tüte in die Höhe.

»Ja«, antwortete ich, »stellen Sie's auf den Tisch, kein Problem.«

Gerade als ich die Kartons hochheben wollte, brummte das Handy in meiner Tasche. Ich zog es heraus und schaute aufs Display. Freddys Nummer. Ich nahm das Gespräch an.

»Was ist los?«

»Die Mutter ist sauber«, sagte der Exjockey. »Sie ist allein gekommen, und auch sonst geht nichts ab in der Gegend.«

»Danke.« Ich beendete das Gespräch und lächelte Susanne Wagental an. »Sie scheinen ja tatsächlich ohne Begleitung gekommen zu sein.«

Eine Spur von Unsicherheit flog über ihr Gesicht. Aber dann

hatte sie meine Ironie verstanden. Sie lachte und erwiderte mit gespielter Empörung: »Ja, was haben Sie denn geglaubt!?«

Ich griff unter die beiden gelben Kartons und ging wieder zum Golf. Die Sonne stand schon recht hoch und brannte auf meinen Schultern. Vor dem Golf blieb ich stehen. Als Susanne Wagental die Heckklappe öffnete, bog ein Lkw in die Einfahrt und rollte langsam auf uns zu. Was wollte der denn hier? Im Gegenlicht konnte ich den Fahrer nicht sehen. Erst als sich das Führerhaus vor die Sonne geschoben hatte, blickte ich in seine Augen.

Da flogen die Ladetüren auf, und laut schreiend sprangen etwa fünfzehn schwarze Gestalten aus dem Frachtraum. Es war wie im Film. Vier Mann sprangen auf uns zu, zwei von ihnen rissen Susanne Wagental weg, zwei blieben bei mir. Die anderen positionierten sich blitzschnell an verschiedenen Ecken des Grundstücks. Alle trugen sie schwarze Vollschalenhelme, schusssichere Jacken und dicke Kampfstiefel, alle hielten sie entsicherte Maschinenpistolen in den Händen und brüllten herum wie angestochene Jungstiere. Die beiden auf mich angesetzten Männer rissen mir die Arme auf den Rücken, warfen mich auf den Boden und fixierten meine Hände mit Kabelbinder. Daraufhin erstarrte die Szenerie. Der ganze Auftritt dieser Spezialeinheit hatte für mich etwas Surreales. Dass da zum Beispiel zwei Mann auf beiden Seiten meiner geöffneten Ateliertür niederknieten und in höchster Alarmbereitschaft ihre MPs im Anschlag hielten, wirkte völlig absurd. Dachten die im Ernst, dass da jeden Moment eine säbelschwingende Horde islamischer Fundamentalisten mit Bomben unter den Turbanen rausgestürmt käme?

Alle Kämpfer hatten ihre Positionen eingenommen und warteten auf die Befehle vom Einsatzleiter. Sehen konnte ich ihn nicht, denn ich lag ja auf dem Bauch, die linke Gesichtshälfte im Dreck, die Rechte fixiert unter der extrem profilierten Sohle eines deutschen Kampfstiefels. Es verging einige Zeit, in der nichts passierte, außer dass mir schmerzhaft klar wurde, mal wieder massiv reingelegt worden zu sein. Wie schon so oft in meinem Leben. Warum konnte ich Idiot nie Nein sagen, wenn mich jemand um einen Gefallen bat?

Irgendwann war dem Einsatzleiter dann endgültig klar, dass sie es nicht mit einer Privatarmee, sondern nur mit einem unbewaffneten Mann im Rentenalter zu tun hatten.

»Holt ihn hoch«, hörte ich eine mechanische Stimme über mir. Die beiden Hünen stellten mich auf die Beine, und ich blickte auf den Spezialhelm des Einsatzleiters, in den oben ein kleines Kameraobjektiv und ein Lautsprecher eingebaut waren.

»Name, Geburtsdatum, Geburtsort!«, drang seine Stimme elektronisch verfremdet aus dem schwarzen Klappvisier.

»Hans-Jürgen Kuhl, 9. Dezember 1941 in Köln.«

Meine Aussage schien mit den Ergebnissen der Ermittlungen übereinzustimmen. Der Einsatzleiter nickte, drückte auf einen Knopf an dem kleinen Gerät, das er am Gürtel trug, und daraufhin ging die Party erst richtig los. Es fuhren zwei normale Streifenwagen vor, dann jede Menge Zivilfahrzeuge, dann sogar noch ein paar fette Dienstwagen mit Berliner und Düsseldorfer Kennzeichen.

Ich sah Susanne Wagental auf die Rückbank eines dicken Audis steigen. Die Tür fiel hinter ihr ins Schloss, und die junge Dame war für immer aus meinem Leben verschwunden.

Mindestens fünfzig Männer wuselten jetzt vor und in meinem Atelier herum. Manche tuschelten verschwörerisch, andere ignorierten einander extrem auffällig, wieder andere standen nur da und warfen neugierige Blicke zu dem dünnen Mann an der Hausecke, dessen Finger in der Hightech-Fessel fast abstarben und der jetzt verdammt gern eine Zigarette geraucht hätte.

Die Sonne brannte mittlerweile wie verrückt, und vermutlich schwitzten die vermummten Jungs von der GSG-9 in ihren Spezialkostümen wie Mettwurst in der Pfanne.

Nach etwa zwanzig Minuten tat sich was in unserer Ecke. Flankiert von zwei Kollegen trat ein etwa vierzigjähriger Buchhaltertyp vor mich und fragte: »Wo ist das Geld?«

»Die Euros sind in der Douglas-Tüte auf meinem Arbeitstisch«, sagte ich, »die Dollars in den fünf gelben Pappkartons.«

Der Mann schüttelte den Kopf. »Nein, das andere Geld.«

Er nestelte einen kleinen Zettel aus seiner Jackentasche und las die Zahl, die darauf in Handschrift notiert war.

»21.600 Euro.«

»Keine Ahnung, wovon Sie sprechen.«

Der Mann schaute mich eine Weile unschlüssig an, nickte dann seinen Begleitern zu, und das Trio ging zurück ins Atelier.

Wieder passierte lange nichts. Lediglich einer meiner Bewacher kniff mir regelmäßig in den kleinen Finger meiner linken Hand. Vermutlich, um abzuschätzen, wie viele Minuten sich dessen Absterben wegen ungenügender Durchblutung wohl noch verhindern ließe.

Als die ersten Personen das Gelände schon wieder verlassen hatten, fuhr ein schwarzer 7er-BMW mit getönten Scheiben vor. Zwei Männer mit kurz geschnittenen Haaren, breiten Schultern und engen Anzügen über hellblauen Poloshirts stiegen aus. Als sie an mir vorbeigingen, hörte ich sie sprechen, Englisch mit unverkennbar amerikanischem Akzent. Sie schauten kurz in die Werkstatt und fuhren wieder ab, jeder mit einem Bündel meiner Dollar-Blüten in den Händen.

Die Hitze, die viel zu enge Fessel, keine Zigarette: Die Lage wurde zunehmend unerträglicher. Außerdem war ich schon in einem

Alter, in dem in der U-Bahn jeder Zweite für mich seinen Sitzplatz geräumt hätte. Ich würde mich nicht mehr lange in der Senkrechten halten können.

»Wie wär's mit einer Sitzgelegenheit?«, fragte ich die blickdichten Visiere. Einer der Bewacher ging ins Büro und kam mit einem meiner Bürostühle zurück. Er schob mir das Möbelstück von hinten in die Kniekehlen, und ich sank auf die Sitzfläche.

»Danke sehr«, seufzte ich erleichtert. Im Sitzen ließen sich die nächsten zehn Minuten besser überstehen. So lange dauerte es, bis zwei Kripomänner aus der Werkstatttür traten und zu mir kamen.

»Wo haben Sie gedruckt, Herr Kuhl?«, fragte der ältere der beiden.

Ich überlegte. Susanne Wagental war eine von ihnen. Sie war eine verdeckte Ermittlerin, die sie auf mich angesetzt hatten. Das hieß, sie wussten alles, was Susanne wusste. Das war eine ganze Menge. Und dass ich schon mal Dollars gemacht hatte, wusste man beim BKA sowieso. Dafür hatte ich ordentlich bluten müssen. Aber ich hatte Susanne immer gesagt, die 6 Millionen Dollar kämen aus Polen. Würde ich mir jetzt was vermasseln, wenn ich plauderte? Nicht leicht, diese Entscheidung.

Der Kripomann hatte bald keine Lust mehr, mir beim Grübeln zuzusehen. Er klappte seine Brieftasche auf und zeigte seinen Dienstausweis. »Mein Name ist Blömer. Ich bin Kommissar bei der Kripo Köln. Wir haben vor einem Jahr geschredderte Andrucke von Dollar-Blüten gefunden, auf der städtischen Mülldeponie am Butzweilerhof.«

Das war ein schmerzender Haken in die Leber. *Geschredderte Andrucke* auf der Kippe? Das konnte nur bedeuten, dass einer unserer Abfallsäcke geplatzt war.

»Außerdem«, fuhr Blömer mit ruhiger Stimme fort, »haben wir

heute Morgen zeitgleich auch noch ein paar andere Wohnungen untersucht. Alle von Leuten, die bei Ihnen während der letzten Monate ein- und ausgegangen sind. Bei einer Person haben wir gefälschte 100-Dollar-Scheine gefunden, und die betreffende Person hat ausgesagt, die hätten Sie gemacht, Herr Kuhl, hier in dieser Werkstatt.«

Das gibt's nicht! Die sind nicht nur bei mir mit fünfzig Mann aufgelaufen, die haben auch noch die Wohnungen meiner Kumpel und Bekannten durchwühlt. Was sollte ich jetzt noch groß leugnen? Ich atmete tief aus und wieder ein und sagte: »Hier im Atelier habe ich gedruckt.«

Mit dieser knappen Antwort war Blömer nicht zufrieden. »Wir haben weder Papier noch Farbe, Druckvorlagen oder Filme gefunden, und erst recht keine Druckmaschine.«

»Die Maschine habe ich vor zehn Monaten verkauft«, erklärte ich wahrheitsgemäß. »Die Materialien und den ganzen übrigen Kram habe ich verbrannt.«

»Das ist Ihr letztes Wort?«

»Vielleicht fällt mir noch was ein, wenn ich meine Finger wieder spüre.«

»Okay«, sagte Blömer »wir bringen Sie ins Präsidium.«

»Lassen Sie mich vorher bitte noch mal kurz in meine Werkstatt«, bat ich höflich.

»Kein Problem«, sagte Blömer und befahl seinem Kollegen, den Gefangenentransporter zu ordern.

Der Mann nickte und schaute sich nach einem Streifenwagen um, dessen Funkgerät er benutzen konnte.

»Ist das nicht etwas übertrieben?«, fragte ich den Kommissar, während wir auf die Ateliertür zugingen. »Mit zwanzig Pkw und einem Möbellaster seid ihr hier vorgefahren, und jetzt lasst ihr auch noch eine grüne Minna kommen, um mich die paar Kilometer zum Präsidium zu chauffieren?«

»Die Vorschriften mache nicht ich«, antwortete der Kripomann.

Die Spurensicherung hatte ihre Arbeit noch nicht beendet, als mich Blömer ins Atelier schob. Der Kommissar bot an, mich aufs WC zu begleiten, mir dort die Fessel abzunehmen und sie nach der Verrichtung zu erneuern.

»Ist schon okay«, sagte ich, »ich muss nicht aufs Klo.«

»Wollen Sie mich verarschen?«, fragte der Kripo-Mann verärgert.

»Nee«, antwortete ich, »ich wollte Sie nur um einen Gefallen bitten.«

»Um was für einen?«

»Unter den Garderobenhaken drüben steht eine Sporttasche. Nehmen Sie die bitte für mich mit.«

»Was ist da denn drin?«

»Das Nötigste, was man so braucht in U-Haft: Eine Stange Zigaretten, Unterwäsche, ein paar Bücher und CDs.«

»Das gibt's nicht, oder?«, fragte Blömer mit einem Anflug von Respekt in der Stimme. »Hatten Sie sich vorbereitet auf unseren Zugriff?«

»Nicht direkt. Aber man weiß ja nie.«

»Klar«, sagte der Kommissar nach kurzer Überlegung, »wenn man Millionen von Dollar-Blüten in einem Container in Bickendorf deponiert hat, kann der Spuk jederzeit zu Ende sein.«

Von meinem Container wusste die Staatsmacht also auch schon, verdammt. Aber eigentlich war es logisch. Ich hatte den heutigen Übergabetermin mit Susanne Wagental schon vor zwei Wochen ausgemacht. Natürlich hatte die Kripo mich seitdem rund um die Uhr überwacht. Sie hatten gesehen, wie Freddy heute Morgen vorgefahren ist, und sie waren uns gefolgt. Ganz simpel. Vielleicht waren sogar die beiden Lkw-Typen aus Bergheim, die sich beim Schrott-Jupp rumgetrieben hatten, Agenten des BKA gewesen.

War Freddy auch verhaftet worden? Wenn ja, hatte er vorher die unnötigen Schießeisen entsorgt?

2.

Eine grüne Minna, ein Kleinbus, speziell ausgestattet für den Transport fluchtbereiter Gesetzesbrecher, brachte mich nach Kalk ins neue Kölner Polizeipräsidium. Zwei Beamte führten mich hoch in die Kriminalinspektion 2, genannt K2, zuständig für die Deliktbereiche Organisierte Kriminalität, Bandenkriminalität und Rauschgiftkriminalität. Das Fälschen von Banknoten gehörte also nicht in die Rubrik Wirtschaftskriminalität, sonst wäre das K3 zuständig gewesen.

Ein netter Beamter in grüner Hose und kakifarbenem Hemd nahm mich in Empfang, schnitt die Plastikfesseln durch und erlaubte mir die lang ersehnte Zigarette. Meine blutleeren Finger aber konnten sie nicht festhalten. Der Beamte hob sie vom Boden auf, klemmte sie zwischen meine Lippen und gab mir Feuer. Während ich mit leicht geöffnetem Mund den Qualm einsaugte und aushauchte, rieb ich meine tauben Hände aneinander. Als eine erste Wärmewelle die Fingerspitzen erreicht hatte, tippte ich auf einem Dienstapparat die Nummer der Anwaltskanzlei Bauschulte und schilderte der Sekretärin mein Dilemma. Die Dame erwiderte bedauernd, ihr Chef sei gestern für zwei Wochen in Urlaub gefahren. Daraufhin rief ich meinen Bruder Ecki an und bat ihn, einen Strafverteidiger für mich aufzutun und sofort ins Präsidium zu schicken.

Nach dem Telefonat filzte mich der Beamte sorgfältig und nahm mir alle Gegenstände ab, mit denen ich mein Leben hätte beenden können: Gürtel, Schnürsenkel, Armbanduhr, Feuerzeug und ein Aspirin plus C.

Dann ging er mit mir zu der Zelle am Ende des Flurs und schloss mich ein. »Polizeigewahrsam« nennt man so etwas. Wer hier schon alles auf seine erste Vernehmung gewartet haben mochte! Mafiagrößen, Rauschgiftbarone, Menschenhändler, Auftragskiller. Mit Sicherheit hatten die Wände dieses kleinen Raums, in dem sich nur eine im Boden verschraubte Eisenliege mit braunem Plastikbezug befand, schon tausend Jahre Zuchthaus gesehen.

Ich war müde und gleichzeitig aufgedreht. Gedankenfetzen fuhren unter meiner Schädeldecke Karussell. Ich legte mich auf die Pritsche, schloss die Augen und versuchte, ruhig und bewusst ein- und auszuatmen.

Nach einer Stunde öffnete sich die Tür, und Norbert Kaiser, der junge Anwalt, den mein Bruder auf die Schnelle aus dem Branchenbuch herausgesucht hatte, trat an die Pritsche heran. Der Mann missfiel mir auf Anhieb. Er erinnerte mich von seiner ganzen Art her an die Korps-Studenten, die noch in den 1970er-Jahren mit blutigen Schmissen auf den Wangen durch Lindenthal gezogen waren und im Wirtshaus Schwan völkische Trinklieder gesungen und verklemmte Ferkelwitzchen erzählt hatten.

Ich spürte gleich, dass Norbert Kaiser nicht annähernd so viel drauf hatte wie Ulrich Bauschulte, dem es vor sieben Jahren gelungen war, einen für mich akzeptablen Deal mit der Justiz auszuhandeln.

Am selben Tag noch vernahm mich Franz Trabold vom BKA etwa zwei Stunden lang. Seine Strategie war durchschaubar. Und meine auch. Er wollte mich erst einschüchtern und dann zermürben, um von mir die Namen von mutmaßlichen Mittätern, Hintermännern, Investoren und Abnehmern zu erfahren.

Aber ich blieb stur. »Ich habe 9 Millionen Dollar gedruckt, in

Hunderterscheinen«, spulte ich immer wieder dieselbe Schleife ab, »die Blüten habe ich in einem Container in Bickendorf eingelagert. 6 Millionen davon wollte Frau Susanne Wagental heute für 550.000 Euro kaufen.«

»Das wissen wir, Kuhl«, flüsterte der drahtige Mann mit dem kahl geschorenen Schädel in mein Ohr, um dann urplötzlich loszubrüllen: »Wer hat die Produktion bezahlt? Wer hat die gefälschten Scheine an wen verkauft?«

»Hören Sie auf, Herr Trabold«, sagte ich, »dieses Geschrei macht mir Angst, da verriegele ich die Tür.«

»Wie Sie meinen, Kuhl!«, schrie er unbeeindruckt weiter. »Dann gehen Sie eben fünfzehn Jahre in den Bau, und Ihre Hintermänner reiben sich die Hände und verhuren Ihr Geld!«

»Welche Hintermänner?«

»Verdammt, Kuhl! Seien Sie doch vernünftig! Wenn Sie kooperieren, lässt sich bestimmt was machen! Sie sind fünfundsechzig Jahre alt, Sie wollen doch noch mal frische Freiluft atmen in Ihrem restlichen Leben! Oder etwa nicht?«

»Das wäre nicht das Schlechteste«, gab ich zu.

»Ich will Namen hören!«

»Wie wär's mit nem Zigarettenpäuschen, Herr Trabold?«

»Ich warne Sie, Kuhl! Reizen Sie mich nicht!«

So ging das noch eine ganze Zeit lang. Gegen 19 Uhr aber war dann Schluss.

Nach einer Nacht in der Gewahrsamszelle ging es am nächsten Morgen im Vernehmungsraum weiter mit Chefermittler Trabold und Anwalt Kaiser.

Der BKA-Mann hatte sich gut vorbereitet und jede Menge Material mitgebracht. Er legte mir ein Foto vor, und ich war echt erstaunt. Nicht über das, was auf dem Bild zu sehen war, sondern über die Qualität.

»Da haben Ihre Leute aber ganze Arbeit geleistet«, sagte ich und schaute mir das Foto eine Weile an. Darauf war Frank Wiggerl zu sehen, sehr gut getroffen und einwandfrei zu erkennen, aufgenommen aus einer erhöhten Perspektive. Er verließ gerade mein Atelier in Widdersdorf. Es gab nur eine Stelle, von der aus das Foto geschossen worden sein konnte. Gleich vorne links an der Einfahrt zur Donatusstraße, schräg gegenüber von meinem Atelier steht ein mehrstöckiges Firmengebäude. In der obersten Etage musste das BKA mit seinen Spezialkameras gesessen haben.

»Das Foto ist zwei Monate alt«, erklärte Trabold. »Den Mann darauf kennen Sie?«

»Ja sicher«, antwortete ich, »Frank Wiggerl, ein Kunde von mir.«

Trabold klappte einen seiner Aktenordner auf, blätterte kurz darin herum und sagte dann: »Sie haben mindestens alle zwei Wochen mit Frank Wiggerl telefoniert, zum Beispiel am 12. Oktober letzten Jahres, am 29. desselben Monats, am 4. November und so weiter. Schauen Sie, Kuhl, alles wunderbar aufgelistet.«

Er gestattete mir einen flüchtigen Blick auf seine penibel layouteten Tabellen, fein säuberlich ausgefüllt mit unendlich vielen Kürzeln und Zahlen.

»Was Ihr euch eine Arbeit mit mir gemacht habt, Junge, Junge«, sagte ich voll ehrlicher Anerkennung.

»Mehrfach ist in den Telefongesprächen von »den fünf Mille« die Rede. Was meint Frank Wiggerl damit?«

»Der Wiggerl hatte Bilder von mir in Kommission genommen und verkauft. Das Geld reichte er aber nicht an mich weiter«, erklärte ich. »Deshalb habe ich ihn immer mal wieder drauf hingewiesen, dass ich auf die fünf Mille warte, weil ich Geld brauchte, um Material zu kaufen für meine Bilder. Und die Miete wollte auch jeden Monat überweisen sein.«

Noch blieb Trabold relativ gelassen. Er legte mir ein zweites Foto vor, ebenfalls in perfekter Qualität. Armin Röser war darauf abgebildet. Auch er stand vor meinem Atelier.

»Was sagen Sie zu diesem Herrn?«

»Der Röser ist ein Idiot«, sagte ich.

»Armin Röser war mehrfach bei Ihnen in der Werkstatt«, präzisierte der BKA-Mann, »und in mehreren Telefongesprächen drängte er sie, endlich ›die Tapeten‹ zu liefern. Es war oft die Rede von der gleichen Summe wie beim Wiggerl: fünf Mille.«

»Der hatte Tapeten bei mir bestellt, Siebdruck mit Kölner Domen drauf«, erklärte ich, »für die Wohnung seiner Freundin, insgesamt 200 Quadratmeter. Dafür hatte er mir 5000 Euro angezahlt. Ich kam aber nicht dazu, seine Tapeten zu machen. Außerdem hätte ich dafür eine spezielle Druckmaschine gebraucht.«

»Das glaube ich Ihnen nicht, Kuhl.« Trabolds Miene verfinsterte sich.

»Offensichtlich haben Ihre Leute mich ja rund um die Uhr abgehört«, sagte ich, »dann wissen Sie doch, was ich von dem Röser halte. Ein nerviger Knallkopp ist das! Das habe ich ihm am Telefon immer wieder gesagt!«

»Sie haben sich mehrfach mit ihm und Wiggerl getroffen, im Café Cento in der Kölner City«, sagte Trabold unbeirrt. »Die genauen Daten sind hier aufgelistet. Und Fotos gibt's von diesen Treffen auch jede Menge.«

»Sie wissen offenbar alles über mich. Dann wissen Sie auch, dass die Galerie Hohmann mein bester Abnehmer ist. Da schaue ich einmal die Woche vorbei«, erklärte ich, »und danach setze ich mich nebenan auf einen Espresso ins Cento.«

Trabolds Augen fixierten mich bedrohlich. »In dem Bistro haben Sie sich mit Röser, Wiggerl, Hackman und Konsorten getroffen und den großen Dollar-Coup geplant!«

»Blödsinn«, sagte ich mit ruhiger Stimme. »Aber Sie wissen doch, wie das so ist in einem Café. Da geht man rein, setzt sich hin, und dann kommt ein anderer rein, setzt sich zu einem, dann kommt wieder ein anderer rein, der kennt wieder den ersten, dann sitzt man schon zu dritt am Tisch, und so weiter und so fort. Man labert was rum, und irgendwann stehen alle auf und gehen ihrer Wege.«

»Man labert was rum, und dann gehen alle. Sehr interessant.« Trabolds Stimme gewann an Schärfe. »Da Sie offenbar massive Gedächtnislücken haben, sage ich Ihnen jetzt, wie das abgelaufen ist: Sie haben mit Röser und Wiggerl und mit noch ein paar halbseidenen Gestalten, deren Fotos ich hier in der Mappe habe, den Dollar-Deal in professionellem Stil geplant und durchgezogen. Der Röser hat in Ihre Fälscherei 5000 Euro investiert, und er wollte Ergebnisse sehen, und der Wiggerl hatte zugesagt, auch 5000 zu geben, aber er kam nicht rüber mit dem Geld. Deshalb waren Sie sauer auf ihn.«

»Wie wär's mit einem Zigarettenpäuschen?«

»Schlecht wär's damit, Kuhl, verdammt schlecht.« Rohe Stimmgewalt baute sich brodelnd in den Tiefen seiner Kehle auf. »Ich komme nicht extra aus Wiesbaden angereist und knie mich wochenlang bis zum Hals in diese Scheiße rein, um mich von Ihnen verarschen zu lassen!«

»Ich habe Ihnen alles gesagt, was ich weiß«, versuchte ich zu verhindern, was nicht mehr zu verhindern war. Trabold haute mit beiden Fäusten auf den Tisch und brüllte: »Ich will jetzt die Wahrheit von Ihnen hören, Kuhl! Nichts als die Wahrheit!«

»Ich habe die Wahrheit schon mehrfach gesagt«, sagte ich ruhig, »und an der Wahrheit lässt sich nichts ändern.«

Nach der Mittagspause konfrontierte mich der BKA-Mann mit ersten Ergebnissen der gestrigen Aktion. In Friedhelm Hackmanns Wagen hätten sich zwei Handfeuerwaffen und Munition befunden, in Frank Wiggerls Wohnung 300 Gramm Kokain und 120.000 echte Euros und bei Regina Paffrath, der Freundin von Tarek Vrapi, 8 Millionen in Dollar-Blüten, Fälscherwerkzeug und drei Handgranaten.

Als ich das hörte, musste ich erst mal schlucken. Tarek, die linke Bazille, hatte tatsächlich die 8 Millionen Dollar-Blüten, die nicht ganz perfekt waren und die er deshalb schreddern sollte, unters Bett seiner Freundin geschoben. Unfassbar.

Ich versuchte mir meinen Ärger nicht anmerken zu lassen. Vielleicht war das Ganze ja auch nur ein Bluff von Trabold, um mich aus der Reserve zu locken.

»Keine Ahnung, wie die Dame an die Dollars gekommen ist«, sagte ich. »Am besten klären Sie diese Frage in einem persönlichen Gespräch mit Frau Paffrath.«

»Danke für den großartigen Tipp.«

»Vielleicht ist jemand bei mir im Container eingebrochen und hat sich selbst bedient.«

»Sie hatten also so viele Dollars gedruckt, dass Sie gar nicht mitkriegten, wenn da mal eben so poplige acht Milliönchen fehlten? Interessant, Kuhl, sehr interessant.«

»Ich habe Dollars gedruckt, die habt ihr gefunden«, erklärte ich. »Die Strafe dafür werde ich absitzen, vorausgesetzt, meine Gesundheit spielt mit. Mehr gibt's von meiner Seite in der Angelegenheit nicht zu vermelden.«

»Was sind Sie für ein Stockfisch, Kuhl!«, polterte der BKA-Ermittler wieder los.

Ich zuckte zusammen und hielt mir mit leidendem Blick die

Hände an die Ohren. »Nicht so laut, Herr Trabold. Vor Ihnen sitzt ein alter Mann.«

»Ein verbohrter Hornochse sitzt vor mir, verdammt noch mal!« Er baute sich mir gegenüber auf, krümmte den Rücken und schaute mir gerade in die Augen. Ich konnte seinen Atem riechen, so nah war sein Gesicht vor meinem, als er mich mit schneidend scharfer Stimme attackierte: »Bei Ihnen ist im letzten Jahr die halbe Kölner Unterwelt ein- und ausgegangen, und Sie wollen mir weismachen, sie hätten keinem von denen Ihre gefälschten Dollars angeboten?«

»Ich hatte die Dollars in dem Container schon fast vergessen«, sagte ich, »wenn Ihre Frau Wagental mich nicht daran erinnert hätte, lägen die auch in fünf Jahren noch da.«

»Mit dem Schwachsinn kommen Sie nicht durch!«, zischte Trabold. »Wir haben schließlich Beweise!«

Triumphierend zog er ein Foto aus der Tasche und legte es vor mich. Wahrscheinlich hatte er gedacht, ich würde jetzt einknicken wie ein Alpenveilchen unterm Wanderstiefel. Das Foto zeigte Karl-Heinz Ackfeld vor meinem Atelier. In der Hand hielt der Häuptling der Indianer eine weiße Plastiktüte.

»Der Aki war bei mir in der Werkstatt«, sagte ich, »und hat die drei Dömchen abgeholt, die er in Auftrag gegeben hatte. Die sind in der Plastiktüte.«

»Ackfeld ist ein ganz Großer, das wissen Sie, Kuhl! Der kontrolliert tausend Prostituierte und hat schon die Gräber für mindestens zehn seiner Konkurrenten geschaufelt! So einer kommt nicht wegen dreier Dombilder zu Ihnen raus nach Widdersdorf.«

»Nein, wegen drei Bildern nicht«, sagte ich, »aber wegen drei Dömchen, zwei Tassen Kaffee und einem netten Verzäll.«

Trabold tippte auf das Foto und schaute mich überlegen lächelnd an. »Das Foto haben wir am 7. September letzten Jahres gemacht. Zwei Tage danach checkte Ackfeld nach Mallorca ein. Da lebt er in der Nähe von Porto Colom. Das wissen Sie besser als wir, Kuhl, denn in einem der Gästehäuschen auf seinem Anwesen verbrachten Sie im Jahr 2000 die Monate März und April.«

»Nicht zu fassen, was ihr alles wisst.«

»Wir wissen noch viel mehr«, fuhr Trabold fort, »denn am 9. September untersuchten wir im Flughafen Köln-Bonn Ackfelds Gepäck. Und was glauben Sie, haben wir in seinem Koffer gefunden?«

»Meine drei Dombildchen, die der Aki sich ins Schlafzimmer hängen wollte.«

»Tun Sie nicht so scheinheilig!« Trabold knallte die Kopien von sieben 100-Dollar-Scheinen auf den Tisch. »Das hier haben wir gefunden!«

»Fotokopien von Dollars?«, fragte ich unbeeindruckt.

»Natürlich nicht die Fotokopien«, präzisierte Trabold, »wir haben sieben astreine Blüten in Ackfelds Gepäck gefunden. Die haben wir am Flughafen kopiert und wieder zurück in den Koffer getan.«

»Clever.«

»Da staunen Sie, was? Aber es kommt noch besser. Gestern haben wir die Seriennummern mit denen auf den Scheinen verglichen, die Sie Frau Wagental verkaufen wollten. Und: Große Überraschung! Die stimmen überein. Leugnen ist zwecklos, Kuhl.«

Ich versuchte eine etwas entspanntere Sitzposition auf dem Holzstuhl einzunehmen und atmete durch. »Ich glaube, ich muss jetzt ein bisschen ausholen, Herr Trabold«, sagte ich. »Der Aki und ich, wir kennen uns schon jahrelang. Angefangen hat alles mit einer Lederjacke, die ich für ihn geschneidert hatte. Dann ging es weiter mit den Katzen. Aki hatte früher mindestens dreißig Katzen.«

»Sie sprechen von weiblichen Prostituierten, die für Ackfeld anschafften?«, unterbrach der BKA-Mann.

»Nein, ich spreche von Katzen. Mit Fell und Schwanz und allem, was dazugehört. Ich hatte auch sechs dieser Tierchen. So etwas verbindet. Wir hatten immer genügend Gesprächsstoff«, erzählte ich. »Später habe ich dann Akis Lieblingskatzen in Öl gemalt. Mich hat nie interessiert, womit der Mann sein Geld verdiente. Wir kamen gut miteinander aus, das war alles. Und das ist die Hauptsache für mich. Immer wenn er aus Mallorca oder von sonst wo in Köln einschwebte, rief er an, und wir trafen uns auf einen oder zwei Kaffee. Da der Kölner in der Fremde ja bekanntermaßen ungern auf den Domblick verzichtet, bestellte Aki bei mir drei meiner Dömchen. Und als ich sie fertig hatte, kam er vorbei, bezahlte und ging wieder.«

»Die Dömchen waren doch nur ein Scheingeschäft!«, giftete Trabold. »Sie haben Ackfeld die Blüten als Muster mitgegeben. Die sollte der Obergangster in Mallorca potenziellen Abnehmern zeigen.«

»Nein«, sagte ich bestimmt. »Die sieben Scheine habe ich dem Aki geschenkt. Einfach so.«

»Einfach so. Gestatten Sie, dass ich lache?«

»Als Zugabe zu den drei Dömchen sozusagen«, fuhr ich unbeirrt fort. »Meine Dollars wollte Aki sich auf den Boden seines Pools kleben und mit Klarlack überstreichen, um planschende Gäste und potenzielle Einbrecher ein bisschen zu foppen.«

»Um Gäste und Einbrecher zu foppen, soso.« Trabolds Innenleben begann wieder zu brodeln. »Sie mögen schlau sein, Kuhl, aber glauben Sie mir, so schlau wie ich sind Sie nicht.«

Wir schauten uns einen Moment lang fest in die Augen.

»Gerade weil Sie so schlau sind«, sagte ich, »sollten Sie mal Folgendes bedenken: Sie haben mich rund um die Uhr überwacht, Sie lassen offenbar auch Aki auf Mallorca keinen Schritt machen, ohne dass einer Ihrer Leute ihm folgt. Wie und wo und wann bitteschön sollte ich ihm Dollar-Blüten in größeren Mengen übergeben haben?

Gesetzt den Fall aber, ich hätte es irgendwie trotzdem hinbekommen: An wen und wie sollte Aki die Ware auf Mallorca weiterverkauft haben, ohne dass Ihre Leute es mitbekommen hätten? Sie haben doch bestimmt sogar seine Jacht verwanzt, oder?«

Trabold antwortete nicht. Er senkte den Blick auf seine Fotos und seine Aktenordner. Ich glaube, in dem Moment spürte er, dass er nicht wesentlich weiterkommen würde bei mir. Das fuchste ihn. Er war einer von den Ehrgeizigen. Ein Terrier. Aber in meinem Fall würde ihm das nicht viel helfen.

»Wie wär's mit 'nem Zigarettenpäuschen?«, fragte ich.

Am nächsten Morgen kam Trabold zu mir in die Gewahrsamszelle. »Sie sollten sich schämen«, sagte er, »Sie stammen aus gutem Haus, Sie hätten studieren können, dann wären Sie jetzt Chefarzt, Anwalt, Bankdirektor oder sonst was Vernünftiges. Stattdessen sitzen Sie als überführter Geldfälscher beim K2 und halten für Ihre in jeder Hinsicht minderbemittelten Kumpel aus der halbseidenen Szene den altersschwachen Buckel hin.«

»Und mit so einem Blödmann müssen Sie sich rumschlagen, Herr Trabold«, erwiderte ich. »Sie sind auch nicht zu beneiden.«

Der BKA-Mann schüttelte den Kopf. Ein Lächeln zuckte in seinen Mundwinkeln. »Die Witzigkeit habt ihr Kölner Jungs mit der Muttermilch eingesaugt, was?«

Begleitet von zwei Grünen gingen wir zum Zimmer des Haftrichters. Der wartete schon auf uns, neben Kommissar Blömer, der Staatsanwältin und meinem Kaiser.

Die Sache war schnell verhandelt. Wegen der Schwere der mir zur Last gelegten Gesetzesbrüche und der Gefahr von Verdunklung und Flucht wurde verfügt, mich bis zum Prozess in U-Haft zu nehmen.

3.

Die Düsseldorfer Justizvollzugsanstalt befindet sich in der Ulmenstraße. In Anlehnung daran gab man ihr den Namen »Ulmer Höhe«. Der Volksmund nennt sie »Die Ulm«.

Das Gebäude ist über hundert Jahre alt und wurde an allen Ecken und Kanten immer wieder geflickt und nachgebessert. Aber es gibt schlimmere Gefängnisse in Deutschland.

Die Ulm beherbergt etwa sechshundert Häftlinge, verteilt auf drei Blocks. In Block A sitzen die Lebenslänglichen, in B die zu geringeren Haftstrafen Verurteilten und in C der »Durchgang«. Das sind die Inhaftierten, deren Prozesse noch nicht stattgefunden haben.

Die Neuankömmlinge legt man in Doppelzellen. Man will vermeiden, dass die »Rookies« während der ersten langen Nächte im Strafvollzug randalieren oder sich was antun.

Im Prinzip ist U-Haft verdammt beschissen. Du weißt nicht, was draußen mit deinem Fall passiert, wie gut dein Anwalt ist, wann die Verhandlung angesetzt wird und ob du nach dem Prozess ein freier Mensch bist oder zwölf Jahre einsitzen musst. U-Haft ist ein Leben in der Schwebe zwischen Hoffnung und Angst. Auf Gedeih und Verderb von anderen abhängig, ausgeliefert und fremdbestimmt. Fremdbestimmt. Ein Zustand, den ich mein Leben lang gemieden habe wie der Vampir den Sonnenaufgang.

Aber ich war kein gerade erst ausgewachsener Kerl, der sein Leben schon verpfuscht hatte, bevor es überhaupt richtig losgegangen war. Als die Zellentür im Souterrain von Block C hinter mir ins Schloss fiel, hatte ich mein Leben schon gelebt. Ein pralles Leben.

Bleifuß, die Tachonadel am Anschlag. Ich hatte so viel erlebt, wie andere in zehn Leben hintereinander nicht erleben würden. Jahrzehntelang war ich mit den besten Jungs um die Häuser gezogen und in teuren Sportwagen durch die Gegend gerast, ich hatte an Delikatessen und Drogen alles genossen, was der Markt hergab. Ich hatte Firmen hochgebracht, ich hatte Firmen gegen die Wand gefahren. Die schönsten Bräute waren mir seufzend in die Arme gesunken, und ich hatte schon ein paarmal im letzten Moment noch unter der schwingenden Sense des schwarzen Gevatters wegtauchen können.

Das war das eine.

Das andere war die Tatsache, dass ich nicht zum ersten Mal eingefahren war. Im alten Kölner Gefängnis »Klingelpütz« mit Blick auf Hansaring und Gereonswall hatte ich schon mal drei spaßige Wochen die Zelle mit »Dummse Tünn« geteilt, und Jahre später verbrachte ich am Stuttgarter Stadtrand im Terroristenknast von Stammheim mehr als vier Monate auf der Etage unter der, auf der man Andreas Baader an einem Morgen im Oktober 1977 mit einem Loch im Hinterkopf tot aufgefunden hatte.

Ich wusste, wie »in der Blech« der Hase lief, und ich hatte Freunde draußen, die es mir ermöglichen würden, meine Zeit hinter Gittern relativ erträglich zu gestalten.

Mir taten die Männer leid, die oft nicht mal Deutsch konnten, die von unmotivierten Pflichtverteidigern vertreten wurden und deren Familien meist gar nicht wussten, wo ihre Männer, Söhne, Brüder oder Väter steckten. Zu dieser Kategorie gehörte ich nicht. Deshalb tat ich mir auch nicht leid.

Ich schaute mich in dem erbärmlichen Rookie-Käfig um, in den der Beamte mich geschoben hatte. Ein Klo in der Ecke, ein Waschtisch, ein Stuhl, ein Etagenbett mit zwei Matratzen. In der Luft hing ekelerregender Gestank.

Obwohl der obere Platz normalerweise der begehrte ist, lag mein Zellengenosse unten. Ein dicker Mann, um die fünfzig Jahre alt. Vollbart, verschwitzt, in dreckigen Klamotten.

Ich sagte: »Tag. Ich bin Jürgen.«

Der Dicke sonderte nur ein kurzes Grunzen ab und glotzte weiter die Unterseite der Matratze an, auf der ich mein Bettlaken ausbreitete.

Vor dem Abtransport beim letzten Händedruck im Präsidium hatte Anwalt Kaiser mir eröffnet, da ich Wiederholungstäter sei, könnten mir zehn Jahre blühen.

Zehn Jahre. Da konnte ich nur müde lächeln. Falls sich abzeichnen sollte, dass mein künftiges Leben nur noch darin bestünde, das langsam fortschreitende Verfaulen der eigenen Organe zu beobachten, hatte ich den todsicheren Plan B im Kopf, es weitgehend schmerzfrei zu beenden. Ich wäre nicht der Erste in meiner Familie, der sich selbst vom Leben befreite.

Während des ersten Weltkriegs erbte mein Großvater mütterlicherseits ein millionenschweres Vermögen. Er legte das Geld an und verbrachte fortan seine Tage mit malen, huren und zocken. An seinem fünfzigsten Geburtstag gestand er seiner Frau, sprich meiner Oma, sein Lebenswandel, einige Fehlinvestitionen und die Weltwirtschaftskrise hätten sein Vermögen auf die Barschaft reduziert, die er in seiner Westentasche mit sich trug. Meine Oma versuchte ihn damit zu trösten, er sei ja noch kein alter Mann und Arbeitskräfte würden überall gebraucht, er habe doch genug Freunde, bei denen er wegen einer gut dotierten Anstellung anfragen könne. Darauf erwiderte mein Opa ganz entschieden, einerseits sei arbeiten für ihn als Lebensprinzip völlig indiskutabel, andererseits aber könne er auch nicht als armer Schlucker weiterleben, denn man sehe es einem an, wenn man bankrott sei, man rieche es sogar, auch wenn der Betreffende im maßgeschneiderten Gehrock über die Pferderennbahn flaniere und den Zylinder schwenke.

Ich hatte jetzt schon fünfzehn Sommer mehr auf dem Buckel als mein Großvater zu dem Zeitpunkt, an dem er sich am Stadtwaldweiher mit Hilfe eines preußischen Vorderladers von seiner Schädeldecke trennte.

So war mein Opa.

Beim ersten Hofgang am nächsten Tag schaute ich mir meine Mithäftlinge an. Die Mischung schien ganz okay zu sein. Ein paar Junge, ein paar Alte, ein paar Deutsche, ein paar Osteuropäer, ein paar Türken, ein paar Nordafrikaner, ein paar, deren Herkunft sich nicht direkt einschätzen ließ. Einer aus dieser letzten Gruppe war schlank und gepflegt, nicht besonders groß, schätzungsweise fünfundvierzig Jahre alt, und er trug eine Goldrandbrille auf der markant nach unten gebogenen Nase. Als er mich in anständigem Deutsch mit slawischem Akzent ansprach, fächerte er sich mit dem Ausriss aus einer Tageszeitung Luft zu. »Millionen von Dollar-Scheinen, nicht schlecht, Kollege.«

»Du bist gut informiert«, erwiderte ich.

Lächelnd hielt der Mann mir den Artikel hin. »Du bist prominent.«

Es war ein langer Bericht, der am Tag zuvor im Express erschienen war, sogar in der Düsseldorfer Ausgabe der Kölner Presseinstitution. Ein Foto meines Ateliers und ein altes Porträt von mir, ein drittes Foto zeigte Kommissar Blömer, der stolz ein paar Bündel meiner Dollars präsentierte, dazwischen ein mehrspaltiger Text über Hans-Jürgen K. (65), den »größten Banknotenfälscher aller Zeiten«.

Ich wusste nichts von dem Artikel. Aber es war okay, dass er hier kursierte. Das ersparte mir, jedem zu erklären, warum ich zurzeit inmitten ihrer Gesellschaft urlaubte. Außerdem stehen Fälscher gut da in der Hierarchie. Einen umballern kann jeder, auch mit einem Kilo Kokain an der Grenze erwischt zu werden, ist keine große Kunst. Aber richtig gute Geldscheine herzustellen, das verschaffte einem Respekt, ähnlich wie einen perfekt vorbereiteten Juwelenraub kaltblütig durchzuziehen.

»Ich bin Joakim«, sagte mein freundlicher Gesprächspartner. »Wir sollten uns vielleicht mal in Ruhe miteinander unterhalten.«

»Über welches Thema?«

»Über Kunst zum Beispiel«, antwortete er.

»Welche Kunst?«

»Kunst ist Kunst.«

»Der eine malt ein wunderbares Ölbild und meint, das sei keine Kunst«, sagte ich, »und der andere zieht eine gestärkte Kochmütze an, verteilt ein paar bissfeste Gemüsebröckchen auf einem Goldrandteller und behauptet, das sei Kunst.«

Joakim lächelte das große Komplizenlächeln. »Ich wusste gleich, dass man sich mit dir gut unterhalten kann.«

»Ich denke, wir werden genug Zeit finden, das auszuprobieren«, erwiderte ich.

Der Kauz gefiel mir irgendwie. Der hatte was. »Seit wann bist du hier?«

»Seit zwei Monaten.«

»Wie lange warst du unten bei den Frischlingen?«

»Vier Wochen.«

Ein Glück, dass es in der Ulm auch Leute gibt wie diesen Joakim, sagte ich mir nach den ersten vierundzwanzig Stunden mit meinem Zellenkollegen. Er lag die ganze Zeit auf dem Bett und stierte dumpf vor sich hin. Nur wenn das Essen kam, setzte er sich auf die Bettkante, beugte sich über das Tablett und schaufelte und leckte den Blechteller in dreißig Sekunden porentief rein. Danach legte er sich wieder auf seine Matratze.

Er hieß Gerd, war gebürtiger Düsseldorfer und Schausteller. Mehr war trotz einiger freundlicher Versuche meinerseits nicht aus ihm rauszubekommen. Außer den Fürzen und Rülpsern, die er regelmäßig absonderte.

Als der Beamte die Tür öffnete und uns aufforderte, zum Duschen rauszukommen, blieb Gerd liegen.

Am nächsten Tag trudelte mein erster Beschwerdebrief bei der Anstaltsleitung ein. U-Haft sei in Ordnung, Folter aber nicht, führte ich darin aus, die Zelle mit einem vollends unkultivierten Wesen wie diesem Gerd teilen zu müssen, sei eine grobe Verletzung der menschlichen Würde.

Briefe dieser Art schrieb ich von nun an im Fünf-Stunden-Takt.

Es dauerte trotzdem ein paar Wochen, bis man mich aus dem Pumakäfig ließ und mir auf dem zweiten Stock eine normale Doppelzelle zuwies. Mein neuer Zellennachbar hieß Baschir. Er war Tschetschene, einunddreißig Jahre alt und durchtrainiert bis in die letzte Faser seines 1,80 Meter großen und 85 Kilo schweren Körpers. Sein Bett war gemacht, seine Toilettenartikel und die wenigen persönlichen Dinge standen akkurat im Regal. Alle zwei Stunden piepte seine Armbanduhr, dann zog er sich das Hemd aus und trainierte zwanzig Minuten. Dehn- und Streckübungen, Klappmesser, Liegestütze und andere spezielle Einheiten. Er spulte das knochenharte Programm mit einer unglaublichen Dynamik und einer ebenso unglaublichen Selbstverständlichkeit runter, dass ich, als ich es zum ersten Mal sah, kaum glauben konnte, was da vor meinen Augen abging.

Bis sich Pulsschlag und Atemfrequenz nach dem Training wieder normalisiert hatten, blieb Baschir mit geschlossenen Augen auf dem Zellenboden liegen.

»Junge, Junge, bist du fit«, sagte ich hochachtungsvoll.

»Muss sein«, antwortete der Tschetschene. »Solltest du auch machen. Ich kann es dir beibringen.«

»Besser nicht«, lehnte ich dankend ab. »Wenn ich dein Programm nur ein Mal durchziehe, musst du nachher meine Knochen aus der Zelle kehren.«

»Dann lassen wir das lieber«, sagte er.

»Hast du mal professionell Sport gemacht?«

»Ja«, antwortete Baschir, »beim Militär.«

»Du warst Soldat?«

»Ich bin Soldat.«

»In welcher Armee?«

»Ein Soldat braucht nicht immer eine Armee.«

»Aber jemanden, der ihm den Sold zahlt«, sagte ich. »Deshalb heißt er Soldat.«

»Das ist so, in der deutschen Sprache.«

»Hast du in Grosny gegen die Russen gekämpft?«

Baschir antwortete nicht. Er schien nicht beleidigt, gerührt, verärgert oder genervt zu sein. Er antwortete nur nicht.

Nach einem Moment des Schweigens fragte er mich dann: »Gegen wen hast du gekämpft?«

»Ich musste zum Glück gegen niemanden in den Krieg ziehen«, antwortete ich.

»Für was hast du gekämpft?«

»Für was ich gekämpft habe?«, wiederholte ich und schaute meinen Zellennachbarn etwas verwirrt an.

Baschir half mir auf die Sprünge. »Hast du Kinder?«

»Nein.«

»Hast du eine Frau?«

»Nein.«

»Hast du Häuser?«

»Nein.«

»Bist du reich?«

»Nein.«

»Hast du einen Gott?«

»Nein.«

»Hast du eine Heimat?«

»Hör mal, Baschir«, sagte ich lächelnd, »quäl doch einen alten Mann nicht mit so furchtbaren Fragen.«

»Du hast damit angefangen.«

»Weiße Flagge, ich kapituliere.«

»Das Leben ist ein Krieg«, dozierte Baschir, »wenn man nicht weiß, gegen was oder für was man kämpft, dann stirbt man. Dann liegt man auf dem Friedhof. Dann sitzt man nicht wie du mit fünfundsechzig Jahren im Gefängnis.«

»Wenn du das so siehst«, sinnierte ich nach kurzer innerer Einkehr, »dann könnte man sagen, ich habe immer dafür gekämpft, dass mein Leben kein Krieg ist, sondern Spaß.«

»Für Spaß hast du gekämpft?«

»Kann man so sagen, ja.«

»Mit welchen Waffen?«

»Mit anderen als du.«

4.

Im Sommer 1940 schrammte eine der ersten Bomben, die über Köln abgeworfen wurden, die Außenmauer unserer Villa am Stadtwald. Als dann knapp zwei Jahre später die Royal Air Force ihre »Operation Millennium« startete und Köln in der Nacht zum 31. Mai mit mehr als tausend Bombern angriff, floh mein Vater mit meiner Mutter, meiner damals sieben Jahre alten Schwester Klärelore und mir, dem sechs Monate alten Jöjö, aus Lindenthal in ein Wäldchen an der Sieg, wo er eine kleine Jagdhütte besaß. In der Nähe war auch die Schwester meiner Mutter mit ihrer Familie bei Verwandten ihres Mannes untergekommen.

In der Gegend gab es nur einen Arzt. Vielleicht war er seinem Beruf psychisch nicht gewachsen, vielleicht hatte er unter dem Naziregime Schuld auf sich geladen, die er nicht mehr abschütteln konnte, vielleicht war er auch nur ein Mensch, für den es nicht gut war, nach Lust und Laune auf den Inhalt des Morphiumschränkchens in seiner Praxis zugreifen zu können. Jedenfalls wirkte er oft abwesend und unkonzentriert.

Meine Mutter ließ sich von ihm behandeln. Sie hatte unter der rechten Achsel einen Knoten, der von Woche zu Woche wuchs. Mit einer jungen Helferin als Assistentin schnitt der Arzt meiner Mutter den vermutlich bösartigen Knoten aus dem Körper. Er hatte ihr eine Vollnarkose verabreicht, aus der sie nicht mehr erwachte. Zurück blieb mein Vater mit meiner Schwester und mir, einem zehn Monate alten Kleinkind.

Nach der ersten Bestürzung wurde man in der Verwandtschaft

aktiv und stellte meinem Vater eine attraktive Frau vor, die zwei kleine Söhne hatte und deren Mann an der Ostfront gefallen war.

Am 2. März 1945 flog die R.A.F. ihren letzten und schwersten Angriff auf Köln. Als die Fliegerstaffeln im Morgengrauen endlich abdrehten und in Richtung Ärmelkanal vom Horizont verschwanden, waren neunzig Prozent aller Häuser der Kölner Innenstadt zerstört. Darunter auch unser Haus in Lindenthal.

Vier Tage später marschierten die Amis ein. Ich war drei Jahre alt, meine Schwester zehn, einer der Stiefbrüder vier, der andere hatte gerade laufen gelernt.

Mein Vater kaufte für die Familie ein ausreichend großes Haus im westlichen Kölner Stadtteil Braunsfeld und reanimierte seinen während des Krieges brachliegenden Betrieb. In einer kleinen Fabrik in der Burgunder Straße ließ er pharmazeutische und drogistische Artikel herstellen, die er unter dem Namen »Fiora« vertrieb.

Die Geschäfte gingen gut im Köln der Nachkriegsjahre. Bald standen in den Schaufenstern der meisten Apotheken, Drogerien und Reformhäuser Produkte seiner Firma: Rheumacremes, Abführtropfen, Wundsalben, Bienengiftpflaster, Knoblauch- und Fenchelsäfte und so weiter.

Im Jahr meiner Einschulung kam unsere kleine Schwester zur Welt, und wir Jungs antworteten von da an, wenn wir nach der numerischen Größe unserer Familie befragt wurden, mit der Scherzfrage: »Unser Vater hat drei Kinder, unsere Mutter hat drei Kinder, und zusammen sind wir fünf. Wie geht das?«

Meine leibliche Mutter hatte ich nicht kennengelernt, deshalb war meine Stiefmutter selbstverständlich »die Mutti« und meine Brüder waren meine Brüder. So sahen das auch die Eltern. Es gab keine Bevorzugung, wir drei Jungs wurden gleich behandelt. Mein Vater aber war extrem auf seine Töchter fokussiert und verwöhnte die beiden nach Kräften, während er uns Jungs zwar ernährte, aber weitgehend ignorierte. Für uns war einzig und allein Mutter zuständig.

In der Braunsfelder Volksschule fand ich schnell Freunde, und auch die Lehrer mochten mich. Aber ich mochte die Schule nicht. Ich lehnte die Einrichtung an sich ab. Vergeblich suchte ich nach einem Bezug zu dem, was man mir beibringen wollte. Schon sehr früh fragte ich mich, ob mir der Lehrstoff irgendwas bringen könnte. Nur Malen und Sport machten mir Spaß, der Rest war Quälerei.

Nach vier mühsam durchgestandenen Volksschuljahren schwebte meinem Vater vor, dass ich aufs Gymnasium gehen, Abitur machen und anschließend Betriebswirtschaft oder Chemie studieren sollte, um danach seinen Betrieb zu übernehmen. In einem vertraulichen Gespräch riet ihm Herr Wagner, mein Klassenlehrer, Abstand zu nehmen von diesen Visionen. Der lebenskluge Pädagoge sah meine Fähigkeiten eindeutig auf künstlerischer und handwerklicher Ebene. Bei Lehrer Wagner hatte ich einen großen Stein im Brett, denn ich konnte damals alle Figuren aus den groß in Mode gekommenen Disney-Comics perfekt und ohne Vorlage auf die große Klassentafel malen.

Mit acht Jahren hatte ich die erste Idee, wie sich dieses Talent zu Geld machen ließ. Vorausgegangen war ein für mich richtungweisendes Erlebnis. Auf der Hohe Straße hatte ich einen Bauchladenverkäufer entdeckt, der Zeitungsfotos, Texte oder Zeichnungen mit einem leeren Blatt Schreibmaschinenpapier belegte, einen Wattebausch mit einer klaren Flüssigkeit tränkte und damit so lange über das Papier rieb, bis darauf die abgelaugte Vorlage sichtbar wurde. Fasziniert von dieser Demonstration erbettelte ich mir das Taschengeld der kommenden vier Wochen im Voraus und kaufte mehrere Fläschchen dieser magischen Flüssigkeit. Ich zog mich in mein Zimmer zurück, legte Watte, Papier und meine Comic-Heftchen zurecht und schraubte eines der Fläschchen auf. Ein scharfer Geruch stieg in meine Nase, und sogleich war ich betört. Zum ersten Mal in meinem Leben versank ich in einem kreativen Schaffensrausch. Ich vergaß alles um mich herum, ich war vollkommen fixiert auf das, was ich tat, und ich wusste in dem Moment, dass es gut war, was ich machte, dass es nur so gemacht werden durfte. Das sagte mir ein Gefühl, das mich erfüllte, das meine Finger dirigierte, das mir die Entscheidungen abnahm, welche Figuren, Landschaften, Gegenstände und Textfetzen ich aus den Heftchen herauskopierte und zu eigenen Bildern komponierte. Um 11 Uhr nachts klopfte meine Mutter an die Tür und sagte, ich müsse endlich ins Bett, morgen um halb sieben schelle der Wecker.

»Wecker« war während meiner Schulzeit das am negativsten besetzte Hauptwort in meiner Sprachschatztruhe.

Am nächsten Abend schaute ich mir die Bilder, die ich gemacht hatte, noch mal in aller Ruhe an. Es waren mehr als zwanzig. Und ich war überrascht, dass ich mich an die meisten gar nicht mehr erinnern konnte. Aber sie gefielen mir. Ich nahm meinen Füller und Buntstifte und übermalte die Bilder stellenweise mit anderen Disney-Motiven oder von mir erfundenen Elementen.

Am nächsten Tag zeigte ich die Werke meiner Mutter. Sie war sehr angetan und fragte, was ich damit machen wolle. Ich antwortete, ich würde sie verkaufen für 60 Pfennig das Stück. Meine Mutter wiegte mit skeptischem Blick den Kopf hin und her und sagte, sie hielte 40 Pfennig eher für angemessen.

Als ich am Mittag aus der Schule kam, lagen 3 Mark und 60 Pfennig neben meinem Essteller. Fünf Stunden hatte meine Mutter gebraucht, um neun meiner Bilder an Nachbarn und Verwandte zu verkaufen.

Ich war unfassbar stolz und lud meine beiden Brüder Dirk und Ecki zum Kinobesuch ein. An der Aachener Straße stiegen wir in die Straßenbahn und fuhren zum Rudolfplatz. Dort gab es das »Kino am Hahnentor«, das erste in Köln, das sogenannte Kinematoskop-Filme auf die riesige Leinwand projizieren konnte.

Die Aktion war ein einprägendes Erlebnis für uns Jungs. Wir standen in der Schlange vor der Kassenloge, und als wir dran waren, legte ich eine Mark und 50 Pfennig in die Drehschale und hob drei Finger in die Höhe. Der Mann hinter der Glasscheibe taxierte uns, legte einen Streifen mit drei rosa Abrisskärtchen in die Vertiefung und drehte die Schale. Das allein schon kam uns vor wie Zauberei. Dann deutete der Mann auf einen Stapel Broschüren, die außen auf dem Kassentresen lagen. Es war das im Hochglanzdruck produzierte Programmheft des Films, der uns erwartete. Jeder durfte sich eines dieser fantastischen Heftchen von dem Stapel nehmen, und nachdem wir uns damit ein paar Schritte aus der Kassenschlange wegbewegt hatten, riss ich die Karten auseinander und gab jedem meiner Brüder eine. Stolz wie kleine Prinzen nahmen sie die Kostbarkeit in Empfang und waren so überwältigt, dass sie völlig vergaßen, sich zu bedanken. Das holten sie dann später gebührend nach.

Eine unfassbar schöne Frau – mit wasserstoffblonden Haaren, in einem eng anliegenden Rock, mit Nylonstrümpfen darunter, die bei jedem Schritt, den sie vor uns herging, leise knisterten – geleitete uns mit einer Taschenlampe zu den Plätzen im dritten Parkett. Das Licht wurde langsam runtergedimmt, der schwere rote Samtvorhang öffnete sich, und das Programm begann mit der Wochenschau. Es folgte ein Vorfilm über eine Eisbärenfamilie, die man in Grönland eingefangen und ins neu gestaltete Gehege des Berliner Zoos verfrachtet hatte. Dann ging das Licht aus, und die wunderbar schöne Frau, die uns schon die Plätze angewiesen hatte, erschien nun mit einem weißen Bauchladen vor der Wespentaille, stellte sich in einen extra für sie aufglühenden Lichtkegel, schob das eine Knie leicht vor das andere und wisperte mit engelsgleichem Stimmchen: »Will jemand Eis?«

Die eine Hand hob ich in die Höhe, die andere legte ich wie zufällig auf meinen Hosenstall. Meine Brüder mussten ja nicht unbedingt meinen unbeirrbaren Ständer sehen.

Für Dirk und mich kaufte ich bei der Göttin der glitzernden Kinowelt je einen »Happen« und für Klein-Ecki ein »Capri«.

Dann begann der Hauptfilm: *Walt Disney's Schneewittchen und die sieben Zwerge*. Der Film war zwar schon 1937 entstanden, hatte aber erst jetzt im Oktober 1950 in Köln seine feierliche Deutschlandpremiere.

Am späten Abend, als die Eltern in ihrem Schlafzimmer verschwunden waren, kam Dirk zu mir ins Zimmer und setzte sich neben mich ins Bett. Zusammen blätterten wir Seite um Seite des Kino-Programmhefts durch. Walt Disney führte durch sein Studio in Hollywood. Mehr als zwanzig Zeichner saßen in einem großen Raum an Arbeitstischen und malten Detail für Detail, aus denen der große Meister dann später mit dem Kameramann und der Cutterin seine herrlichen Filme entstehen ließ. Auf der nächsten Seite waren vier Sprecher abgebildet, die in einem schwarz ausgeschlagenen Raum mit kleinen Leselampen vor Mikrofonen saßen. Es waren hochbezahlte Spezialisten, die den gezeichneten Figuren in tagelanger Kleinarbeit ihre markanten Stimmen verliehen.

Natürlich waren in dem Programmheft auch viele Bilder aus dem *Schneewittchen*-Film abgedruckt, die uns als Gedächtnisstütze dienten, um den ganzen Film noch mal Szene für Szene nachzuerzählen. Wenn wir eine Bildfolge in besonders guter Erinnerung hatten, schwelgten wir minutenlang in kindlicher Begeisterung.

Noch nie war es mir gelungen, auch nur drei Strophen eines Gedichts, das ich für die Schule hatte auswendig lernen müssen, länger als einen Tag zu behalten, *Schneewittchen* aber konnte ich nach einem Monat noch immer komplett nacherzählen.

Zwei Monate später, nachdem ich im Hahnentor auch noch *Bambi* gesehen hatte, stand für mich unumstößlich fest: So schnell wie möglich fahre ich nach Amerika und heuere bei Walt Disney an. Gemeinsam im kreativen Team aus Tausenden gemalten Bildern so wunderbare Filme wie *Schneewittchen* und *Bambi* entstehen zu lassen, bei denen die ganze Welt, egal ob Arm oder Reich, Schwarz oder Weiß, Dumm oder Schlau, lachte und weinte, hoffte und bangte, das war von nun an mein ganz großer Traum.

Weil alle Jungs aus Braunsfeld und Lindenthal zur »Höheren Schule« gehen mussten, musste auch ich zur »Höheren Schule« gehen. Nach Absprache mit meinem Vater meldete mich Mutter auf dem Gymnasium Kreuzgasse an.

Agricola arat, famma flagrat, gallina cantat. Was zur Hölle sollte mir dieser Scheiß in meinem zukünftigen Leben bringen? Sprach Walt Disney mit seinen Zeichnern in den Studios etwa Latein?

Nach drei Monaten klappte der Schuldirektor das Kapitel Gymnasium für mich zu. Meine Eltern bekamen einen blauen Brief, in dem er bedauernd mitteilte, dass bei ihrem Sohn Jürgen »die innere Einstellung zur Schule« nicht stimme. Der Mann hatte recht. Nur bedauern hätte er es nicht müssen. Denn ich tat es auch nicht.

Die dünne dunkelgraue Broschüre, in der die unregelmäßigen lateinischen Verben alphabetisch aufgelistet waren, schob ich am späten Nachmittag unter mein T-Shirt, ging in den Stadtwald und ließ mich an einer Stelle nieder, die von der Friedrich-Schmitt-Straße aus nicht einzusehen war. Ich riss Seite für Seite aus dem Heft, zerknüllte das Papier und schuf daraus einen kleinen Scheiterhaufen. Eines der Streichhölzer, die ich vom Gasherd in der Küche weggenommen hatte, zog ich über die Reibfläche und hielt das aufsprühende Schwefelköpfchen an die unteren Folterblätter. Ich legte mich auf den Rücken, verschränkte die Arme hinter meinem Nacken und schaute dem Rauch nach, der in die Höhe stieg und sich dort verlor.

Marlis Holter, die Tante von Arno, einem meiner ehemaligen Kameraden aus der Grundschule, wohnte in der Nähe vom Ebertplatz und hatte das Garderobengeschäft bei den Abendveranstaltungen im Eis-und-Schwimmstadion gepachtet. Tante Marlis' Mann Robert war aus russischer Gefangenschaft nicht zurückgekehrt, und da sie keine Kinder hatte, liebte sie Arno über alles. Sie bettelte geradezu darum, dass der Junge ab und zu bei ihr übernachtete. Dann gab's zur Begrüßung immer ein Comic-Heftchen und danach sein Lieblingsessen und Rundfunkhören bis 22 Uhr.

Da sich Arno aber mit der Tante allein zunehmend langweilte, fragte er die mildtätige Dame, ob nicht sein Freund Jürgen auch mal mit ihm bei ihr übernachten dürfe. Tante Marlis hatte nichts dagegen und meine Eltern auch nicht. Also bekam ich nun auch alle paar Wochen ein Comic-Heftchen geschenkt und genoss danach Lieblingsessen und Hörfunkprogramm bis 22 Uhr. Natürlich durften wir dort nur übernachten, wenn Tante Marlis sich nicht im Eisstadion um die Garderobe der Gäste zu kümmern hatte.

Am 8. Juni 1952 schaffte es Arno, seine Eltern und seine Tante geschickt zu übertölpeln, denn am späten Nachmittag jenes Tages standen wir beide mit unseren Übernachtungsbeuteln vor ihrer Wohnungstür. Tante Marlis war völlig aufgelöst, denn sie musste gleich ins Eisstadion, da sollte eine bereits seit Wochen ausverkaufte Sportveranstaltung stattfinden. Es ging hin und her, und schließlich hatte Arno seine Tante davon überzeugt, dass es das Beste sei, wenn wir sie zu ihrem Arbeitsplatz begleiten und dort bis zum Feierabend bei ihr bleiben würden. So ganz wohl war Tante Marlis nicht bei der Sache, aber sie fand es natürlich auch schön, den geliebten Neffen in ihrer Nähe zu haben.

Als wir am Stadion, jeder mit zwei Comic-Heftchen unterm Arm, an der Lentstraße ankamen, standen schon Massen von laut lamentierenden Menschen vor den eisernen Drehtüren und warteten ungeduldig auf Einlass. Tante Marlis besaß natürlich einen Schlüssel für den Personaleingang, und wir huschten hinter ihr in den langen, von Neonlicht beleuchteten Gang, von dem die Türen zu den Garderoben der Sportler und zu den Lagerräumen der verschiedenen Abteilungen des Eissport-Klubs und der Gastronomie abgingen.

Tante Marlis stand ein kleiner Raum mit Spind, Waschbecken, Tisch und zwei Stühlen zur Verfügung, in dem sie sich umzog, frisch machte, Geld zählte und Garderobenmarker sortierte. Wir versprachen ihr hoch und heilig, hier zu bleiben und brav unsere Comic-Heftchen zu lesen, bis die Tante uns nach der Veranstaltung wieder abholen würde. Tante Marlis zog sich ihren Kittel an und eilte mit ihrer Kassette davon. Unser Plan war aufgegangen. Wir warteten eine knappe Stunde, bis alle Zuschauer ihre Plätze eingenommen hatten, und schlichen dann die Treppen hoch zum obersten Rang. Wir kauerten uns hinter die letzte Sitzreihe und starrten zitternd vor Aufregung zu dem hell erleuchteten Boxring hinunter, um den herum Männer in schwarzen Anzügen saßen, die sich mit dem Programmheft den Qualm aus den Gesichtern wedelten, den ihre dicken Zigarren verpufften.

Die Show begann. Das Publikum buhte und pfiff, als der Ringsprecher den ersten Boxer vorstellte. Aber als er den Namen des zweiten Kämpfers ausposaunte, brach in der Halle Massenhysterie aus:

Peter »de Aap« Müller! Das Kölner Original wollte heute Nacht Rache nehmen an Hans Stretz, an dem Mann, der ihm vor knapp drei Jahren in Berlin den Titel des Deutschen Meisters im Mittelgewicht abgenommen hatte.

Die Glocke zur ersten Runde ertönte, und von der ersten Sekunde an marschierte de Aap auf den elegant parierenden Gegner los, feuerte wild entschlossen Serie nach Serie in Richtung Stretz, setzte aber keine wirkungsvollen Treffer. Stretz dagegen traf ihn mehrfach mit voller Wucht. Aber de Aap war bekannt für seine unglaubliche Nehmerqualität und auch dafür, dass er im Ring oft nicht ganz sauber agierte. Ringrichter Max Pippow aus Berlin, eine bekannte Größe in der Branche, unterbrach den Kampf mehrfach, um Müller zu ermahnen, den Kopf hochzunehmen, nicht zu klammern oder nicht mit Stirn oder Schädeldecke zuzustoßen. Diese Aktionen quittierte das Publikum mit gellenden Pfiffen, was Müller vermutlich in der Ansicht bestärkte, vom Referee konsequent benachteiligt zu werden.

In der achten Runde konterte Stretz eine Attacke der führerlosen Dampfwalze aus Köln-Raderberg mit drei blitzartig aufeinanderfolgenden Kombinationen. De Aap wankte, ließ den Kopf auf die Brust sinken und umklammerte die Oberarme seines Gegners. Wieder schritt Pippow ein und drohte Peter Müller bei der nächsten unsportlichen Aktion mit Punktabzug. De Aap stieß daraufhin einen beleidigenden Fluch aus, und Pippow verlor die Beherrschung und giftete zurück, »Zigeunern wie ihm solle man das Boxen verbieten!«. De Aap holte aus und haute zu. Wie ein Bügelbrett kippte der Ringrichter mit gerade durchgedrückter Wirbelsäule nach hinten weg, knallte auf den Ringboden und blieb bewusstlos liegen. Der rasende Müller beugte sich über den geschlagenen Mann und holte wieder aus, da griff ihm Stretz in den Arm und riss ihn zurück. Aber auch Sportsmann Stretz konnte den vor Wut Entfesselten nicht bändigen, woraufhin vier Männer, unter ihnen Jupp Thelen, Peter Müllers Manager und Schwiegervater, durch die Ringseile hechteten und sich blutige Nasen abholten, bevor sie den Lokalmatador endlich überwältigt hatten.

Die Halle kochte über. Hüte und Sitzkissen, Krawatten und Damenhandtaschen flogen in den Ring. Einige Zuschauer schlugen sich gegenseitig in die Gesichter, und Arno und ich stürmten mit pfenniggroß aufgerissenen Pupillen die Treppen zum Serviceraum von Tante Marlis hinunter. Wir setzten uns, verschränkten die Arme auf dem Tisch und ließen unsere surrenden Köpfe darauf niedersinken.

Als die völlig verschwitzte und den Tränen nahe Tante Marlis endlich ihren an diesem Abend extrem harten Job verrichtet hatte und mit ihrer vollen Kassette bei uns eintraf, hoben wir die Köpfe, räkelten uns und sagten gähnend, wir hätten die ganze Zeit über fest geschlafen und wüssten gern, was für eine Veranstaltung denn heute Abend überhaupt stattgefunden habe.

5.

Nach der fünften Klasse, die ich auf der Volksschule in Müngersdorf abgesessen hatte, meldete Mutter mich bei der Braunsfelder Realschule an. Da es mehr Bewerber als Plätze gab, mussten alle Schüler vorher zu einem Test. Brav ging ich hin und gab mir Mühe. Einige Tage später sagte der Rektor zu meiner Mutter, mich nähme er gerne, denn ich hätte alle Testaufgaben *sehr gut* gelöst.

Am 1. September 1952 moderierte Chris Howland, ein in London geborener ehemaliger »Tommy«, der als Besatzungssoldat die deutschen Mädchen schätzen gelernt hatte, zum ersten Mal als Schallplattenjockey die Sendung »Rhythmus der Welt«, in der er über Trends und Neuheiten der internationalen Musikszene berichtete. Die Sendung war ein Donnerschlag in den Gehörgängen der neuen Jugend, die sich international orientierte, nachdem das übersteigerte nationale Selbstempfinden in einer dunklen Sackgasse geendet war.

Wir hörten Chris Howlands britischen Akzent und seine nasal röhrende Stimme zum ersten Mal auf Tante Marlis' orangefarbenem Cocktailsofa. Danach trafen wir uns regelmäßig mit Freunden und Freundinnen im Stadtwald an einer bestimmten Parkbank, auf der Arno das chice, batteriebetriebene Transistorradio, das seine Tante ihm zum Geburtstag geschenkt hatte, postierte. Wir swingten mit im Rhythmus der angesagten Musik, die »Mister Pumpernickel« für uns ausgewählt hatte.

Mein Bruder Dirk ging aufs Friedrich-Wilhelm-Gymnasium in der Innenstadt, und er kam dort auch einigermaßen zurecht. Er war angepasster und zielstrebiger als ich. Obwohl auch er gerne und gut zeichnete und sich für Filme und Kunst interessierte. Ich habe einiges von ihm gelernt.

Da unser Vater sich überhaupt nicht mit uns Jungs beschäftigte und Mutter den Stoff nicht beherrschte, den man uns in den Schulen einzutrichtern versuchte, stellte mein Vater einen Studenten als ständigen Nachhilfelehrer ein. Er hieß Michael und kam an jedem Werktag um eins, aß mit der Familie zu Mittag und kümmerte sich anschließend um die Hausaufgaben von Dirk, mir und Klein-Ecki.

Innerhalb unserer Triade einigten wir uns – Klein-Ecki wurde in dem Fall mit zwei zu eins überstimmt – basisdemokratisch darauf, dass der Jüngste zuerst, danach Dirk und als Letzter ich dran kam. Das war dann meistens so gegen 3 Uhr, und Michael war oft etwas kaputt, denn er hatte an der Sporthochschule im Hauptfach Schwimmen und zog jeden morgen zwei Stunden lang, von sechs bis acht, eisern seine Bahnen. Rauf und runter, ohne Pause. In beidseitigem Einverständnis schluderten wir meist etwas bei den Grammatikübungen oder den Divisionen von sechzehnstelligen Zahlen durch siebenstellige Zahlen – das war zu einer Zeit, als elektronische Taschenrechner noch nicht erfunden waren. Stattdessen gingen wir mit dem Fußball auf die Wiese und schoben uns Pässe zu. Pünktlich um Viertel vor fünf aber saßen wir dann mit aufgeschraubtem Füller über einem meiner Hefte und riefen gemeinsam »Ja bitte!«, wenn es an der Tür klopfte.

Mutter betrat das Zimmer und kredenzte unserem Hauslehrer eine Tasse Kaffee und ein Stück Kuchen. Damit war sein täglicher Dienst beendet. Ich nickte Mutter zu und ließ die beiden allein.

Meine Mutter mochte Michael. Das merkte ich, und ich konnte sie verstehen. Damals schon. Er sah richtig gut aus mit seinen blonden Haaren und seinen meerwasserblauen Augen, und er war eben

Sportstudent, sogar Schwimmer, mit breiten Schultern und schmalen Hüften.

Vielleicht hat sie an Michael gedacht, wenn Vater alle vier Wochen mal, meist wenn er von seiner Skatrunde nach Hause kam, im stockfinsteren Elternschlafzimmer ihr das Nachthemd hochschob.

Es ging zwei Jahre halbwegs gut auf der Realschule. Dann schlichen sich wieder die Problemchen ein. Ich kam morgens zu spät, ich hatte selten alle Bücher dabei, die Hausaufgaben so gut wie nie gemacht, und wenn in der ersten Stunde Sport oder Heilige Messe war, kam ich erst zur zweiten.

Es stimmte wieder etwas Grundlegendes nicht mehr mit meiner »Einstellung zur Schule«. Frech oder aufmüpfig war ich nicht, ich war trotzig und stur, ich gab den Lehrern durch mein Verhalten zu verstehen, dass mich ihre pädagogischen Bemühungen nicht erreichten. Blaue Briefe stapelten sich auf dem Schreibtisch meines Vaters. Er öffnete sie nicht, ließ den Stapel aber immer höher werden. Ab und an kam Mutter in mein Zimmer und versuchte mir ins Gewissen zu reden in dem üblichen Tenor: »Später wirst du es bereuen … Du lernst doch fürs Leben und nicht für die Schule.«

Ich lächelte und legte eine meiner Singles auf den gerippten Gummikrepp, zog den fragilen Tonarm zurück und wartete ab, bis der Plattenteller seine Betriebsgeschwindigkeit von 45 Umdrehungen pro Minute erreicht hatte. Ich setzte den Saphir in die erste Rille und lauschte fasziniert, wie sich aus dem knisternden Rauschen die coole Stimme von Frankie Vaughan erhob. Sein Hit *Happy Days & Lonely Nights* hatte Anfang 1954 gerade die US-Charts gestürmt. In den Staaten spielten die Radiostationen den Song stündlich, ebenso wie Chat Bakers *My funny Valentine* oder Dean Martins *That's Amore.* Bestimmt summten die Zeichner in den Disney-Studios die

Songs mit, während sie an ihren fantastischen Projekten arbeiteten. Ich war zwölf Jahre alt, Marilyn Monroe siebenundzwanzig, als sie im Rathaus von San Francisco Joe DiMaggio, der Baseball-Legende der New York Yankees, ihr legendäres *»Yes, I will«* zuhauchte, als Marlon Brando in Hollywood für *Die Faust im Nacken* den Oscar entgegennahm, als Sepp Herbergers Team in Bern glücklich gegen unglückliche Ungarn das Finale der Fußballweltmeisterschaft gewann, als in London nach fünfzehn Jahren der Goldmarkt wieder öffnete und in Stockholm Ernest Hemingway für *Der alte Mann und das Meer* den Nobelpreis erhielt, und ich war immer noch zwölf Jahre alt und ging immer noch in Köln-Braunsfeld auf die Realschule, als Marilyn Monroe am 5. Oktober nach nur zweihundertvierundsiebzig ehelichen Tagen die Scheidung von Joe DiMaggio einreichte. Aber langsam kam die Sache ins Rollen. Jeden Morgen untersuchte ich im Badezimmer sorgfältig die Stellen, an denen flaumiger Haarwuchs eingesetzt hatte, und bald war auch Clerasil ein wichtiges Thema. Meine Stimme sprang manchmal ansatzlos zwischen Heldenbass und Kastratenfalsett hin und her. Sehr zur Belustigung der Erwachsenen. Diesen billigen Spaß aber gönnte ich den Herrschaften nicht. Ein halbes Jahr lang hielt ich konsequent den Mund, wenn sich postpubertäre Wesen in der Nähe befanden.

Mit vierzehn hatte ich dann meine erste Freundin. Sie hieß Sylvia und war ein Jahr älter als ich. Sie ging auf die von katholischen Ordensschwestern geleitete Liebfrauen-Schule und bekam einen Verweis von der Äbtissin, sie müsse augenblicklich das Gymnasium verlassen, wenn sie weiterhin ihre Fingernägel lackiere und sich in der Öffentlichkeit Händchen haltend mit jungen Menschen männlichen Geschlechts zeige.

Mit Sylvia legte ich gemeinsam im Saunahäuschen ihrer Eltern die große Reifeprüfung ab. Auf der Schule schaffte ich nicht mal die mittlere. Aber in den Sommerferien schaffte ich es immerhin bis nach Neapel. Kumpel Arno und ich hatten im Kino ein paar Mafiafilme gesehen, und wir schmiedeten den Plan, uns die sizilianischen Dörfer der Bosse, die in Amerika zu legendären Clan-Chefs aufgestiegen waren, mal in natura anzuschauen. Außerdem wollten wir miterleben, wie sich gigantische Lavaströme bei Nacht ins Mittelmeer wälzten, denn der Ätna war damals sehr aktiv. Zu Hause sagten wir, wir würden gern nach Österreich fahren, um dort von Jugendherberge zu Jugendherberge zu wandern. Das fanden unsere Eltern prima. Wir bekamen jeder 200 Mark Reisespesen und schriftliche Bescheinigungen, dass wir die Grenze überschreiten dürften.

Damals war es in Mode gekommen zu trampen, und am ersten Ferientag brachte Arnos Tante Marlis uns und unsere prallen Rucksäcke in ihrem Volkswagen zum Bonner Verteiler. Mit Tränen in den Augen drückte sie ihrem Lieblingsverwandten einen Fünfziger als »Notreserve« zu und bat uns eindringlich, in keine Bergschlucht zu fallen und uns nicht auf der Alm von übermütigen Jungbullen auf die Hörner nehmen zu lassen.

Im Laufe des ersten Tages schafften wir es bis Speyer beziehungsweise unter eine Brücke in der Nähe von Speyer, wo wir in stockfinsterer Nacht unser Lager aufschlugen. Es begann zu regnen, wir hatten zu wenig Proviant dabei, unsere Schafsäcke waren zu dünn, und Heerscharen von Mücken saugten das junge Blut aus unseren Körpern. Erst im Morgengrauen stellten wir fest, dass unser Schlafplatz offensichtlich Legionen von Radfahrern, Wanderern, Lkw-Fahrern und anderen Passanten als Toilette gedient hatte. Als Arno am Morgen, das Gesicht übersät von Mückenstichen, seine mobile Bettstatt einrollte, merkte er, dass er die Nacht auf einem frischen, nun flächendeckend ins Gewebe seines Schlafsacks eingedrungenen Kackhaufen verbracht hatte. Das war zu viel für ihn. Er überließ den

Schlafsack, den Tante Marlis ihm erst vor zwei Tagen bei Touring Sport auf der Luxemburger Straße gekauft hatte, den Insekten unter der Brücke und fuhr mit dem nächsten Zug zurück nach Köln.

Ich trampte weiter. Allein ging's natürlich besser. Einen einzelnen Jungen mit Rucksack nahmen die Leute lieber mit. Weil er ihnen leidtat oder sie seinen Mut bewunderten. Weil er allein kaum eine Bedrohung darstellte und natürlich weniger Platz brauchte. Denn viele Deutsche fuhren in den Urlaub nach Italien und hatten ihre Pkw auch ohne zwei mit dicken Rucksäcken bepackte Passagiere voll genug.

Nach dreizehn Tagen hatte ich Neapel erreicht. Auf der Terrasse der Jugendherberge mit Blick über den berühmten Golf machte ich Kassensturz. Als ich an jenem Abend die bei Capri im Meer versinkende rote Sonne bewunderte, befanden sich in meinem Brustbeutel noch 5 Mark. Das war zu wenig, um damit bis nach Palermo zu kommen. Aber es war auch zu wenig, um damit zurück ins Rheinland zu kommen, und es war sogar zu wenig, um mit dem Schiff nach Capri überzusetzen und wieder zurück aufs Festland zu kommen. Dieses Vergnügen, das ich mir so gern gegönnt hätte, kostete umgerechnet 6 Mark.

Am nächsten Tag streunte ich durch die Gegend und überlegte, wie ich an Geld kommen könnte. Auf einem versteckt in einer Seitenstraße gelegenen Grundstück, an dessen Mauer ein Verkaufsschild angenagelt war, standen drei Orangenbäume, deren Äste fast brachen, so viele reife Früchte mussten sie tragen. Ich erbarmte mich, füllte eine große Plastiktüte mit der saftigen Beute und schleppte sie in die Jugendherberge. Von meinen verbliebenen 5 Mark investierte ich etwa ein Drittel in eine Zitruspresse, schnitt beim Frühstück im gut gefüllten Speisesaal drei der duftenden Früchte auf, quetschte Hälfte um Hälfte aus und füllte damit vernehmlich gluckernd ein großes Glas. Ich setzte es an meine Lippen, nahm einen tiefen Schluck und seufzte mit verzückt verdrehten Augen. Ein paar Jungs und Mädels schauten auf und baten mich, ihnen auch so einen tollen Drink zu machen. Für 30 Pfennig pro Glas war ich dazu bereit. Am Mittag hatte ich insgesamt 7,20 Mark im Brustbeutel. Die Übernachtung kostete pro Nacht 50 Pfennig, für die vier Nazionali-Zigaretten, die ich täglich in einer Tabaccai kaufte, die drei Sandwichs und die halbe Flasche Chianti musste ich zusammen etwa 2,80 Mark ausgeben. Also konnte ich mir den Ausflug nach Capri heute noch nicht leisten.

An den folgenden Morgen bot ich immer wieder im Frühstücksraum meinen Saft an und verkaufte auch etliche Gläser, aber nie gelang es mir, ein so großen Überschuss zu erwirtschaften, dass ich 6 Mark übrig gehabt hätte, um mir die kleine Schiffsreise zu leisten.

Nach zehn Tagen gab ich auf und stellte mich mit meinem Rucksack an die Autobahn in Richtung Norden. Kaum hatte ich den Daumen in den lauwarmen Wind gehoben, da stoppte ein Lkw. Der Fahrer war auf dem Weg nach Salzburg und seit zwei Tagen und zwei Nächten pausenlos auf Achse. Er brauchte jemanden, der ihm in die Rippen boxte, wenn seine Augen zufielen und seine Stirn aufs Lenkrad sackte. Den Job übernahm ich.

6.

Die Mittlere Reife wird einem zugesprochen, wenn man auf einer Höheren Schule, also einer höheren als der Haupt- oder der Hilfsschule den Abschluss der zehnten Klasse geschafft hat. Doch ein halbes Jahr bevor dies hätte geschehen können, war der Stapel der ungeöffneten blauen Briefe auf dem Schreibtisch meines Vaters so hoch geworden, dass er bei jedem leichten Durchzug umzukippen drohte.

Mein Klassenlehrer, Herr Dieblich, mochte mich – rein menschlich – gut leiden, und er war der Ansicht, wenn ich während der letzten sechs Monate etwas Gas geben würde, könnte ich das Klassenziel noch erreichen.

In der großen Pause klemmte er sich an meine Fersen und stellte mich kurz vor der Tür zum Klo, wo ich mit ein paar Kumpels in netter Runde selbstgedrehte Zigaretten rauchen wollte. Vielleicht war auch Richard da, dessen Mutter Reyno rauchte, eine Mischung aus Tabak und Hustenbonbon. Weil die Dame nicht richtig mitzählte, wie viele Zigaretten sie täglich konsumierte, bediente sich Richard regelmäßig in ihrer Handtasche und verqualmte die Beute mit uns Jungs auf dem Klo.

Also, ich hatte die schwitzige Klinke der Lokustür schon fast gepackt, da legte sich eine Hand auf meine Schulter, und als ich mich umdrehte, sah ich meinem Klassenlehrer gerade in die Augen, beziehungsweise schaute ich etwas abwärts, denn ich war mit fünfzehn schon über eins achtzig groß, und Herr Dieblich geschätzte 10 Zentimeter kleiner. Er schaute mich scharf an und sagte drohend: »Jetzt ist Schluss, Kuhl! Du gehst sofort mit mir zum Rektor, und da machen wir deine Abgangspapiere fertig!«

»Okay«, sagte ich. »Gehen wir.«

Herr Dieblich schaute mich weiter an und setzte nach: »Dein Vater wird dir den Hintern grün und blau schlagen.«

»Mein Vater wird gar nichts«, sagte ich. »Der kriegt überhaupt nicht mit, wenn ich von der Schule fliege.«

»Wir werden es ihm unverzüglich schriftlich mitteilen.«

»Sehr gut«, sagte ich, »die blauen Briefe von euch mag er sehr.«

Wir schauten uns noch eine Zeit lang in die Augen, und der gute Herr Dieblich wartete ungeduldig darauf, dass endlich ein Ruck durch mich ginge, dass ich den Ernst der Lage und die Endgültigkeit dessen, was nun eventuell anstand, kapieren würde. Ich durchschaute seine Strategie, er tat mir auch ehrlich leid. Denn er muss es als persönliche Niederlage empfunden haben. Er war ein guter Lehrer, einer, dem etwas daran lag, dass aus seinen Schülern etwas wurde, der stolz war, wenn er sie Jahre später zufällig auf der Straße traf und sie ihm den Weg beschrieben, den sie gegangen waren und für den er, Dieblich, ihnen ein rüttelfestes Fundament gegossen hatte.

So einer war der Dieblich. Einmal las er der Klasse einen Artikel aus der Kölnischen Rundschau vor. Es ging um einen jungen Arzt, der gerade seine Koffer packte, um nach Rochester in Minnesota aufzubrechen, wo er in der berühmten Mayo-Klinik einen Job als Chirurg bekommen hatte. Dieblich wedelte mit dem Artikel in der Luft herum und erklärte, der Mann aus diesem Artikel habe polnische Eltern gehabt, deshalb konnte er bei der Einschulung kein Deutsch, und aufs Gymnasium habe er es deshalb auch nicht gleich gepackt. Er wäre dann hier nach Braunsfeld auf die Realschule gekommen, in seine Klasse. Täglich aufs Neue habe er den Jungen motiviert. Der

Schüler habe prima mitgearbeitet und sich so ins Zeug gelegt, dass man ihn aufgrund eines herausragenden Abschlusszeugnisses nahtlos in die Elf am Schiller-Gymnasium übergeben konnte. Da habe sich der Junge dann zum richtigen Überflieger entwickelt und ein Einser-Abitur hingelegt. Danach folgten ein Medizinstudium in Bonn und zwei Jahre als Assistenzarzt, das erste in Dublin, das zweite in Barcelona.

Und jetzt stand sogar ein toller Artikel über ihn in der Kölnischen Rundschau.

Ein paar Jahrzehnte später hätte der gute Lehrer Dieblich auch was Tolles über den Kuhl in der Zeitung lesen können. Ich denke, das ist ihm erspart geblieben. Grob geschätzt müsste er hundertzehn Jahre alt gewesen sein, als der erste große Artikel über mich, den 1A-Dollar-Fälscher, im Express erschien.

Auf jeden Fall standen wir uns an jenem Morgen vor der Jungentoilette gegenüber wie zwei Pistoleros beim Duell. Hier Kuhl, da Dieblich. Auge in Auge. Am Ende konnte der Lehrer nicht anders, als zu sagen: »Du hast es so gewollt, Kuhl.«

Wir gingen zum Sekretariat. Dieblich vorneweg, ich zwei Schritte hinter ihm. Wir wechselten keine Worte. Auch danach nie mehr.

Nach der Pubertät schlief meine Begeisterung für Disney-Filme ein, denn nachdem ich 1956 *Die Benny Goodman Story* mit Steve Allan in der Hauptrolle gesehen hatte, änderten sich zwei grundlegende Dinge in meinem Leben: mein Musikgeschmack und mein Berufswunsch. Ich war zum leidenschaftlichen Jazz-Fan mutiert und wollte nun unbedingt Kameramann werden.

Auf der Hohe Straße gab es damals das Fotogeschäft Schmidt & Schmidt, eine der besten Adressen in Nordrhein-Westfalen. In dem gediegenen Geschäft herrschte eine Atmosphäre wie heutzutage bei

Cartier. Das ganze Personal musste topgepflegt und topgekleidet zur Arbeit erscheinen und tadelloses Benehmen an den Tag legen. Jeder Kunde wurde vom Chef per Handschlag begrüßt und dann von ihm mit einem der Fachverkäufer bekannt gemacht. Das waren alles hoch qualifizierte Leute, die meisten von ihnen leidenschaftliche Fotografen und Gewächse aus guten Kölner Familien. Es wurde ein rotes Samttuch über der Glastheke ausgebreitet, auf dem die Mitarbeiter dann Schätze wie die Leica, die Rollei Flex oder die Hasselblad präsentierten und bis ins Kleinste erklärten. Bei Schmidt & Schmidt konnte man Kameras kaufen, die 2000 Mark kosteten. Ein neuer VW-Käfer war damals für 1500 Mark zu haben.

Meine Schwester Klärelore arbeitete in dem edlen Laden und genoss das volle Vertrauen des Chefs. Sie saß an der Kasse und hatte als einzige Angestellte den Schlüssel. Nur sie kam mit Bargeld in Kontakt. Und alle Geschäfte wurden bar abgewickelt, Schecks kamen erst später in Mode, Kreditkarten noch viel später. Weil der Chef mit Klärelore sehr zufrieden war, tat er ihr den Gefallen und gab mir, ihrem siebzehnjährigen Bruder, eine Lehrstelle als Fotokaufmann. Der tariflich festgelegte Lohn betrug im ersten Lehrjahr 60 Mark.

Ich wollte unbedingt Kameramann werden, und da mich ohne jeden Schulabschluss keine Fachhochschule angenommen hätte, war Schmidt & Schmidt eine gute Adresse, denn die Firma hatte eine Filmabteilung, in der ich auch freundlicherweise unterkam. In dem für damalige Verhältnisse perfekt ausgestatteten Filmlabor entwickelten, schnitten und kopierten wir. Der nur ein paar Schritte entfernt residierende WDR war einer unserer besten Kunden. Anfangs machte es Spaß. Ich lernte interessante Leute kennen und fühlte mich am Puls der Zeit. Ich experimentierte mit dem Doppel-Acht-Filmformat. Ich drehte kleine Filme, später sogar im Kinematoskop-Format. Man setzte eine Linse vor die Kamera und schraubte dieselbe Linse dann bei der Vorführung auf den Projektor. Heraus kamen plastisch wirkende Aufnahmen. Doch ich hatte neben der Filmerei noch eine zweite Leidenschaft, die sich mit der ersten nicht so gut vertrug. Ich hatte nämlich Geschmack gefunden am Nachtleben. Ab meinem siebzehnten Lebensjahr war ich jeden Abend unterwegs. Vom »Franz in de Höhnerjass« rüber auf den Ring ins Storyville, danach noch in die Bar Tabu. Vor 2 Uhr morgens kam ich nie ins Bett, und vor acht auch nur noch selten aus den Federn. Oft sprang ich völlig verpennt in die Klamotten und rannte zur Straßenbahnhaltestelle. Aber oft fuhr mir die Bahn dann genau vor der Nase weg, oder ich war sowieso schon wieder viel zu spät dran. Manchmal nahm ich mir ein Taxi. Aber immer öfter reichte auch das nicht. Es hagelte Abmahnungen, und wieder kam es eines Morgens zum Showdown, diesmal auf der Hohe Straße. Der Chef erwartete mich vor dem Geschäft und hielt mir seine Armbanduhr unter die Nase. »Viertel nach neun, Herr Kuhl«, sagte er, »seit Beginn Ihrer Lehrzeit vor zweieinhalb Jahren ist das jetzt schon mindestens das dreißigste Mal, dass Sie unpünktlich zum Dienst erscheinen. Wenn Ihre Schwester nicht genau das Gegenteil von Ihnen wäre, hätte ich mir das nicht so lange gefallen lassen.«

»Ich krieg's oft nicht hin«, murmelte ich und trat genervt von einem Fuß auf den anderen.

»Mehr haben Sie dazu nicht zu sagen?«

Ich schüttelte den Kopf.

»Gehen Sie ins Personalbüro, und holen Sie sich Ihre Papiere ab, Kuhl!«, drohte er pädagogisch wertvoll.

»Mach ich.«

»Sie wissen ja«, versuchte der Chef mir eine letzte Brücke zu bauen, »ohne abgeschlossene Lehre sieht es finster aus auf dem Arbeitsmarkt.«

»Irgendwas wird schon gehen.«

»Wenn Sie das so sehen, kann ich Ihnen nicht helfen.«

»Trotzdem vielen Dank für Ihre Mühe«, sagte ich und ging ins Personalbüro.

Achtzehn Jahre war ich alt und hatte nichts vorzuweisen als mein angenehmes Äußeres, meine freundliche Art, eine ausufernde Fantasie und ein paar künstlerische Talente, aus denen sich damals noch kein Kapital schlagen ließ. Die gleichaltrigen Jungs aus der Braunsfelder Nachbarschaft besuchten die Oberprima auf dem Apostel-Gymnasium, spielten Bratsche in der Rheinischen Musikschule und Tennis bei Lese Grün-Weiss oder Hockey bei Rot- oder Blau-Weiss. Ich war gerade aus der Lehre geflogen und trieb mich nachts am Friesenplatz mit zwielichtigen Überlebenskünstlern herum. Das gefiel weder meiner vernünftigen Schwester noch meiner fürsorglichen Mutter. Erst machte man sich Sorgen, dann Gedanken. Es gab damals einen erfolgreichen Kaufmann mit Namen Axer, der hatte in Köln verschiedene Foto- und Optikgeschäfte, und er hatte irgendwann einmal ebenso heftig wie letztlich erfolglos um meine Mutter geworben. Da sie ihn aber abgewiesen hatte, dachte Mutter, es sei taktisch unklug, wenn sie sich der Sache annähme. Meine Oma aber kannte und schätzte aus dessen aktiver Balzzeit noch die Mutter des Herrn Axer, und viele Söhne erfüllen auch in fortgeschrittenem Alter ihren Lebensspenderinnen gern den einen oder anderen Wunsch.

So kam es, dass sich Herr Axer mit mir und den beiden alten Damen im Café Reichard am Dom traf und ich nach diesem netten Treffen wieder im Geschäft war. Mit einem Händedruck besiegelten wir den Vertrag, dass ich meine Lehre in der großen Axer-Filiale im Kölner Hauptbahnhof beenden durfte.

Dort gefiel es mir wesentlich besser als bei Schmidt & Schmidt. Denn bei Axer wechselte von Woche zu Woche die Schicht. Hatte ich Frühschicht, hielt ich mich etwas im Nachtleben zurück, hatte ich Spätschicht, tobte ich mich aus. Auch der Verdienst war besser. Ich bekam 120 Mark Lehrlingslohn, dazu noch 100 Mark für die Schaufensterdekorationen, die ich fortan gestaltete, und noch mal 100 bis 150 Mark an Prämien für die Verkäufe von gebrauchten oder leicht beschädigten Artikeln. Ich kam also auf gut 350 Mark im Monat und nahm mir meine erste Wohnung. Es war ein schönes Apartment in der Maybachstraße, nicht weit vom Hansaring entfernt. Von dort war ich zu Fuß in 15 Minuten am Friesenplatz und in 10 Minuten am Bahnhof, wo sich mein Arbeitsplatz befand.

Bei meinem dritten Besuch in der Berufsschule schaute der Lehrer, dem mein ständiges Gähnen aufgefallen war, in die Unterlagen und sagte: »Herr Kuhl, ich sehe gerade, dass Sie schon achtzehn Jahre alt und damit volljährig sind. Für Sie ist der Besuch unserer Schule freiwillig.«

»Interessant«, erwiderte ich, »das wusste ich nicht.«

Der Geschäftsführer der Axer-Filiale im Bahnhof hieß Jochen Brunow. Er war ein netter, aber auch sehr gewissenhafter Mann. Auf seine Anordnung hin mussten sich die Azubis in Lehrlingsheften die Besuche in der Berufsschule von den jeweiligen Klassenlehrern quittieren lassen.

Die Unterschrift meines damaligen Klassenlehrers war leicht zu fälschen. Aber als die Gesellenprüfung näher rückte, fragte Herr Brunow mich mehrfach, wie es mit meinen Leistungen in der Schule stehe und welche Noten ich in der Abschlussprüfung zu erwarten hätte. Ich versuchte ihn zu beruhigen, sagte, alles sei im grünen Bereich, natürlich würde ich die Prüfung bestehen. Aber Brunow nahm seine Aufsichtspflicht ernst. So nebenbei stellte er mir immer wieder mal Fachfragen zu bestimmten Brennweiten, Laborchemikalien oder Buchführungspraktiken, die ich nur selten beantworten konnte. Sechs Wochen vor dem Prüfungstermin empfing mich Herr Brunow eines Morgens im Mantel und sagte, ich solle meine Jacke anbehalten, wir würden jetzt zusammen in die Berufsschule gehen. Dort angekommen fragte Brunow meinen Lehrer, ob ich die Prüfung schaffen würde. Der Lehrer sagte, klar werde der Kuhl die Prüfung schaffen, der Junge sei doch nicht blöd. Herr Brunow fragte nach, mit welcher Abschlussnote bei mir denn zu rechnen sei. Das könne er nicht beurteilen, antwortete der Lehrer, schließlich sei ich ja nur dreimal da gewesen. »Aha«, meinte Brunow und schwieg, bis wir das Schulgebäude verlassen hatten.

»Kuhl, du Gauner!«, sagte er vor der Tür. »Versuch irgendwie deinen Gesellenbrief zu bekommen, aber danach ist für dich Schicht bei der Firma Axer.«

»Geht klar, Herr Brunow«, sagte ich.

Zu fünft gingen wir zur Prüfung bei der Handwerkskammer. Die anderen vier, drei Jungs und ein Mädel, kamen von Schmidt & Schmidt, Lambertin und Foto Gregor, und sie waren alle hervorragend vorbereitet. Aus ihnen sprudelten die Antworten wie klares Wasser aus der Quelle, und sie wurden auch alle bald beglückwünscht und durften den Raum verlassen. Zurück blieb ich mit dem Dreiergremium unter Vorsitz von Herrn Oberländer, dessen Familie heute immer noch ein großes Geschäft in der Kölner Innenstadt betreibt. Der damalige Innungschef musterte mich wohlwollend, aber doch recht skeptisch, und fragte taktisch, in welchem Foto-Geschäft ich denn nach der Lehre als Geselle anzufangen gedenke. Daraufhin erklärte ich freundlich und selbstbewusst, da mein Vater der Inhaber der Pharmafirma FIORA sei, werde ich der Fotobranche den Rücken kehren und mich im väterlichen Betrieb einarbeiten, um das Geschäft später zu übernehmen. Diese Aussage bescherte mir den Gesellenbrief als Fotokaufmann. Mit »ausreichend«.

7.

So also war aus mir doch noch ein Geselle geworden. Aber der Weg zum Kameramann war noch weit. Beim WDR, so sagten alle, brauche ich mich gar nicht zu bewerben, da würden nur Einser-Absolventen von den Foto- und Filmhochschulen genommen. Wenn überhaupt, dann könnte nur die Knochentour von ganz unten klappen: irgendwie im Haus einen Job kriegen und sich dann die entscheidenden Leute ausgucken und beschleimen.

Ein gutes Gefühl hatte ich nicht, als ich vor den Pförtner am Wallraffplatz trat und sagte, ich würde mich gerne bewerben für eine Stelle als Kabelhilfe. Das waren die Jungs und Mädels, die hinter den Kameraleuten herliefen und aufpassten, dass niemand über die Verkabelung stolperte. Der Pförtner stellte mir einen Passierschein aus und beschrieb mir den Weg. Mit dem Paternoster fuhr ich in den Keller und klopfte an eine Tür, an der *Technische Disposition* stand. Zwischen Regalen mit allerlei optischem Zubehör saß ein älterer Herr, der offenbar froh war, dass ihn mal jemand in seinem fensterlosen Verschlag aufsuchte. Brav stellte ich mich vor und erklärte mein Begehr.

»Kabelhilfe?«, wiederholte er. »Das ist doch nur was für Studenten.«

»Student bin ich nicht, aber ich habe gerade die Gesellenprüfung gemacht.«

»Gesellenprüfung, o-ha«, sagte er, schob die Unterlippe vor und nickte bedächtig. Offensichtlich stand ein *Geselle* in seiner persönlichen Hierarchie weit über einem *Studenten.*

»Und was für ein Geselle bist du, Jung?« Er war ein Kölscher, und im WDR sagten alle *du* zueinander. Das war ein eingeschworener Haufen, fast wie eine Sekte. Dass er mich duzte war ein gutes Zeichen. Er hatte mich damit schon in die große WDR-Familie aufgenommen.

»Fotofach«, sagte ich, »Filmabteilung bei Schmidt & Schmidt.«

»Oh, Schmidt & Schmidt«, sagte er mit anerkennender Miene, »da müsste doch was für dich zu machen sein.«

Er griff zum Hörer, und als am anderen Ende jemand abnahm, sagte er: »Hör mal Jupp, hier ist der Ralf, ich hab gerade einen netten jungen Mann bei mir …«

Ich fuhr mit dem Paternoster in den ersten Stock zum Jupp, der in der Abteilung für Filmkopien tätig war. Der rief dann den Mischa an, und wieder stand ich im Paternoster und fuhr weiter nach oben. Mischa war Leiter der Cutterabteilung, und der rief dann den Hubert an, und bei Hubert im vierten Stock unterschrieb ich, anderthalb Stunden nachdem mich der Pförtner eingelassen hatte, einen Vertrag als Kameraassistent.

Hubert sagte, das Team, bei dem ich anfangen werde, sei gerade in Genf auf einer Gipfelkonferenz und komme in zwei Wochen wieder. Dann sollte ich anfangen.

Das war ein Grund zum Feiern. Ich ging die paar Meter vom Wallraffplatz zum La Päd und stieg die Treppen zur Empore hoch. Da saßen gerade ein paar Jungs mit dem »Nashorn« am großen Tisch. Das Nashorn hieß bürgerlich Hans Krumm. Später, als die Computerlawine losgetreten wurde, verdiente er Millionen. Er ließ sich mit dem Rolls-Royce durch die Gegend chauffieren und schaufelte die Kohle mit beiden Händen aus dem Fenster. Heute lebt er von Hartz IV. Die Szene hatte ihn wegen seiner leicht nach oben gekrümmten Nase »Das Nashorn« getauft, was natürlich prima zu seinem Nachnamen, Krumm, passte. Fast alle Jungs, die täglich in der Stadt unterwegs waren, am Ring, am Eigelstein und in der Altstadt, hatten Spitznamen. Es gab zum Beispiel den »Kastekopp« und den »Finger«, die »Blume,« die »Wespe« und die »Banane«, den »Schnall-Aff« und den »Pastor«, den »Canera«, den »Mondo« und den »Kamine«, »de Klemm«, »de Aap«, »de Büül«, »de Nas«, »Potato-Mäc« und »Mister Zehnprozent«, den »Lumumba«, den »Chappi«, die »Botteram« und so weiter. Ich hieß »de Duv«, die Taube.

Ein hohes Tier beim WDR, ich nenne ihn hier mal Hasso, hatte die Haare blond gefärbt, parfümierte sich mit Coco Chanel, wackelte hüftschwingend durch die Flure und wurde regelmäßig im Hauptbahnhof auf der Herrentoilette und im Agrippabad in der Dusche gesichtet. Jeder kannte ihn. Im Aki-Programm-Kino im Hauptbahnhof hatte er sich mal neben mich gesetzt. Da war er noch normaler Redakteur gewesen und ich dreizehn Jahre alt. Er drückte erst sein Knie gegen meins und versuchte dann, seine Hand auf meinem Oberschenkel zu postieren. Dabei stöhnte er leise und schwitzte auf der Stirn. Ich rutschte einen Sessel weiter. Hasso mir hinterher. Er schob sich eine Hand in die Hose und befingerte sich.

Ich kam also gegen Mittag ins La Päd und berichtete, ich hätte gerade beim WDR einen Vertrag als Kameraassistent unterschrieben. Daraufhin tutete das Nashorn los: »Oh, hat der Bub beim Hasso das Händchen gehalten, wie goldig!«

»Lass den Scheiß«, sagte ich leicht genervt. In der Hinsicht wollte ich nicht geflachst werden. »Was trinkt ihr? Ich geb' einen aus.«

»Champagner für die Damen!«, flötete das Nashorn und klimperte mit den Augendeckeln.

»Still jetzt!«

Die bösen Jungs merkten natürlich, dass ich mich über die Tour wirklich ärgerte, und das stachelte sie an, jetzt erst recht weiterzumachen. Als ich aufs Klo ging und vor dem Pissoir gerade ausgepackt hatte, kam der Schnall-Aff von hinten angeschlichen, kniff mir in den Hintern und hauchte in meinen Nacken: »Ich bin's nur, dein Hassoschatz«, und als ich wieder am Tisch saß, hielt mir plötzlich der Mondo eine lange dicke Brühwurst vors Gesicht und prustete: »Antreten zur mündlichen Prüfung bei Tante Hasso!«

Die Jungs kugelten sich, fielen von den Stühlen und erstickten fast vor Lachen. Und mir blieb nichts anderes übrig, als mitzulachen. Sonst wäre ich von dem Tag an nicht mehr de Duv gewesen, sondern »de Tunt«.

Den WDR-Vertrag habe ich vor ihren Augen zerrissen.

Bei Foto Axer und auch bei Schmidt & Schmidt hatten viele Kunden ihre gebrauchten Kameras in Zahlung gegeben. Die ließen sich aber in den hochwertigen Läden nur schwer weiterverkaufen. Auch war das Personal natürlich darauf gepolt, möglichst Neuware an die Kundschaft zu bringen und nicht die abgelegten Hündchen. Außerdem hatte ich festgestellt, dass viele sogenannte »einfache Leute« enorme Schwellenängste hatten, einen so edlen Laden wie Schmidt & Schmidt zu betreten, auch wenn sie liebend gern fotografiert hätten.

Ich nahm die gebrauchten Kameras meiner ehemaligen Lehrbetriebe in Kommission und erzählte allen Leuten, die mir über den Weg liefen, bei mir könne man günstig Fotoapparate kaufen. Das Geschäft lief gut. Besser als ich gedacht hatte.

Später verkaufte ich auch noch Kameras für Foto Lambertin und Foto Gregor. Es war perfekt. Ich war gerade zwanzig Jahre alt, hatte ein Apartment in der City und konnte mir alles erlauben, was ich wollte. Vor allem kaufte ich mir Schallplatten. Coolen Jazz.

Natürlich traf ich mich jeden Abend mit den Jungs, und wir zogen gnadenlos um die Häuser. Eines Nachts saßen zwei Bekannte und ich bei einem Kumpel in der Bude, als die Polizei reingestürmt kam. In einem Streichholzdöschen, das in der Klospülung versteckt war, fanden die Beamten ein Gramm Marihuana. Weil keiner von uns wusste, wie das Rauschgift ins Bad gelangt war, kamen wir alle erst aufs Revier in der Bismarckstraße und danach getrennt im Präsidium am Waidmarkt in Polizeigewahrsam.

Wie ich später erfuhr, hatten die drei anderen am nächsten Morgen gleich ihre Anwälte am Start und konnten nach ein paar Stunden nach Hause gehen. Ich kannte zwar auch ein paar Anwälte, aber das waren Bekannte meiner Eltern, und ich wollte nicht unbedingt, dass die braven Braunsfelder erfuhren, weshalb ich die Nacht im Polizeipräsidium verbracht hatte. Außerdem hatte ich nichts vor an den nächsten Tagen.

Nach vierundzwanzig Stunden in Gewahrsam brachte mich eine Grüne Minna zum Klingelpütz am Gereonswall. Luftlinie etwa 200 Meter entfernt von meiner Wohnung in der Maybachstraße, sperrte man mich in eine Zelle auf dem zweiten Stock. Der Innenstadtknast Klingelpütz war ein berüchtigtes Gefängnis.

Jede Nacht spulten sich rührende Dialoge zwischen den Gangstern hinter der von Stacheldraht gekrönten Mauer und den meist weiblichen Besuchern davor ab.

»Halte durch, Schatz!«

»Jupp, saach nix, ich saach ooch nix!«

»Egon, ich bin nicht fremdgegangen, glaub es mir doch!«

Manche Bräute hatten sich für viel Geld in den Mansarden oder Speichern der benachbarten Häuser eingemietet, um jederzeit Liebesgrüße und Winksignale zum Zellentrakt hinübersenden zu können.

Die Kölschen mochten ihren Knast irgendwie, er war das Anti-

Wahrzeichen. Es gab eine Menge Tünnes-und-Schäl-Witze über geglückte Ausbrüche und über angebliche Saufgelage von Knackis und Wärtern. Der Klingelpütz symbolisierte selbst für Otto Normal ein notwendiges Übel, er war ihm ans Herz gewachsen, er liebte ihn, wie er auch ein etwas aus der Art geschlagenes Kind lieben würde. Es interessierte keinen wirklich, dass einst ein Galgen im Hof gestanden hatte, dass dort in der NS-Zeit politische Häftlinge von der Gestapo gefoltert wurden und französische, holländische und belgische Kriegsgefangene unter dem Fallbeil starben.

Kurz vor meiner Inhaftierung damals waren drei Häftlinge über die hohen Mauern geklettert und in Gefängniskleidung mit Straßenbahn und Bus geflohen. Niemand hatte sie verpfiffen.

Der Justizminister von Nordrhein-Westphalen verglich den Bau mit Dr. Marbuses Gruselkabinett. Ins Weltbild des Kölners an sich aber passte natürlich viel besser das Image eines fidelen Klosters für die gestrauchelten Söhne ihrer Stadt. Was die mangelnde Hygiene anbetraf, ließ der Klingelpütz das Kabinett des Dr. Mabuse mit Sicherheit um Längen hinter sich. Den Bau hatten die Preußen 1838 errichtet, in einer Zeit, in der es weder fließendes Wasser noch ein Abwassersystem gab. Es stank bestialisch. Als ich in der total heruntergekommenen Zelle saß, war mir klar, dass auch ich zwangsläufig bald meinen Teil zur allgemeinen Luftverpestung beitragen würde. Denn es gab in jeder der Doppelzellen drei Kübel: einen mit frischem Wasser, das man zum Hände- oder Gesichtwaschen in ein kleines Becken schüttete und anschließend in den zweiten Kübel ablaufen ließ, und einen dritten, in dem beide Insassen ihre kleinen und großen Geschäfte abwickelten. Jeden Abend wurden die Kübel gelehrt. Gelehrt, nicht ausgespült.

Beim ersten Hofgang packte von hinten eine mächtige Pranke meinen Nacken, schüttelte mir den Schädel ein paarmal liebevoll durcheinander, und eine Stimme sagte: »Wenn ich 'ne Duv wär, dann säß ich nicht im Käfig, dann tät ich davonfliegen.«

»Tag, Tünn«, sagte ich, »hatte schon gehört, dass du hier bist.«

»Nicht mehr lang«, sagte der Kaiser vom Ring, »bald ist hier für mich Schicht. Für paarmal Fahren ohne Lappen und die drei Ohrfeigen hab ich lang genug gesessen.«

Am nächsten Tag hatte Tünn es geregelt, dass ich mit ihm von nun an die Zelle teilte. Das bedeutete Zigaretten, Schnaps, gutes Essen, Skatkarten, Würfelwiese, Sexheftchen, Radio und jede Menge Spaß.

Nach drei Wochen kamen zwei Beamte und holten Tünn aus der Zelle. Ich stellte mich ans Fenster und schaute durch die Gitterstäbe zum Gereonswall runter. Ein weißer Mercedes rollte heran, das Knasttor öffnete sich, und Anton Dumm und einer seiner Anwälte stiegen hinten in die Karosse. Am Abend schrieb ich meiner Mutter einen Brief, in dem ich ihr mitteilte, dass es mir gut gehe und ich zurzeit im Klingelpütz sitze, aber nicht genau wisse, warum. Am übernächsten Tag holte mich ein Braunsfelder Anwalt raus. Er hatte festgestellt, dass man mich mehr oder weniger vergessen hatte. Denn ich war keinem Haftrichter vorgeführt worden. Der Anwalt erklärte, wenn wir dagegen klagen würden, gäbe es vielleicht eine Entschädigung.

»Eine Entschädigung? Wofür?«, fragte ich. »Wenn's möglich wäre, würde ich gleich jetzt fürs nächste Jahr wieder drei Wochen mit dem Tünn in der Zelle buchen.«

8.

Das war fast fünfzig Jahre her. In der Ulmer Höhe wehte ein anderer Wind. So *und* so. Die Luft in der Zelle mit Baschir war um Klassen besser als die im Klingelpütz damals mit Dummse Tünn. Aber diesmal würde es nicht so leicht sein für mich, wieder aus dem Bau rauszukommen.

Die Doppelzellen auf dem zweiten Stock im C-Block der Ulmer Höhe waren okay, und nach Gerd aus Düsseldorf war Baschir aus Grosny ein Geschenk des Himmels. Aber für einen älteren Herrn wie mich war es trotzdem etwas unangenehm, dass die Kloschüssel offen in der Ecke stand, dass man nachts hörte, wenn sich der Zellennachbar über einem auf der Matratze drehte oder wenn man lesen wollte und der andere stundenlang Eurosport im TV schaute. Trotzdem: Mein tschetschenischer Soldat war in Ordnung. Er wusch und duschte sich regelmäßig, spielte akzeptabel Backgammon, er furzte sehr dezent, schnarchte nicht und beschwerte sich nicht über mein Schnarchen. Aus Konservendosen und getränkten Tüchern baute er kleine Kocher, auf denen wir uns abends Speisen zubereiteten. Obwohl das Anstaltsessen von einigen Ausnahmen abgesehen durchaus genießbar war. Morgens drei Scheiben Brot mit Marmelade und zwei Sternchen Margarine, mittags Gemüse mit Kartoffeln, Nudeln oder Reis und manchmal mit gebratenem Speck, freitags panierte Fischstücke und samstags meistens Eintopf, abends wieder drei Stück Brot mit zwei Margarinesternchen und etwas Wurst oder zwei quadratischen Stücken Schmelzkäse. Die Verköstigung wurde serviert auf Rollwagen aus Edelstahl, die privilegierte

Mitgefangene, sogenannte »Hausarbeiter«, durch die Gänge schoben. Zwei Beamte gingen als Eskorte mit, einer davor und einer dahinter. Sie schlossen die Zellen auf und wieder zu und sorgten dafür, dass alles gerecht und mit rechten Dingen zuging.

Jedem Häftling wurde bei seiner Inhaftierung in der Ulm, wie in fast allen deutschen Gefängnissen, ein Konto eingerichtet. Aber nicht jeder Häftling hatte Verwandte oder Freunde, die dafür sorgten, dass es immer im Plus stand. Wolfgang Schmitz, der Inhaber einer Werbeagentur, war ein langjähriger Freund von mir. Schon in der ersten Woche überwies er 500 Euro, mit denen sich meine Lebensqualität ernorm verbesserte. Es wurden Listen ausgegeben, auf denen die Artikel standen, die wir uns alle vierzehn Tage bestellen konnten. Pro Einkaufstermin durften wir unser Konto mit 110 Euro belasten. Auf der Liste standen verschiedene Lebensmittel wie Konserven, Butter, Aufschnitt, Vollkornbrot, aber auch Schach- oder Backgammonspiele, Skatkarten, Würfelbecher oder Elektrogeräte wie Kaffeemaschine, Rasierer, Tauchsieder, Radio und natürlich Kaffee, Tee, Tabak und Zigarettenpapier. Die Preise waren nicht viel höher als im normalen Supermarkt. Für 110 Euro alle zwei Wochen konnte man sich einiges leisten.

Selbstgedrehte Zigaretten waren eine Art Währung. Deshalb bestellte ich immer mehrere Päckchen Tabak und Papier.

Nach jedem Hofgang lagen fünf Exemplare einer Tageszeitung am Eingang, was nicht viel war für hundert Mann, von denen etwa die Hälfte deutschsprachige Zeitungen lesen konnte und wollte. Ich behielt die Stelle im Auge, an der die begehrten Seiten deponiert wurden, und passte den Hausarbeiter ab, der dafür zuständig war. Ich steckte ihm fünf Zigaretten zu, und von da an bekam ich meine Zeitung täglich unter der Zellentür durchgeschoben.

Jeden Dienstag und Donnerstag kam morgens der »Duschmann«.

Er öffnete um kurz nach sieben die Zellen in unserem Zellentrakt, und wer duschen wollte, stand meist schon mit seinem Dusch- und Rasierzeug in den Startlöchern, eilte die Stufen ins Souterrain runter und entkleidete sich in der Umkleide, einem Raum mit Kunststoffbänken an den Seiten und Garderobenhaken an den Wänden. Die ersten zehn, die nackig waren, durften nebenan in den Duschraum. Die anderen, meist so etwa dreißig, mussten warten. Im Duschraum gab es zehn Duschen, gegenüber von zehn Waschbecken in einer Reihe installiert. Alle kamen dran, jeder konnte sich in Ruhe mit ausreichend warmem oder kaltem Wasser duschen und rasieren, bei Bedarf sogar im Waschbecken ein paar Klamotten schrubben.

Gleich im ersten Monat gab es auf dem zweiten Stock im Block C Ärger beim Duschen, zweimal sogar. Einmal hatte ich mich etwas verspätet, und als letzte Duschbelegung warteten nur noch acht arabische und türkische Mitinsassen. Sie hatten alle ihre Unterhosen an. Ich aber zog mich ganz aus und stellte mich in die Reihe. Da fingen die Männer an zu schimpfen und befahlen mir, die Unterhose wieder anzuziehen. Was ich natürlich nicht tat. Stattdessen erklärte ich, in unserem Land hätte der Herrgott nichts gegen nackte Schwänze und haarige Männerärsche einzuwenden. Da hatte ich gleich die Krallen des Stärksten an der Gurgel. Zwei Beamte kamen rein, und für Allahs getreuen Diener war für die nächsten vier Wochen Duschen verboten, sowohl mit als ohne Unterhose.

Vier Tage später hatte ich es wieder nicht geschafft, mit den ersten zehn Kollegen unter die Brause zu kommen, aber ich stand in der Warteschlange genau an zehnter Stelle. Da kam ein Riese rein, an die zwei Meter groß und doppelt so breit wie ich. Er hatte die Haare glatt geölt und am Hinterkopf zu einem langen Pferdeschwanz gebunden. Seine Haut war gebräunt und auf sein rechtes Schulterblatt ein großes chinesisches Schriftzeichen tätowiert. Erst am Tag zuvor war er in den zweiten Stock gekommen, und niemand wusste etwas über den Mann, der breitbeinig zum Anfang der Schlange stampfte und dort wie selbstverständlich direkt vor der Tür zum Duschraum stehen blieb. Damit wäre ich an die elfte Position zurückgefallen und erst in der nächsten Gruppe dabei gewesen.

»Eh du«, rief ich, »hinten anstellen!«

Der Riese tat so, als hätte er mich nicht gehört. Obwohl alle anderen im Raum mich sehr gut gehört und auch verstanden hatten. Die meisten von ihnen aber wollten in dem Moment nicht so richtig glauben, was da gerade durch ihre Ohren zu ihren Hirnen vordrang.

»So läuft das nicht bei uns, Freund«, erklärte ich, »auch zwei Meter stellen sich in der Schlange hinten an.«

Immer noch ignorierte mich der Hüne, immer noch fixierten mich die ungläubigen Blicke der Kollegen.

»Du bist gemeint«, rief ich, »du mit der chinesischen Speisekarte auf dem Rücken!«

Da wandte er mir langsam seine schwarzen Augen zu und raunte mit heiserer Stimme: »Du bist tot, Mann.«

Vor mir in der Schlange stand ein chronischer Moped-Dieb, dem immer schlecht wurde, wenn Blut floss. Er drehte sich um und verließ den Raum. Damit war ich in jedem Fall an zehnter Stelle, auch wenn der tätowierte Koloss nicht bereit war, seine geklaute Pole-Position wieder zu verlassen. Das bedeutete, dass er und ich gleichzeitig unter die Brauseköpfe treten würden. Da ich dem Moped-Dieb, einem Sudetendeutschen, der weder lesen noch schreiben konnte, am Tag zuvor beim Umschluss einen Brief an dessen Schwester geschrieben hatte, glaubte er nun im Gegenzug mein Leben retten zu müssen. Kaum hatte er den Raum verlassen, traten zwei Beamte ein und blieben bei uns, bis wir alle sauber und abgetrocknet waren.

Man konnte beantragen, eigene Kleidung anziehen zu dürfen, doch musste man dafür schriftlich gewährleisten, dass der Besuch sie alle zwei Wochen gegen saubere austauschte. Das wollte ich meinem Bruder Ecki nicht zumuten. Ich fand es schon extrem nett von ihm, dass er sich alle vierzehn Tage die Zeit für ein Plauderstündchen mit mir nahm.

Neben dem Duschraum befand sich die Wäscheausgabe. Dort erschien ich einmal pro Woche mit gereinigtem Körper, einem Handtuch um die Hüften und Schmutzwäsche unter dem Arm und tauschte benutzte Socken, Unterwäsche und Hemd gegen frisch gewaschene Klamotten. Der Hausarbeiter, der dafür zuständig war, rauchte gern, und als Gegenleistung für regelmäßig gelieferte Zigaretten erhielt ich immer einen Stapel der besten Stücke, die aus der Wäscherei angeliefert wurden.

Meine Jeans wusch ich selbst, ab und zu, beim Duschen oder in der Zelle. »Rei in der Tube« hatte ich über den Einkauf bestellt.

Die beiden Beamten, die mich an besagtem Morgen schon unter der Dusche im Auge behalten hatten, blieben auch in meiner Nähe, als ich den Raum der Wäscheausgabe betrat und wenig später in frische Wäsche gehüllt wieder verließ, und sie folgten mir zu meiner Zelle.

Alle Männer, die an dem Morgen mit mir und dem tätowierten Koloss im Duschvorraum gewartet hatten, waren extrem gespannt auf den Hofgang am Nachmittag. Aber nicht nur die. Auf dem Flüsterweg von Zelle zu Zelle waren im Block C alle zweihundert Kollegen über unser körperloses Duell informiert worden.

Der Neue hat zu dem Kuhl gesagt: ›Du bist tot, Mann!‹.

Wenn der Riese sich nicht zum Affen machen wollte, konnte er seine Ansage unmöglich einfach so im Raum stehen lassen. Er musste sie in die Tat umsetzen.

Nur meine häufig bewährte Ergebenheit dem Schicksal gegenüber verhinderte, dass ich mich in meiner Zelle verkroch. Ich musste mich stellen. Ich hatte mich immer gestellt. Nicht der Polizei. Aber den Leuten, mit denen es etwas zu klären gab. Trotzdem fühlte ich mich äußerst unwohl, als ich an jenem Nachmittag auf den Hof hinaustrat. Es war kein schöner Tag, es nieselte leicht. Die Männer standen dicht beieinander unter den Vordächern, sie machten einen Schritt zur Seite, als ich mich ihnen näherte, und sie schauten in die Luft, als ich ihre Blicke suchte. Ich zündete mir eine Zigarette an, nahm einen tiefen Zug, hustete, und dann sah ich den Koloss. Und er sah mich. Er schüttelte seinen Pferdeschwanz, löste sich aus einer Gruppe, die unter dem Dach gegenüber stand, und kam mit langsamen Schritten auf mich zu.

Wenn er mich jetzt alle macht, dann soll das so sein, sagte ich mir, wer weiß, was mir damit alles erspart bleibt.

Alle Männer auf dem Hof starrten zu uns rüber, und keiner wagte es, sich zu rühren oder einen Laut von sich zu geben. Überraschenderweise war kein Beamter da. Ich sah auf jeden Fall keinen.

Als der Hüne endlich vor mir stand, wagten es doch zwei Mithäftlinge, sich zu bewegen. Sie kamen langsam angeschlendert und postierten sich neben dem Koloss, links von ihm Joakim, rechts von ihm Baschir.

Der Hüne streckte mir die Hand entgegen. »Ich bin Deniz«, sagte er. »Tut mir leid wegen heute Morgen. War ein Missverständnis. Kommt nicht wieder vor.«

Vor dem »Einschluss« gegen 21 Uhr gab es jeden Abend zwei Stunden lang »Umschluss«. Die Zellentüren wurden geöffnet, und man konnte entweder in den Aufenthaltsraum gehen oder zu einem Mithäftling in die Zelle. Vorausgesetzt, die Verabredung geschah in beiderseitigem Einverständnis. Die Beamten achteten darauf, dass es passte. Kein Mörder zu einem Eierdieb, kein Spielsüchtiger zu einem Profispieler, kein Drogendealer zu einem Süchtigen. Und kein Russe zu einem anderen Russen, denn unter ihnen gab es häufig Ärger. Sie gingen hart miteinander um, sie zockten sich gegenseitig Geld ab, sie stritten um Drogen, sie prügelten sich, weil der eine Kasache war und der andere Weißrusse, oder wegen Konflikten, die ihre Wurzeln in dunklen Vergangenheiten hatten. Im Block C saßen einige Russen.

Beim Umschluss hatte ich Joakim näher kennengelernt. Er war Pole, seine Mutter Jüdin, sein Vater ein exkommunizierter Katholik und begnadeter Betrüger, der mehrfach mit dem Gesetz in Konflikt geraten war. Als er mal wieder verhaftet wurde, gab seine Frau ihr Baby zu deutsch-russischen Pflegeeltern, die kurz darauf vor den Nazis nach Kanada flohen. Dort erlebte Joakim eine glückliche Zeit, während der er mit seinen gutsituierten Pflegeeltern Russisch und Deutsch, mit seinem mexikanischen Kindermädchen Spanisch, mit seinen Freunden im Tennisklub Englisch und in der Schule Französisch sprach. Kurz nach seinem zwölften Geburtstag siedelte die Familie nach Jerusalem um, und dort lernte er innerhalb kurzer Zeit noch Hebräisch und etwas Arabisch dazu. Joakim Skloz war Kunsthändler und saß in U-Haft, weil man ihn in einem Düsseldorfer Hotelzimmer mit einem echten, schätzungsweise 40 Millionen Euro teuren Picasso aufgegriffen hatte. Die Story, die er den Ermittlern dazu auftischte, glaubte man ihm nicht.

Joakim war ein interessanter Gesprächspartner und ein guter Geschäftsmann. Er versuchte mir ein paar grundsätzliche Geschäftsprinzipien einzubimsen. Aber seine Ratschläge kamen ein paar Jahrzehnte zu spät. Hätte ich mich in Geschäftsdingen immer vernünftig verhalten, dann säße ich jetzt nicht in der Ulm, sondern auf den

Bahamas. Ein Prinzip Joakims war: Gib einem Menschen 100 Dollar, dann gibt er dir irgendwann 500 zurück. In diesem Sinne hatte er allen Mithäftlingen aus den osteuropäischen Staaten angeboten, für sie die unangenehme Korrespondenz mit Ämtern, Gerichten und auch Verwandten oder ehemaligen Geschäftsfreunden zu erledigen. Das tat er sehr gewissenhaft, und bald genoss er den Status des unantastbaren Padrone, dem selbst die bösesten Russen vertrauten, dessen Dienstleitungen sie schätzten und honorierten. Honorieren bedeutete zum Beispiel, dass Freunde von Joakim unter ihren Schutz genommen wurden. Das konnte sehr nützlich sein.

Bei uns auf dem Gang waren ein paar ganz böse russische Männer. Das heißt: Zu mir waren sie nicht böse. Im Gegenteil – zu mir, dem Vertrauten von Joakim, waren sie nett und zuvorkommend. Dimitri zum Beispiel war achtundzwanzig Jahre alt und ein hervorragender Schachspieler. Mit viel Geduld versuchte er mir Kniffe und Tricks beim Spiel der Könige beizubringen. Großen Erfolg hatten seine Bemühungen nicht.

Dimitri und sein bester Freund Oleg waren mit der Bahn nach Deutschland eingereist, sie hatten Touristenvisa und wollten die Pistolen verkaufen, die sie im Gepäck hatten. Aber sie fanden niemanden, der den erhofften Preis dafür bezahlen wollte. Da benutzten sie die Waffen, um damit in Frankfurt an der Oder eine Bank auszurauben. Sie stiegen mit der Beute in ein Taxi, baten an der zweiten Ampel den Fahrer, das Fahrzeug zu verlassen, und flohen damit in Richtung polnische Grenze. Aber man hatte sie geortet und eine Straßensperre errichtet. Als sie darauf zurasten, wurde ihnen klar, dass sie im Pkw keine Chance hatten. Sie sprangen aus dem Wagen und rannten in den Wald.

Die Nacht brach herein, und sie hasteten weiter, bis sie vor Erschöpfung nicht mehr konnten. Als sie im Morgengrauen aufwachten, hörten sie nur die Vögel in den Bäumen, kein Hundegebell, keinen Helikopter. Sie hatten einen Kompass dabei und wussten, die polnische Grenze konnte nicht mehr allzu weit sein. Sie schlichen weiter, bis der Wald zu Ende war. Vor ihnen erstreckte sich eine versteppte Schneise. Die Bäume dahinter in etwa 300 Meter Entfernung standen vermutlich schon auf polnischem Boden. Sie rannten los. Plötzlich kamen mehrere Geländewagen vom Bundesgrenzschutz angerast, und über Lautsprecher wurden die Bankräuber aufgefordert, stehen zu bleiben. Dimitri und Oleg liefen weiter. Die Polizisten feuerten Warnschüsse in die Luft. Dimitri und Oleg liefen weiter. Dann wurde gezielt gefeuert. Eine Kugel traf Oleg in den Oberschenkel. Er brach zusammen und schrie Dimitri zu, er solle mit der Beute abhauen. Dimitri tat es, aber er hatte ein schlechtes Gefühl dabei. Als er sich nach 50 Metern umdrehte, sah er, wie ein Polizist mit gezogener Waffe auf Oleg zulief und sein Freund sich in die Tasche griff, vermutlich, um seine Pistole zu ziehen. Der Polizist drückte ab. Ein Blutschwall spritzte aus Olegs Kopf. Dimitri entsicherte seine Pistole, rannte zurück und erschoss den Polizisten. Das sei er Oleg schuldig gewesen, sagte er mir.

Nach meinem Scharmützel in der Umkleide hatte Joakim den Russen gesagt, sie sollten mal ein paar Worte mit der hünenhaften Neueinlieferung wechseln. So erklärte sich dessen Sinneswandel. Sogar Deniz hatte Respekt vor den Russen. Einer von ihnen hieß Vasili und wartete im Block C auf seinen Prozess. Er hatte Literatur studiert und als Student an der Uni von St. Petersburg Theater gespielt. Er konnte den Text von *Onkel Wanja* und *Die Möwe* auswendig. Manchmal versammelten sich während des Umschlusses ein paar Landsleute im Aufenthaltsraum um ihn und hingen an seinen Lippen, wenn er aus den Theaterstücken von Tschechow rezitierte.

Dann kullerten bei den Mördern die Tränen. Die slawische Seele kann man nicht erklären, sagte Vasili, als ich eines Abends mit ihm die Kopie seiner Akte durchging, die der Pflichtverteidiger ihm ausgehändigt hatte. Es sah nicht gut aus für ihn.

Weil er in Russland als promovierter Literaturwissenschaftler keine Anstellung bekommen hatte, seine Frau aber ein Kind nach dem anderen zur Welt brachte, ließ er sich von einem Autoschmugglerring anheuern und fuhr gestohlene Pkw von Dortmund nach Moskau. Das ging lange Zeit gut. Aber irgendwann schnappte man ihn. In dem Mercedes, den Vasili nach Moskau bringen sollte, fanden die Fahnder 5 Kilo Kokain, professionell eingeschweißt, unterm Kotflügel. Davon hatte Vasili nichts gewusst. Wenigstens versicherte er mir das. Er holte eine kleine Flasche Wodka unter seiner Matratze hervor, schüttete zwei Tassen halbvoll und füllte sie mit schwarzem Tee auf. Wir tranken, und er erzählte weiter. Nachdem man ihn an einer Autobahnraststätte hochgenommen hatte, kam Vasili in den Knast nach Wuppertal. Die Organisation, für die er gearbeitet hatte, war mächtiger und brutaler, als er für möglich gehalten hatte. Zwei Männer liehen sich auf einem nahe gelegenen Sportflugplatz einen Helikopter und landeten während des Hofgangs auf dem Gelände der Wuppertaler JVA. Als Vasili auf das Fluggerät zurannte, fielen Schüsse. Zwei Beamte und der Russe auf dem Copilotensitz, der das Feuer mit seiner Kalaschnikow eröffnet hatte, starben im Kugelhagel. Der andere Mann konnte mit dem Hubschrauber fliehen.

Aus der Anklageschrift ging hervor, dass die Staatsanwaltschaft Vasili für den Tod der Beamten verantwortlich machen wollte. Vasili aber hatte zu Protokoll gegeben, er habe nichts von der geplanten Befreiungsaktion gewusst, genauso wenig wie von dem Rauschgift unter dem Kotflügel. Ein schwieriger Fall.

Vasili bat mich, ihm ein deutsches Kartenspiel beizubringen. Ich kannte eigentlich nur Zockerspiele. Und die spielte ich im Knast grundsätzlich nicht. Auch nicht »Klammerjass« oder »Tuppen«. Das gab Ärger. So oder so. Hatte man jemanden abgezockt, lief man meist vergeblich der Kohle hinterher, war man selbst abgezockt worden, waren die Kontoeingänge unter Umständen auf Jahre hinaus verpfändet.

Beim nächsten Umschluss brachte ich mein Kartenspiel mit und erklärte Vasili die Regeln des Bauernskats. Er hatte es schnell begriffen, und es machte ihm Spaß. Es machte ihm auch Spaß zu sehen, wie ich mit dem Stapel Karten umgehen konnte.

»Du mischst gut«, sagte er, »wie ein Profi.«

»Als ich zwanzig war, habe ich jeden Tag Karten gespielt. Um viel Geld«, sagte ich.

»Hast du gewonnen?«

»Manchmal.«

Ich erzählte ihm von den 60er-Jahren, als ich mit meinem Kamerahandel ordentlich Geld verdiente und tagsüber im Eiscafé Campi auf der Hohe Straße saß, den frühen Abend in der Kneipe »beim Franz in der Hühnerjass« verbrachte und mich anschließend in den Bars und Klubs am Ring herumtrieb. Zu der Zeit lernte ich Franz Pesch kennen. Er nahm mich mit in die Spielklubs, in denen damals gerade Bara angesagt war, ein Kartenspiel so ähnlich wie Siebzehnundvier oder Baccara. Das Geld blieb auf dem Tisch, die Bank wechselte von Spieler zu Spieler. 5 Prozent jedes Gewinns ging an den Klub. Franz war ein guter Spieler, aber er fand nie ein Ende. Oft gewann er ungeheure Summen, und trotzdem hörte er nicht auf. Er hörte nie auf. Unser Lieblingsklub gehörte Frau Schneider, er befand sich in den Räumen, die heute das Palm Beach beherbergen. Damit keiner das Lokal verließ, hatte Frau Schneider eine kleine

Küche eingerichtet, aus der uns der schwule Leo mit Süppchen, Frikadellen und kalten Koteletts versorgte. Wenn dann um 2 Uhr morgens das grelle Deckenlicht anging und Frau Schneider mit dem Kehrbesen auf den Plan trat, Franz Pesch aber noch Geld in der Tasche hatte, dann bestellte er ein Taxi, und wir fuhren nach Leverkusen in einen Klub, der rund um die Uhr geöffnet hatte. Franz liebte das Spielen an sich. Er war verseucht vom Spieltrieb. Wer beim Spiel Geld verdienen will, den muss es kalt lassen. Franz aber ließ es nicht kalt, und er wollte das auch nicht. Er hatte es auch nicht nötig, denn jeden Monat bekam er von »seinem alten Mütterchen« eine Apanage in Form von mehreren Tausendern.

Beliebt war auch das Würfelspiel »Seven Eleven«. Das gnadenlose Spiel mit den zwei Würfeln spielten wir damals regelmäßig in einem Schrebergartenhäuschen in der Schmalbeinstraße. Rentner Max Botzem, der Pächter der Bude, bekam pro Stunde fünf Mark »Lichtgeld«, und er verdiente ein paar Mark dazu mit den Drinks, die er aus zwei Kühlschränken servierte. Da kamen die Leute mit prallvoll gefüllten Taschen und zockten sich um Kopf und Kragen. Ein spektakulärer Fall war der von Klaus-Dieter Timmermann. Ursprünglich kam er aus dem Vorgebirge, wo er alle Bauern kannte. Als der Krieg vorbei war, brachte er mit einem aus drei Wracks zusammengeschusterten Traktor regelmäßig Gemüse, Äpfel, Salat und Kartoffeln nach Köln und ließ die Ware an verschiedenen Stellen in der Stadt verkaufen. Nach drei Jahren hatte er damit so viel verdient, dass er sich einen ganzen Häuserblock auf dem Hohenzollernring leisten konnte. Er gab den Obst- und Gemüsehandel auf und lebte von den Mieteinnahmen, die von Jahr zu Jahr stiegen. Mit Mitte vierzig verliebte Timmermann sich in die »Tänzerin« Natascha, die im Kabarett Moulin Rouge in der Maastrichter Straße allen männlichen Gästen mit ihrer Erotik-Show die Hosen schwellen ließ. Jeden Abend stellte Fleurop einen riesigen Strauß roter, langstieliger Rosen in ihre Garderobe, und jede Nacht kredenzte Klaus-Dieter seiner Angebeteten nach der Show so viel Champagner, wie in sie hineinpasste. Nachdem sie sich schlau gemacht hatte über das finanzielle Sprungtuch, das der beharrlich scharrende Freier unter ihr auszubreiten imstande war, gab sie das Tanzen auf, tauschte mit dem glückseligen Vorgebirgler die Ringe und zog zu ihm in die oberste Etage eines seiner Häuser.

Die nächsten zehn Jahre verteilte Natascha einen Großteil seiner Mieteinnahmen an Boutiquen, Friseure, Juweliere, Tennistrainer, Sportwagenverkäufer, Reiseveranstalter, Modeköche und das Waisenhaus in Köln-Sülz, in dem sie aufgewachsen war. Als die biologische Uhr zu ticken begann, gab Timmermann, jetzt schon Mitte fünfzig, noch mal alles, was in ihm steckte, aber es reichte nicht, um sich mit der Extänzerin fortzupflanzen. Als Ersatz durfte sich Natascha ein Haustier zulegen. Sie entschied sich für einen schneeweißen Zwergpudel, den sie von einem französischen Spezialisten nach ihren Vorstellungen scheren ließ. Die vier Beinchen wurden bis auf je einen kleinen Puschel über den Pfoten kahl rasiert, und ähnlich verfuhr der Meister mit dem in die Luft stippenden Schwänzchen. Das Kopfhaar wurde lang getragen, damit man daran ein rosa Schleifchen anbringen konnte. Das Halsband stammte aus dem Hause Cartier, die Leine aus einer Krokodilzucht im damaligen Kongo. Natascha gab dem Tier den Namen Paris, den sie aber mit edelkölschem Akzent »Pääriss« aussprach.

Frau Timmermann liebte ihren Pudel sehr, doch die biologische Uhr hörte trotzdem nicht auf zu ticken. Herr Timmermann ging zum Urologen und musste sich aus dessen Mund die niederschmetternde Diagnose anhören: Wegen mehrerer lange zurückliegender, aber damals nicht ausreichend kurierter Erkrankungen an Gonorrhö, im Volksmund Tripper genannt, war sein Sperma tot. Das sagte Klaus-Dieter seiner dauerläufigen Frau natürlich nicht. Im Gegenteil, er ließ sich das Potenzmittel Okasa verschreiben, schnitt sein Schamhaar sportlich kurz und trug nur noch knappe Slips aus schwarzer Seide. Aber manche Frauen spüren so etwas.

Eines Morgens lernte Natascha auf ihrer täglichen Gassi-Runde im Stadtgarten den jugoslawischen Installateur Soran kennen, der gerade seinen zotteligen Schäferhundrüden Nero ausführte. Nach kurzem Geplänkel über Speiseplan und Stuhlverhalten ihrer Vierbeiner fühlten sie sich magisch angezogen von der Ladefläche seines Kleintransporters, den Soran in der Gilbachstraße geparkt hatte.

Vier Wochen hüpfte Natascha zwischen samtbezogenem Himmelbett und schmierfettstarrer Filzabdeckung hin und her, und dann hatte sie sich entschieden. Am Abend fand Timmermann auf dem Esstisch einen Zettel, auf den Natascha geschrieben hatte: *Bin weg und komme nicht wieder. Kuss Nati.*

Der Schock war groß. Und ihm folgte gleich ein zweiter. Natascha hatte ihr Pudelweibchen »Pääriss« nämlich nicht mitgenommen, sondern ins Badezimmer eingesperrt.

Am liebsten hätte Timmermann die verwöhnte Edelratte gleich in der Badewanne ertränkt, aber er beherrschte sich im letzten Moment, und schon in der ersten Nacht allein im Himmelbett wurde ihm schmerzlich bewusst, wie sehr er Natascha vermisste. So entschloss er sich, den Pudel zu behalten, als Andenken an seine Frau, über die er Jahre später erfuhr, dass sie zwei Kinder zur Welt gebracht und in der Nähe von Dubrovnik eine Pension eröffnet hatte.

Zwar ging Timmermann mit dem Pudel nicht mehr zum Friseur und nannte das Tier nicht mehr »Pääriss«, sondern »Fünzchen«, aber er nahm es überall mit hin. Manchmal an der Leine, manchmal unterm Arm oder, wenn die Nacht lang zu werden versprach, in einem vergitterten Tragekörbchen.

In der einen Hand seine speckige Aktentasche mit Geld, in der anderen das Tragekörbchen mit Fünzchen, so erschien Timmermann immer öfter in dem Schrebergartenhäuschen. Auf ihn traf das Sprichwort »Pech in der Liebe, Glück im Spiel« nicht zu. Er hatte auch im Spiel kein Glück. Aber auch er konnte nicht aufhören und verspielte Haus um Haus. In einer kleinen Hinterhofwohnung seiner letzten Immobilie ließ er sich vor der Verpfändung vom Notar lebenslanges Wohnrecht zusichern. Zwei Wochen nachdem er »Fünzchen« unter einem Holunderstrauch am Müllberg beerdigt hatte, starb Klaus-Dieter Timmermann.

So schlimm hatte es mich nicht erwischt. Aber ich hatte damals auch keine Häuser besessen, sondern nur eine sechsstellige Barschaft, die mir der Handel mit gebrauchten Kameras eingebracht hatte. Nach zwei Jahren im Schlepptau von Franz Pesch war davon nichts mehr übrig.

Weil die Firmen Axer und Schmidt & Schmidt, angeblich aus Steuergründen, keine gebrauchten Kameras mehr an mich weitergaben, stand mir finanziell gesehen das Wasser bald bis in die Nasenlöcher.

»Lass mich mal mischen und geben«, sagte Vasili und nahm mir die Karten aus der Hand.

»Was heißt »Fünzchen« auf Russisch?«, fragte ich.

Er schaute mich einen Moment lang leicht irritiert an, überlegte kurz und sagte dann: »Das habe ich vergessen.«

9.

Der Beamte schloss die Zellentür auf und brachte mich zum Anwaltszimmer. Norbert Kaiser erwartete mich. Er stand auf und umarmte mich, als sei ich ein guter Bekannter von ihm.

»Was haben sie bewirken können?«, fragte ich, um ihn ein bisschen zu foppen.

»Wie meinen Sie das jetzt?«

»Wann komme ich raus? Wie hoch ist die Kaution?«

»Moment, Herr Kuhl«, sagte er pikiert, »so schnell schießen die Preußen nicht. Ich schätze, Ihr Prozess wird in sechs Monaten stattfinden. Danach müssen Sie leider mit ein paar Jährchen rechnen.«

»Sie sagten schon im Präsidium: Zehn Jahre wären ein Lottogewinn.«

»Das könnte man so sehen.«

»Lebenslänglich.«

»Wie bitte?«

»Egal, was ich kriege, ob acht oder zwölf Jahre. Für mich ist das lebenslänglich. Hier komme ich nicht mehr raus.«

»So dürfen Sie das nicht sehen.«

»Welchen Plan haben Sie, um mir das zu ersparen?«, fragte ich. »Erläutern Sie doch mal Ihr Konzept!«

Der Anwalt fummelte nervös an seinem Krawattenknoten herum.

»Nun, eh, Herr Kuhl, man hat Sie beim Verkauf von gefälschten Dollar-Noten festgenommen, und Sie sind Wiederholungstäter, sozusagen, quasi.«

»Mit anderen Worten: Sie haben kein Konzept.«

»Wir haben ja noch nicht mal einen Prozesstermin«, versuchte er sich zu retten.

»Ich habe die Blüten an eine verdeckte Ermittlerin verkauft. Keine Dollar-Note aus meiner Werkstatt ist jemals in den Umlauf gekommen.«

»Das wissen wir, und natürlich werde ich das im Prozess ansprechen. Und wie geht es Ihnen sonst hier so?«

»Kann mich nicht beklagen.«

»Haben Sie ein Konto eingerichtet?«

»Ja sicher. Ein Freund hat etwas überwiesen.«

»Das dachte ich mir, Ihr Umfeld kann man ja nicht gerade als sozial schwach bezeichnen, hähä.«

Er ging mir auf den Sack, der Typ. Wir laberten noch etwas, und nach zwanzig Minuten haute er wieder ab. Mich mit Joakim zu unterhalten war um einiges ergiebiger und um Klassen unterhaltsamer als mit diesem uninspirierten Juristen.

Alle vierzehn Tage durfte man Besuch empfangen, eine Stunde lang. Mein Bruder Ecki kam zu mir in die Ulm und sagte, die Kripo sei bei ihm gewesen und habe gefragt, ob ich bei ihm etwas abgegeben hätte.

»Hast du das Kuvert erwähnt?«, fragte ich.

»Ich hab es ihnen ausgehändigt.« Ecki, die ehrliche Haut, zuckte mit den Achseln. »Was sollte ich anderes machen?«

»Es behalten und davon einen ordentlichen Anwalt für mich bezahlen.«

»Wie viel war drin?«

»17.000 Euro.«

»Das Geld war doch vom BKA, höchstwahrscheinlich waren die Scheine registriert«, sagte mein Bruder.

»Ärgerlich ist es trotzdem.«

»Was sollen wir mit deiner Wohnung und dem Atelier machen?«

»Geh mal mit dem Axel rein und holt mir zwei Anzüge, zwei Hemden und zwei Paar ordentliche Schuhe raus, den Rest könnt ihr verkaufen.«

»Deine Uhren sind doch bestimmt allein schon 20.000 wert.«

»Viel mehr«, sagte ich. »Und ruf den Hohmann an, den Galeristen, der soll aus dem Atelier alles rausholen, was er zu Geld machen kann.«

Ecki lächelte brüderlich besorgt. »Ich schaue ihm dabei aber genau auf die Finger, und ich lass mir alles von ihm quittieren.«

»Bravo, Bruderherz. Und der Axel soll sich die Computer holen – und den Fernseher und die Stereoanlage.«

»Willst du das alles weggeben?«

»Ich glaube nicht, dass ich während der nächsten Jahre daran noch Freude haben werde.«

»Mist.«

»Geldfälscher bekommen so viel wie Totschläger.«

»Du stellst als Geldfälscher das globale Wirtschaftssystem infrage«, sagte Ecki. »Wenn das jeder täte, bräche alles zusammen. Deshalb schreckt der Gesetzgeber mit drastischen Strafen ab.«

Ich lächelte. »Das hast du schön gesagt, Ecki.«

»Soll ich dir irgendwas mitbringen beim nächsten Mal?«

»Ich wüsste nicht, was.«

»Hast du aufgehört zu rauchen?«

»Nein. Aber Tabak ist kein Problem.«

Beim nächsten Mal besuchte mich mein Neffe Axel. Er war freischaffender Fotograf, früher Schlagzeuger der Kölsch-Rock-Band Brings, jetzt Vater von zwei kleinen Mädchen und obendrein ein netter, leicht chaotischer Typ.

Er kam mit schlechten Nachrichten in die Ulm. Der Vermieter hatte nach dem großen Artikel im Express wohl geglaubt, dass ich nie mehr in die Wohnung zurückkäme. Deshalb hatte er sie ausgeräumt. Alles war weg. Meine Uhren, meine Schallplatten, meine Musikanlage, meine Kunstwerke, meine Küche von Bulthaup, meine teuren Möbel. Alles hatte er einkassiert. Die Sachen hatten einen Verkaufswert von locker 100.000 Euro. Axel sagte, Ecki hätte einen Anwalt beauftragt, sich um die Angelegenheit zu kümmern.

Der Vermieter des Ateliers war korrekt gewesen. Ecki hatte die Räume gekündigt und sie mit Axel und dem Galeristen Hohmann leer geräumt. Die Computer standen jetzt bei meinem Neffen, die Schubladenschränke mit den Zeichnungen und den Drucken beim Galeristen im Lager und die Kartons mit Originalen und alten Fotos bei Ecki im Keller.

In diesen Kartons hatte Axel etwas herumgeschnüffelt und ein Foto gefunden, das er mir grinsend überreichte. Darauf war eine hübsche Frau in engen Shorts und einer Rüschenbluse zu sehen, an ihrer rechten Hand hatte sie einen kleinen Indianer, an ihrer linken einen noch kleineren Cowboy.

»*Karneval 1969* steht hinten drauf«, sagte Axel und lachte.

Ich schaute mir das Foto an. »Deine Mutter trägt Hotpants von mir.«

»Die hast du damals verkauft, ich erinnere mich dunkel.«

»Hergestellt habe ich sie, vertrieben hat sie der Potato Mäc.«

»Mama macht keine schlechte Figur in dem Ding.«

»Nein, mein Schwesterlein war damals ein echter Hingucker.«

»Als Gag hast du mal eins von den Höschen der Oma zum Geburtstag geschenkt. Das war der Brüller!«

»Echt?« Wir lachten. »Daran kann ich mich nicht mehr erinnern.«

»Warum hast du nicht weitergemacht mit Mode?«

»Das ist eine etwas längere Geschichte, Cowboy«, sagte ich. »Wie geht's dem Indianer?«

»So viel ich weiß, ganz gut.«

»Christoph Daum hatte ihn damals als Physiotherapeut zu seinem ersten Trainerjob mit nach Istanbul genommen, nicht wahr?«

Axel nickte. »Da ist er auch geblieben. Egal ob mit oder ohne Daum.«

Ich schaute wieder auf das Foto. Klärchen und ihre beiden Jungs. Tiefgefrorene Erinnerungen tauten auf. »In Riehl habt ihr damals gewohnt.«

»Mama hat irgendwann mal erzählt, du hättest in unserem Keller mit der Schneiderei angefangen.«

»Lange ist das her.«

Mitte der 60er sah der Textilmarkt anders aus als heute. Da gab es nicht in jeder europäischen Fußgängerzone die gleichen Geschäfte mit denselben Kollektionen. Die Modehausketten H&M, S.Oliver, Esprit, Replay, Mexx oder Zara waren noch Zukunftsmusik. Damals kauften die Gutsituierten ihre Bekleidung bei exklusiven einheimischen Ausstattern, meist Familienmanufakturen mit Tradition, oder sie ließen sich Kleider, Blusen, Hemden, Anzüge und Mäntel von erfahrenen Schneidermeistern auf die Leiber konfektionieren, für Otto Normal und Gabi Gewöhnlich gab es ein paar biedere Kaufhäuser, die Ausgeflippten fuhren nach »Swinging London«, um sich auf der Portobello Road schrille Outfits aus den Shops und Marktständen zu wühlen, und die hochnäsige Avantgarde flanierte regelmäßig durch Paris und deckte sich in der Rue St. Honoré und in den anderen Straßen in der Nähe des Louvre mit dem ein, was gerade en vogue war. Den Transfer zwischen den Märkten innerhalb

Europas gab es noch nicht. In dieser Nische nisteten sich jahrelang ein paar meiner Freunde ein. Potato Mäc war einer von ihnen, der Schnall-Aff, Hopstein und Rolf Haupt mischten mit. Sie beluden in der französischen Metropole ihre VW-Busse bis unters Dach mit preiswerten Saisonartikeln und belieferten damit die Boutiquen, von denen eine nach der anderen in der Kölner City aufmachte. Meist als angenehmer Zeitvertreib gelangweilter Ehefrauen reicher Männer, die damit ihre Steuerabgaben verringerten, oder von Damen aus dem Milieu, die das Geld ihrer Beschützer wuschen oder genug hatten von den ewigen Schwänzen der Freier.

Potato Mäcs Geschäfte liefen gut, und er hätte mich, weil ich mit dem Formulieren und Schreiben von Lieferscheinen und Rechnungen nicht so große Probleme hatte wie er, immer schon gern im Team gehabt. Eines Abends kam er in den Fontana Grill gestürmt, pflanzte sich mir gegenüber an den Tisch und platzte fast vor Mitteilungsdrang: »Hör mal, ich hab' da in Paris eine Modenschau gesehen! Sagenhaft! Da liefen die Mädels mit superkurzen Shorts rum, eng wie Wursthäute! So ähnlich, wie auf den Fotos aus London, die du mir letztens gezeigt hast!«

»›Hotpants‹ heißen die Teilchen«, sagte ich.

»Genau!«, bestätigte Mäc, der im Höschen-Fieber delirierte. »Aber die in Paris, die waren nicht wie die in London aus buntem Trevira, Duv, die waren aus schwarzem Nappa!« Er rang nach Luft, fixierte mich wie ein Bohrhammer und keuchte: *»Aus schwarzem Nappa!«*

So ganz konnte ich seine Begeisterung nicht teilen. »Meinst du wirklich, Shorts aus schwarzem Glattleder lassen sich hier verkaufen?«

»Hundert Prozent!«, sagte Mäc, »aber in Paris krieg' ich sie nicht! Die werden nur in kleinen Serien hergestellt, und die reißen die französischen Händler den Schneidern unter der Nadel weg!«

»Könnte man mal drüber nachdenken«, sagte ich und zündete mir eine Zigarette an.

»Ich schwör' dir, die Dinger gehen ab wie junge Ferkel!«

»Was meinst du, für wie viel könnten wir die Teile verkaufen?«

»Für sechzig, sagte Mäc, »vierzig für dich, zwanzig für mich.«

Ich drückte meine Zigarette im Aschenbecher aus und ging pinkeln.

Als ich zurückkam, saß Schäfers Nas auf meinem Platz.

»Was hältste von Heißen Höschen?«, fragte ich ihn.

»Heiße Döschen? Immer her damit!«

»Vergiss es, Hein«, sagte Mäc und stand auf. Er legte seine rechte Hand in meinen Nacken und zog meinen Kopf so weit nach vorn, bis meine Stirn an seiner klebte.

»Mach' mir die Teile, Duv!«, flüsterte er.

Ich schielte in seine Augen und überlegte.

Um zu verstehen, warum Mäc ausgerechnet mich ansprach, muss ich etwas ausholen. Wie schon mein Lehrer in der Grundschule erkannt hatte, lagen meine Talente eindeutig im grafischen und handwerklichen Bereich. Und ich war körperlich immer sehr groß für mein jeweiliges Alter, groß und dünn. Mit fünfzehn war es ganz extrem. Ich hatte eine Freundin, der die Bauarbeiter hinterherpfiffen, die sich die Haare toupierte und die Fingernägel lackierte, und ich sah in meinen Klamotten aus wie eine in den Wind gestellte Vogelscheuche.

Als Mutter mal wieder mit einem Hemd nach Hause kam, das sie für mich bei Hansen auf der Schildergasse gekauft hatte, kostete es mich einiges an Überwindung, es anzuziehen und darin meinem unbestechlichen Spiegelbild gegenüberzutreten. Wie ein Mehlsack fiel der Stoff an meinen knochigen Schultern runter und schlabberte um meinen nicht vorhandenen Bauch. Die Ärmel stimmten zwar von der Länge her, aber sie waren viel zu weit geschnitten und hingen 30 Zentimeter unter meinen Achselhöhlen. Trotzdem fühlte sich der leichte Stoff sehr gut an auf meiner Haut, auch die taubenblaue Farbe gefiel mir. Ich holte ein paar Stecknadeln aus Mutters Nähkasten und steckte dort eine hin und da eine hin, und an die Schultern auch zwei oder drei. Ich raffte und stauchte, fummelte und klappte, steckte und checkte. Und es machte mir Spaß. Ich spürte dieses Kribbeln in mir.

Am Abend schleppte ich die bleischwere Nähmaschine aus dem Bügelraum in mein Zimmer und verschloss die Tür hinter mir. Ich legte das Hemd auf den Boden und zog entlang der eingesteckten Nadeln mit Nähkreide feine Linien über den Stoff. Als ich die Schere ansetzte, zögerte ich einen Moment. Was sollte ich Mutter sagen, wenn meine Aktion in die Hose ginge? Warum hast du das teure Hemd zerschnitten, würde sie mich zu Recht fragen, anstatt es einem der Brüder anzubieten oder im Geschäft umzutauschen? Egal, da musste ich jetzt durch. Ich ließ die Schere durch den dünnen Stoff gleiten, und die Schnitte gelangen mir, zu meinem eigenen Erstaunen, fast wie von selbst.

Unsere elektrische Nähmaschine konnte ich bedienen, seit ich zwölf war. Um an Karneval als stolzer Indianerhäuptling den Schulhof zu überstrahlen, hatte ich mir damals aus Schwanenfedern von den Bewohnern des Stadtwaldweihers einen Federschmuck gebastelt und in einen alten Postsack drei Löcher geschnitten, eins, um den Kopf, und zwei, um die Arme durchzustecken. Damit das kartoffelfarbene Hängerchen als indianischer Poncho durchging, hatte ich etwa zweihundert bunte Fransen an das grobe Leinen genäht, davon die Hälfte über den Aufdruck der Deutschen Bundespost. Dabei hatte ich gelernt, wie man die Fäden einlegte und wie man den

Stoff schieben und drücken musste, während man mit dem Fuß dosiert Gas gab.

Heute aber ging es nicht um ein Karnevalskostüm, heute ging es um ein Hemd, das mir so gut stehen musste, dass alle hübschen Mädchen es mir am liebsten sofort in Streifen vom Leib gerissen hätten. Entsprechend konzentriert ging ich zu Werke.

Um Mitternacht war ich fertig. Ich zog das Hemd an und schlich zu dem großen Spiegel, der in unserer Diele neben den Garderobenhaken hing. Das Ergebnis haute mich nicht aus den Pantoffeln, aber ich konnte damit leben. Auf jeden Fall stand mir das Hemd jetzt um Klassen besser als vor meinem Debüt als Gewandmeister. Das bestätigte auch meine Mutter, die mich in der Diele gehört hatte und nun hinter mir stand.

In den nächsten Tagen knöpfte ich mir nacheinander alle meine Hemden vor und bearbeitete sie. Von Hemd zu Hemd wurde ich besser. Ganz zufrieden aber war ich nie, und das war gut so. Denn es schürte meinen Ehrgeiz. Ich stöberte in Vaters Kleiderschrank und schaute mir an, wie dessen Schneider die Hemden zugeschnitten hatte, ich ließ mich in Geschäften inspirieren und blätterte in Zeitschriften und Katalogen. Ich nahm Maß an meiner Schwester Klärelore, schnitt ein paar alte Küchenhandtücher zurecht und schneiderte daraus eine Bluse mit Kragen, Knopfleiste und Manschetten. Sie passte hervorragend und kam im Karneval erfolgreich zum Einsatz.

Meine Mutter hatte endlich mal wieder einen Grund, auf mich stolz zu sein, und sie erlaubte mir, auch die Hemden meiner Brüder nachzubessern.

Dafür wurde sogar mein Taschengeld um ein paar Mark erhöht. In einer Ausgabe der BRAVO, die Arno sich ab und zu von Tante Marlis kaufen ließ, gab es immer Berichte über die gerade angesagten Klamotten und über die Stars, die darin vor die Fotografen traten. Der sehr dünne und große Sänger einer Band, deren Namen ich vergessen habe, war in dem Blatt abgebildet, sehr vorteilhaft ausgeleuchtet und fotografiert in einer hellblauen, verwaschenen Jeans der Firma Blue Bell. Auch ich war groß und dünn, auch ich wollte eine Jeans von Blue Bell. Die waren aber in ganz Köln nicht aufzutreiben. Ich rief beim Sorgentelefon von BRAVO an und sagte, meine Freundin hätte gedroht, sich von mir zu trennen, wenn ich nicht zum nächsten Treffen in einer Blue Bell erschiene. Tatsächlich notierte sich die Dame am Telefon meine Adresse, und ein paar Tage später erhielt ich eine Postkarte mit dem Namen und der Adresse der Boutique, die Blue Bells verkaufte. Die Boutique befand sich in Münchens angesagtestem Stadtteil Schwabing und hieß Tom's. Ich rief dort an und erkundigte mich, ob sie das Objekt meiner Begierde auch wirklich in meiner Größe führten.

Am nächsten verkaufsoffenen Samstag saß ich morgens früh im D-Zug nach München. Genauer gesagt bis Frankfurt auf verschiedenen Toiletten in verschiedenen Waggons, dann von Frankfurt bis Nürnberg hinter einem Glas Cola im Speisewagen, und für den Rest der Strecke kaufte ich eine Hin- und Rückfahrkarte. Vom Münchner Hauptbahnhof aus fragte ich mich dann zu Fuß bis zum Tom's durch.

Am Abend um halb acht saß ich in meiner Blue Bell im Zug zurück nach Köln. Bis Nürnberg hatte ich ja bezahlt, und danach, es war bereits 22 Uhr, tat ich so, als würde ich schlafen. Erst weckte mich der Schaffner nicht, und dann hatte er wohl vergessen, dass er mich noch nicht kontrolliert hatte. Um halb drei rollte der Zug in den Kölner Hauptbahnhof ein. Mein Fahrrad hatte ich am Morgen vor dem Dom an eine Laterne gekettet, und da stand es zum Glück immer noch. Die Stadt war fast menschenleer, und nur vereinzelt fuhren Taxen die Aachener Straße rauf und runter. Ich fühlte mich prima auf meinem Fahrrad in der Nacht, in der coolen Jeans. Die Nacht, das wurde mir damals klar, lag meinem Herzen näher als der Tag. Auch in der Tierwelt gibt es die Tagaktiven und die Nachtaktiven.

10.

Zu dieser Zeit, im Frühling 1957, lernte Klärelore einen jungen amerikanischen Offizier kennen. Vielleicht sollte ich jetzt doch mal erklären, warum meine Schwester diesen selbst damals äußerst ungewöhnlichen Vornamen trug. Bei ihrer Geburt im Jahr 1935 war zwischen zwei Großtanten ein Disput darüber entbrannt, wie die Kleine heißen solle. Die eine Tante hieß Lore, die andere Kläre. Beide Damen waren begütert, kinderlos und seit dem ersten Weltkrieg Witwen. Beide ließen durchblicken, den Nachwuchs ihres Neffen Franz gerne ganz oben im Testament einzusetzen. Jeder ihrer Vornamen für sich betrachtet wäre ja okay gewesen, vor allem Kläre, wenn man das Mädchen nach dem Ende des damals aktuellen Krieges französisch chic Claire genannt hätte. Um die Familie aber nicht zu entzweien, schlossen meine Eltern einen für meine Schwester zeitlebens problematischen Kompromiss. So viel zu Klärelore.

Eines Tages stand John im Fotohaus Schmidt & Schmidt vor ihrer Kasse. Man war sich sympathisch und ging in Klärelores Mittagspause einen Kaffee trinken. Der nette Offizier der US-Armee war in der Nähe des Eifelstädtchens Prüm stationiert, und dorthin lud er uns alle am übernächsten Wochenende ein. Auf dem streng bewachten Militärgelände ließ er uns im Tax-Free-Shop Coca-Cola, Kaugummi und Levi's Jeans kaufen, setzte sich mit uns in das Hightech-Kino, kutschierte uns im Thunderbird und auf seiner knatternden Harley Davidson über den Platz und freute sich wie ein Kind über unsere große Freude an all dem.

Auf dem Gelände gab es auch einen »Stock Shop«, ein Geschäft für Militärklamotten und Armee-Accessoires wie Kappen, Taschen, Rucksäcke, Gürtel, Spirituskocher, Bowie-Messer, Outdoor-Bestecke und sonstigen Kram. Ich liebte diesen Laden, und ein paar Jahre später, als ich neunzehn war und bei Foto Axer etwas mehr verdiente als die Lehrlinge in anderen Betrieben, setzte ich einen ganzen Monatslohn um in eine Kollektion, bestehend aus einer Levi's 501, zwei Kakihemden, einem Paar Cowboystiefel, einem Sturmfeuerzeug von Zippo und einer gelblich getönten Pilotenbrille von Ray Ban.

Die Hemden, die es nur in zwei Größen gab, schneiderte ich mir in gewohnter Manier um und wurde daraufhin immer, wenn ich eines der beiden trug, gefragt, wo ich das tolle Teil gekauft hätte. Das brachte mich auf die Idee, meinen Kontakt zu den amerikanischen Streitkräften etwas zu vertiefen. Ich lieh mir den Porsche meiner Tante, sagte, ich führe mit dem brandneuen, silbernen Model Super 90 nur mal kurz über die Ringe und wieder zurück, bretterte aber in Wirklichkeit zu John in die Eifel und kaufte dreißig Hemden, fünfzehn Stangen Lucky Strike und fünfzehn Pall Mall. Das Geld für diese Aktion hatte mir Mäc vorgeschossen, der damals, ein paar Jahre vor seiner Pariser Klamottenzeit, ganz gutes Geld verdiente mit einem Pommes-frites-Wagen, den er am Domvorplatz aufstellen durfte. Diese Kartoffelstäbchenbraterei war auch für den Namen verantwortlich, den er seit jener Zeit nicht mehr los wurde: Potato Mäc.

Die in Tantes Porsche herbeichauffierten US-Zigaretten hatte ich alle gleich am ersten Abend mit so gutem Gewinn verkauft, dass ich Mäc das ganze Darlehen zurückzahlen konnte. Als Zins passte ich ihm eines meiner Army-Hemden auf dem Oberkörper an. Er fühlte sich darin so stark, dass er es wochenlang jeden Abend trug. Immer wenn man ihn auf das Hemd ansprach, verwies er die Interessenten an mich, und ich machte Termine für die individuelle Kaufabwicklung in meinem gerade frisch gemieteten Apartment am Ebertplatz.

Dort hatte ich die mittlerweile altersschwache und von meiner Mutter ausrangierte Nähmaschine auf den Tisch gestellt und alle Army-Hemden auf Drahtbügeln an ein quer durchs Zimmer gespanntes Stahlseil gehängt.

Die Kunden waren beeindruckt. Sie nahmen sich ein Hemd vom Seil und zogen es an. Ich stach meine Nadeln hinein und bearbeitete es mit Schere und Nähmaschine. Darin war ich mittlerweile so routiniert, dass ich pro Hemd nicht mehr als eine halbe Stunde brauchte.

Da wir die meisten Kunden in unserer eigenen Szene rekrutierten, hatte ich auf dem Ring bald den Ruf weg, enorm was von Stoffen und Schnitten zu verstehen. Was nicht nur von Vorteil war. Denn die Jungs kamen jetzt nach jeder Schlägerei mit ihren zerrissenen oder aufgeschlitzten Jacken und Hemden zu mir. Mein Problem dabei war, dass ich nicht Nein! sagen konnte. Wenn jemand, der mir sympathisch war, mich um einen Gefallen bat, dann tat ich ihm den – wenn es mir irgendwie möglich war.

Noch ein paarmal fuhr ich mit Tantes Porsche zu John in die Eifel. Jedes verkaufte Hemd brachte 40 Mark, jede Stange Lucky Strike oder Pall Mall nebenbei noch mal einen Zwanziger. Nach etwa einhundertfünfzig angepassten Army-Hemden aber war der Markt im Kölner Nachtleben gesättigt. Und die Sache mit Tantes Porsche war auch gegessen. Denn den hatte ich zerlegt. Auf der Aachener Straße stadtauswärts, kurz hinter dem Melatenfriedhof, sehe ich, dass die Ampel am Gürtel auf Rot umspringt. Nee, denke ich, Rot ist nicht angesagt, ich reiße das Lenkrad rum und drifte in die Oskar-Jäger-Straße, da bricht die Kiste aus und knallt voll auf einen geparkten Opel Kapitän.

Der Polizist, der den Unfall aufnahm, war ein netter älterer Herr. Als ich ihm gestand, dass ich noch nicht dazu gekommen sei, den

Führerschein zu machen, sagte er, er würde die Anzeige jetzt erst mal ganz nach unten in den Stapel schieben und dann in Urlaub fahren. Bis zur Verhandlung in frühestens zwei Monaten hätte ich somit genug Zeit, den Führerschein zu machen. Solche Polizisten gab es damals. Kein Scheiß.

Das Fahren an sich war kein Problem, nur vergaß ich manchmal vor lauter Laberei mit dem Fahrlehrer, immer brav in den Rückspiegel zu schauen, den Blinker früh genug zu setzen oder am Stoppschild tatsächlich drei Sekunden anzuhalten.

Kurz vor der Gerichtsverhandlung ging ich zur theoretischen Prüfung und fiel durch. Mist. Jetzt würde der Richter mich verknacken, und für die nächsten fünf Jahre wäre es Essig mit legalem Kutschieren. Aber es kam ganz anders. Der Richter erwähnte mein Fahren ohne Führerschein gar nicht, und ich wurde lediglich wegen der Verursachung des Unfalls zu einer Buße von 160 Mark verurteilt, die dem Kinderheim in Köln-Sülz zugute kamen.

Ich hatte Glück gehabt, sowohl mit dem Polizisten als auch mit dem Richter. Pech dagegen war, dass mein Onkel, obwohl er im Vorstand einer Versicherungsgesellschaft saß und eine hohe ehrenamtliche Funktion im ADAC bekleidete, den Porsche zwar auf sich angemeldet, aber nur teilkasko versichert hatte. Das heißt, der Schaden am Opel Kapitän wurde reguliert, der am Porsche nicht. Nur ein paar Monate war der Sportwagen alt geworden, und gerade 3500 Kilometer standen auf dem Tacho, als zwei Frickler seine Überreste zum Ausschlachten in die Etzelstraße schleppten. 9800 Mark hatte mein Onkel dafür bezahlt. So viel kostete 1960 ein neuer Porsche Super 90. Ein Triumph TR4, an dem ich auch richtig Spaß gehabt hätte, war frisch aus der Fabrik in Coventry für 4500 Mark zu haben.

Für einen Fotolehrling mit eigenem Apartment am Ebertplatz waren 9800 Mark eine gigantisch hohe Summe. Mein Vater einigte sich mit meinem Onkel darauf, dass ich die Schuld abstottern konnte. Ich begann zu stottern. Irgendwann kam dann aber das Abstottern selbst ins Stottern.

Jetzt saß Mäc mir gegenüber, und sein Dackelblick flehte mich an, doch bitte mit dem Kopf zu nicken. Nach einem kräftigen Schluck Wodka Lemon tat ich ihm den Gefallen. Auch weil ich mal wieder völlig geputzt war.

In der letzten Zeit hatte ich etwas durchgehangen. Nachdem der Handel mit den gebrauchten Fotoapparaten zusammengebrochen und alle meine Rücklagen verjubelt waren, hatte ich für den Kastekopp ein paar Monate lang Billigpullover vertrieben, den mühsam erwirtschafteten Überschuss aber innerhalb von drei Stunden beim Seven Eleven verspielt. Ich war bei Null angelangt und hatte als Rettungsanker mein Apartment für ein Jahr an einen englischen Ford-Ingenieur untervermietet. Mit der Kaution in der Tasche bestieg ich den Zug nach Amsterdam, um mich ein Wochenende lang im Nachtleben der Grachtenmetropole umzutun. Gleich an der Centraal Station sprachen mich ein paar langhaarige Jungs an und boten mir LSD, »Magic Mushrooms«, Marihuana und »Schwarzen Afghanen an«.

An irgendeinem Donnerstag gegen 16 Uhr wachte ich wieder auf. Ich lag in einem Kämmerchen, das sich im zweiten Stock eines Reihenhäuschens befand. Im ersten Stock waren vier Zimmer und im Erdgeschoss eine bestimmte Art von Ladenlokal. Hinter einer großen Glasscheibe warteten dort, beflutet von rotem Licht, die vier Bewohnerinnen der Zimmer im ersten Stock weitgehend entkleidet auf Kundschaft.

Ich konnte mich an nichts erinnern, was in den letzten Tagen und Nächten passiert war. Da ich ohne Gepäck nach Amsterdam gereist war, brauchte ich auch nicht danach zu suchen, denn die Kleidung, die ich in Köln angezogen hatte, trug ich auch noch, als ich wieder aufwachte. Von den 1000 Mark Kaution, die ich dabeihatte, waren sogar noch knapp 600 übrig, zerknüllt und verteilt auf alle meine Hemd-, Hosen- und Jackentaschen. Auch meine goldene Armbanduhr hatte ich noch am Handgelenk. Nur mein Personalausweis war weg. Ich stolperte die Stiege zum ersten Stock runter und klopfte nacheinander an alle vier Türen. Eine junge Frau im seidenen Morgenrock öffnete bei der vierten. Sie war abgeschminkt und müde, aber freundlich. Seit achtundvierzig Stunden wäre ich in dem Zimmer oben gewesen, ein Freund hätte mich dort abgelegt und das Zimmer für eine Woche bezahlt, sagte sie. Ich kratzte mir das Kinn und fragte nach, was für ein Freund das denn gewesen sei, ein Freund von ihr oder einer von mir? Ein Freund von mir natürlich, antwortete sie, sie vermute, es sei ein Südamerikaner gewesen, sie hatte ihn noch nie vorher gesehen. Ob dieser Freund vielleicht meinen Personalausweis bei ihr hinterlegt habe, wollte ich wissen. Aber wie schon befürchtet, lächelte die Frau nur und sagte, Personalausweise spielten keine Rolle hier im Haus. Und da sie jetzt wach sei, weil ich sie geweckt habe, könne ich reinkommen und ihr bei einer Tasse Kaffee Gesellschaft leisten. Das Angebot nahm ich an. Die Einrichtung des kleinen Zimmers bestand nur aus einem runden Bett, auf dem eine Decke im Eisbärfelldesign, ein zerknülltes rosa Leinenlaken und zwei rote Herzkissen lagen, und einem Kühlschrank, auf dem ein paar Gläser und Tassen und eine Kaffeemaschine standen. Eine schmale Tür führte in einen Verschlag, in dem ich Duschmöglichkeit und Toilette vermutete.

Lisa, so stellte sich die gastfreundliche Dame vor, bat mich auf der Bettkante Platz zu nehmen, während sie den Kaffee bereitete und servierte. Sie stamme aus der Nähe von Alkmaar, ihre Eltern hätten dort eine Käserei, erzählte sie und wollte wissen, was ich in Deutschland denn so treibe. Darauf konnte ich nicht viel antworten. Um irgendwie aus der Sache rauszukommen, sagte ich, ich würde malen. Das fand sie interessant. Deutsche Handwerker seien besser als die Holländer. Ich wollte richtigstellen, dass ich kein Anstreicher, sondern Kunstmaler sei, was sie aber falsch verstand und sagte, jeder gute Handwerker sei ein Künstler. Das wäre überall so, auch in ihrem Job. Sie lachte. Handarbeit sei wichtig. Manche wollten das.

Am Abend aß ich in einem indonesischen Restaurant, dann ging ich in eine Disco und später noch in eine Absturzbar. Es gefiel mir in Amsterdam.

Als mein Geld langsam knapp wurde, rief ich in Köln an. Doch meine Kumpel redeten sich raus, auch sie seien klamm zurzeit, und ein Ausflug nach Amsterdam käme nicht in Frage.

Damals wurde man an der Grenze noch kontrolliert. Wenn man sich nicht ausweisen konnte, hatte man ein Problem. Ich plante also, bis in die Nähe der Grenze zu trampen und dann in einer mondlosen Nacht irgendwo über die grüne Grenze zu huschen.

Einen Tag bevor ich mein Kämmerchen aufgeben wollte, klopfte Lisa an meine Tür und stellte mir ihre Freundin Carmen vor. Carmen habe sich mit ihrem Mann ein Hausboot gekauft, das liege an einem Liegeplatz auf einer Gracht ganz in der Nähe. Die Kabinen des Schiffs, auf dem das Paar möglichst bald wohnen wolle, seien völlig runtergekommen, und da ich ja Maler und »deutscher Handwerker« sei, wollte sie mal anfragen, ob ich eventuell Zeit und Lust hätte, die Renovierung zu übernehmen. Okay, sagte ich, ich mache es, für 12 Gulden Stundenlohn. Das fand Carmen angemessen.

Die nächsten Wochen verdiente ich nun jeden Tag 96 Gulden. Das Zimmer über Lisa kostete pro Woche 150. Es blieb also genug übrig. Carmen war mit meiner Arbeit zufrieden, und ich auch. Nach drei Monaten hatte ich die »Grietje«, so hieß der Pott, in ein gemütliches Eigenheim verwandelt, und auf meiner hohen Kante lagen 1500 Gulden. Ab und zu traf ich in einer der beiden angesagten Discos meinen Kölner Kumpel Mondo, der die Wochenenden gerne in der Grachtenstadt durchfeierte. Als Carmens Geld bis auf einen Hunderter verbraucht war, rief ich ihn in der Heimat an und fragte, ob er nicht beim nächsten Mal mit dem VW-Bus vom Kastekopp anreisen könnte, dann würde ich mich unter einen Stapel dreckiger Wäsche auf die Ladefläche legen. Mondo versprach, mal nachzuhören, ob Kastekopp den Bully rausrücke.

Am folgenden Samstagabend traf ich Mondo in der Disco. Er sagte, er habe keinen VW-Bus bekommen, außerdem würde man ihn wegen Menschenschmuggels oder so was drankriegen, wenn man mich ohne Ausweis auf der Ladefläche fände. Deshalb habe er sich was anderes überlegt. Er habe für mich vom Langen Eugen den Personalausweis geliehen, auf dem Foto sähen wir uns ziemlich ähnlich. Nachts würden die Grenzer sowieso nicht so genau hinschauen. Die Idee fand ich okay. Und es war bequemer, auf dem Beifahrersitz in Mondos Mercedes 220 SE zu sitzen, als auf der Ladefläche von Kastekopps klapprigem VW-Bus zu liegen.

Um 3 Uhr früh erreichten wir den Grenzposten. Ich schmiegte mich an den Holm der Beifahrertür und tat so, als würde ich schlafen. Mondo kurbelte das Fenster runter und reichte dem Bundesgrenzschutzbeamten unsere beiden Ausweise.

»Der Kollege schläft«, buhlte er flüsternd um Mitgefühl, was den Beamten aber überhaupt nicht beeindruckte. Im Gegenteil.

»Ich würde jetzt auch gern schlafen, Kollege«, knurrte er gnadenlos, klappte Eugens Ausweis auf und rief mir zu: »Herr Eugen Bludau! Aufwachen und mal herschauen!«

Ich räkelte mich wie aus tiefstem Schlaf gerissen und blinzelte den Grenzer an. Der leuchtete mir mit einer brutal hellen Taschenlampe mitten ins Gesicht und schaute dann wieder in Eugens Pass. »Heben Sie mal Ihren Pullover hoch, Herr Bludau!«

»Muss das sein?«, fragte ich und gähnte herzerweichend.

»Fragen Sie nicht so blöd! Den Pullover hoch!«

Ich tat ihm den Gefallen und zeigte ihm meinen flachen Bauch, den er sorgfältig mit dem Lichtkegel seiner Lampe abstrahlte.

»Dann steigen Sie mal aus, Herr Bludau, oder wie auch immer Sie in Wirklichkeit heißen.«

»Wieso behaupten Sie, ich wäre nicht *Eugen Bludau*?«

»Weil in dem Personalausweis als besonderes Kennzeichen steht: 20 Zentimeter lange Operationsnarbe unter dem Solarplexus.«

»So eine Seuche«, sagte ich.

Ich war zwar nicht vorbestraft, aber der lächerliche Drogenfund, der mir die drei Wochen mit Dummse Tünn im Klingelpütz eingebracht hatte, war in meiner Akte erwähnt. Ohne diesen Vermerk hätte ich vielleicht Bewährung bekommen, so aber musste ich wegen »Ausweismissbrauchs« vier Wochen in den Aachener Knast. Und damit war ich vorbestraft.

11.

Als ich endlich nach Köln zurückgekehrt war, übernachtete ich einige Male auf der Besuchercouch im Ein-Zimmer-Apartment meines Freundes Dünkelmann und zog danach in einen Wohnwagen. Das mobile Heim stand auf einem großen Gelände am Barbarossaplatz. Heinz Hagedorn verkaufte dort gebrauchte Autos der gehobenen Klasse. Nachdem ihm innerhalb einer Woche zwei Mercedes geklaut worden waren, suchte er einen Nachtwächter. Und er fand mich. Ich zog in den auf Bimssteine gebockten Wohnwagen, benutzte das Dixi-Klo daneben und ging alle drei Tage ins Agrippabad duschen und schwimmen.

Im Lager vom Kastekopp entdeckte ich in der Ecke eine verstaubte Schaufensterpuppe mit flexiblen Gelenken, aber nur einem Bein. Auch die linke Hand fehlte. Das spielte für mich keine Rolle. Ich kaufte sie für einen Zehner, zog ihr ein Kapuzenshirt mit dem Logo eines Kampfsport-Klubs auf dem Rücken über und setzte sie auf die Bank meines Wohnwagens. Als es dunkel wurde, machte ich das Licht an und platzierte meinen Dummy so, dass man durch das kleine Fenster von draußen nur den Rücken und den unter der Kapuze versteckten Hinterkopf sehen konnte. Ich legte einen riesigen Schraubenschlüssel auf den Tisch und stellte eine halbvolle Flasche Jack Daniels und einen vollen Aschenbecher daneben. Es sah super aus. Ich machte das Radio an, schloss den Wagen ab, holte nebenan aus Hagedorns Bürobude ein Paar rote Nummernschilder und schraubte sie an den gerade ins Sortiment aufgenommenen amerikanischen Sportwagen aus dem Hause Buick, mit Automatikgetriebe und einer dreihundert Pferdestärken produzierenden Fünflitermaschine unter der Haube.

An der Ampel auf dem Ring am Rudolfplatz setzte sich ein mattschwarzer Porsche neben mich. Am Steuer saß Dummse Tünn. Wir kurbelten die Fenster runter, und ich flachste zu ihm rüber: »Meiner hat Automatik, so schnell kannst du gar nicht schalten!«

Als die Ampel auf Gelb umsprang, ließen wir die Reifen qualmen. Wir waren ungefähr gleich schnell. Vor dem Eve's stellte ich das Geschoß auf den Bürgersteig und stieg aus. Seit einiger Zeit hatte ich den Ruf, etwas von Klamotten zu verstehen. Deshalb boten mir befreundete Gastronomen die Schichten an, wenn ihnen kurzfristig das Garderobenpersonal ausfiel. Da ich eh nur schlecht Nein! sagen konnte, sagte ich in diesen Fällen nur dann Nein!, wenn ich bereits in einem anderen Klub Ja! gesagt hatte. Für heute Abend hatte ich im Eve's zugesagt, gegen freien Verzehr und 15 Mark Stundenlohn.

Als ich um 4 Uhr morgens zum Autoplatz zurückkehrte, setzte ich mich neben meinen Dummy auf das Bänkchen und teilte mit ihm den Whisky. Als die Flasche leer war, verbrüderten wir uns, und ich machte ihm den Vorschlag, ihn von nun an Daniel zu nennen. Ihm gefiel Jack besser. Dabei blieb es dann.

Jack machte seinen Job gut. Während der drei Monate, die er für mich im Wagen saß, traute sich kein Dieb auf das Gelände. Mit gutem Gewissen konnte ich jede Nacht im Auto meiner Wahl um die Blöcke kurven. Meistens nahm ich den Buick, den glücklicherweise niemand kaufen wollte.

Die Zeit als Nachtwächter war nett, zumal ich mein Mittagessen beim Jugoslawen ein paar Häuser weiter auf die Firma Hagedorn anschreiben lassen durfte. Jetzt aber stand der Winter vor der Tür, und es wurde langsam ungemütlich in dem Wohnwagen. Da passte es ganz gut, dass mein Apartment in drei Wochen wieder frei sein würde. Und es passte ganz gut, dass Mäc mich an jenem Abend im Fontana auf die heißen Höschen ansprach.

»Hör zu, Mäc«, sagte ich, »ich mach so ein Teil. Das schauen wir uns an, und danach besprechen wir, wie's weitergeht.«

Mäc streckte mir die Hand entgegen. »Schlag ein!«

»Haben wir so was nötig?«

»Nee, aber mach's trotzdem! Ich hab ein Supergefühl bei der Sache!« Mäc drückte meine Hand und röhrte in Richtung Theke: »Marshall, hau' mal schnell 'ne Flasche Kentucky Bourbon raus!«

Wir soffen die ganze Nacht und torkelten im Morgengrauen Arm in Arm über den Hohenzollernring. Da stand in einer Parklücke ein Heinkel Kabinenroller, ein cremefarbenes Ei mit zwei Rädern vorn und einem hinten, mit einem Fahrersitz und dahinter einem Notbänkchen für zwei Kleinkinder. Wenn man einsteigen wollte, klappte man die gesamte Frontpartie auf. Ein winziges witziges Auto. Wir blieben stehen und schauten uns das Fahrzeug an.

»Das Gute an dem Ei ist«, dozierte Mäc mit schwer behinderter Zunge, »dass, wenn du keinen Parkplatz kriegst, dann nimmst du's untern Arm und schleppst's mit hoch ins Wohnzimmer!« Den Spruch fand er so toll, dass er sich während des anschließenden Lachanfalls mehrfach verschluckte.

»Laberkopp«, sagte ich.

»Nee, mal im Ernst jetz'«, setzte Mäc trotzig nach. »Der Dumme Tünn hat letztens so ein Teil allein hochgehoben.«

»Quatsch nicht!«

»Ich quatsch nicht, ich hab's selbst gesehen, mit diesen beiden Augen.« Wie Betrunkene eben manchmal so sind, war Mäc irgendwie beleidigt, weil ich nicht auf sein Geblubber eingehen wollte.

»Lass uns wetten! Um einen Hunderter!«, sagte er.

»Um was?«

»Um 'n Hunderter, sag ich doch.«

»Das hab' ich kapiert. Aber wie soll die Wette laufen?«

Mäc glotzte mich fragend an, kratzte sich im Schritt, schaute den Kabinenroller an und sah sich in der Gegend um. Ein paar Meter entfernt stand auf dem Bürgersteig ein aus Beton gegossener großer Blumenkübel, der im Spätherbst nicht mehr bepflanzt war.

»Wetten wir«, sagte Mäc, »dass wir beide es schaffen, den Wagen von hier nach da auf den Kübel zu stellen!«

»Nee«, sagte ich, »da wette ich nicht drum. Weil wir das schaffen.«

»Dann wette ich dagegen.«

»Das ist doch Panne. Du setzt die Karre einfach ab und sagst, die wär' zu schwer, und dafür soll ich 'nen Hunderter abdrücken? Nee.«

Mäc war's jetzt egal. Seine Idee hatte ihn so fasziniert, dass er sich schon zu der Stoßstange runterbeugte.

»Pack an, Klugscheißer!«, sagte er.

Ich packte an, und wir hoben den Kleinstwagen auf den etwa halbmeterhohen Blumenkübel. Als wir es geschafft hatten, fielen wir uns lachend in die Arme und schnappten nach Luft.

»So«, sagte Mäc, als sich seine Atmung normalisiert hatte, »jetzt heben wir ihn wieder runter.«

»Wieso?«, fragte ich grinsend.

Es dauerte einen Moment, bis Mäc verstanden hatte. Wenn der bemitleidenswerte Besitzer am Morgen sein Auto besteigen wollte, fand er es hier hochgebockt vor.

»Das Gesicht möchte ich sehen!«

Jetzt gab es kein Halten mehr. Bei Mäc brachen alle Dämme. Er lachte und lachte und keuchte und japste.

Aber dann, ganz plötzlich, lachte er nicht mehr. Denn neben uns hatte ein Streifenwagen angehalten. Zwei Uniformierte stiegen aus.

»Guten Abend, die Herren«, sagte der mit dem Sternchen mehr auf der Schulterklappe. »Ein Anwohner hat beobachtet, was Sie mit diesem Fahrzeug hier veranstaltet haben.«

»Nicht der Rede wert, Herr Polizeidirektor«, versuchte Mäc gute Stimmung zu erzeugen. »Wir haben da nur 'ne kleine Wette am Laufen gehabt.«

»Wir stellen den Wagen sofort wieder dahin, wo wir ihn weggenommen haben«, ergänzte ich artig.

»Bedaure.« Der Streifenführer schüttelte den Kopf. »Um eine Anzeige wegen groben Unfugs kommen wir nicht herum.«

Am nächsten Tag ging ich in die Lederhandlung auf der Apostelnstraße und schaute mir das Sortiment an. Es gab schwarzes Glattleder, aber es war nicht besonders griffig und leicht fleckig gefärbt. Außerdem teilte ich nicht Mäcs Euphorie über »schwarzes Nappa«. Es gab bestimmt nicht viele Frauen, die mit einem heißen Höschen aus schwarzem Nappa durch Köln laufen würden. Die engen Shorts waren ja sowieso schon totale Hingucker. Und dann noch aus schwarzem Glattleder? Das hätte was von Fetisch, von Sadomaso, von Straßenstrich. Das wäre meiner Meinung nach viel zu speziell für Mäcs Abnehmerinnen.

Was mir gut gefiel, war das Angebot an Wildleder. Das gab es in verschiedenen Stärken und zwölf Farben. Ich kaufte drei große Stücke, eins in Beige, eins in Weinrot und eins in Marineblau. Außerdem kaufte ich drei Ledernadeln für elektrische Nähmaschinen und eine Schere für Lederschnitte.

Die alte Nähmaschine stand noch in dem zurzeit untervermieteten Apartment, aber sie war auch schon zu klapprig, um damit auf gehobenem Niveau Leder zu verarbeiten.

Meine Schwester Klärelore hatte unterdessen einen recht begüterten Kaufmann geheiratet, vor drei Jahren ihren ersten Sohn Michael und vor einigen Wochen einen kleinen Axel zur Welt gebracht. Mit ihrem Mann und den Jungs wohnte sie in einem Einfamilienhaus neben der Flora in Riehl. Zur Hochzeit hatte Patentante Lore ihr eine teure Nähmaschine von Pfaff geschenkt, für die sich meine Schwester nur mit einem leicht verkniffenen Lächeln bedankte, denn sie nähte eigentlich nie.

Bei einer Tasse Kaffee mit Neffe Michael auf dem Schoß und Baby Axel im Ställchen erzählte ich Klärelore im Riehler Eigenheim von meinem Plan, heiße Höschen aus Wildleder herzustellen, und ich fragte meine Schwester, ob sie mir dafür ihre fantastische Nähmaschine von Pfaff leihen könnte.

»Heiße Höschen?« Meine Schwester lachte und sagte nicht ohne eine gewisse Koketterie: »So was kann ich als zweifache Mutter unmöglich tragen!«

»Warum denn nicht?«, charmierte ich. »Du hast doch eine super Figur! Wenn du meine Kreation anziehst, fühlst du dich wieder wie mit siebzehn auf der Liegewiese im Müngersdorfer Stadion.«

»Hör auf, Jöjö«, erwiderte sie lachend und gab mir einen Klaps aufs Knie.

»Heische Hösche, heische Hösche«, skandierte der dreijährige Michael verzückt, und Klein-Axel schickte einen Puper zu unseren Nasen.

»Meinetwegen kannst du die Maschine haben«, sagte Klärelore. »Wo willst du sie hinstellen?«

Diese Frage hatte ich mir auch schon gestellt, aber keine wirklich befriedigende Antwort darauf gefunden. »Im Wohnwagen hab ich Strom«, sagte ich etwas kleinlaut, »und in drei Wochen ist mein Apartment wieder frei.«

»Ein Wohnwagen ist kein Platz für einen Schneider!«, entschied sie, stand auf, nahm Michael bei der Hand und Axel auf den Arm. »Komm mit.«

Mit ihren Jungs stieg sie vor mir die hell geplättelte Treppe in den Keller runter. Dort hatte der Vorbesitzer des Hauses einen Hobbyraum eingerichtet, mit einer Bar in der einen Ecke und einer Werkbank in der anderen. In der Mitte stand unter zwei Neonröhren ein rustikales Ensemble aus vier Stühlen mit Trachtenauflagen und einem schweren Tisch.

»Hier kannst du arbeiten.«

Ich war erst mal sprachlos. Dann fragte ich: »Was wird denn dein Mann dazu sagen?«

»Was soll er dazu sagen? Du bist mein Bruder, und wir haben Platz genug«, antwortete sie.

»Schön, dass du es so siehst.«

»Außerdem ist es dann nicht so langweilig hier im Haus.«

»Verstehe. Rund um die Uhr nur Hausfrau und Mutter törnt bestimmt ganz schön ab.«

Meine Schwester nickte. »Deshalb parke ich die Jungs zwischendurch immer mal bei dir.«

»Kein Problem«, sagte ich.

»Da drüben in dem Karton ist die Maschine. Ich habe sie noch nie benutzt.«

Klärelore stellte mir noch ein paar alte Vorhänge zur Verfügung, an denen ich meine Schnitte ausprobieren konnte, und eine ausrangierte Stehlampe, die wärmeres Licht verbreitete als die Neonröhren.

Ich arbeitete mich in den Tunnel rein. Ich vergaß die Zeit, ich vergaß, wo ich war. Ab und zu holten mich Klärelore und die Neffen in die Realität zurück, sie versorgten mich mit Schnittchen, Kuchen, Getränken und Geschrei, und die drei Verwandten staunten über die Berge von Schnittproben, die ich produzierte. Aber den entscheidenden Durchbruch schaffte ich bis zum ersten Abend nicht. Das ärgerte mich. Mein Plan war gewesen, Potato Mäc schon in dieser Nacht einen Prototyp zu präsentieren.

Als mein Schwager um halb sieben nach Hause kam, verabschiedete ich mich mit nur mäßiger Laune.

In der Nacht leistete ich Dummy Jack ausnahmsweise Gesellschaft im Wohnwagen und schnitt stundenlang alte Handtücher auseinander. Irgendwann machte es Pling!, und ich ließ erschöpft, aber erleichtert meinen Kopf auf die Tischplatte sinken.

Als ich ein paar Stunden später in dieser krummen Haltung aufwachte, tat mir zwar das Kreuz weh, aber ich war hellwach und hoch motiviert. Um fünf nach neun saß ich im Riehler Hobbykeller, übertrug die Schnitte, die ich im Wohnwagen gemacht hatte, auf den dicken Vorhangstoff und setzte die Schere an. Dann hob ich Klärelores Nähmaschine aus dem Karton auf den Tisch, steckte das Kabel in die Steckdose und legte Ober- und Unterfaden ein. Ich klickte den Schalter auf eins und drückte vorsichtig die Fußbedienung. Das Präzisionsmotörchen summte los wie ein Bienenschwarm im Frühling, und in dem Moment wusste ich, dass eine neue Epoche meines Lebens angebrochen war.

Am Mittag kam meine Schwester runter. Allein. Axel schlief, und Michael spielte im Garten mit Dorothea, der elfjährigen Nachbarin, und deren Rauhaardackel Gero.

»Du bist jetzt mein Model«, sagte ich und zog den Prototyp aus der Maschine.

»Mach keinen Blödsinn, Jöjö.«

»Tu mir den Gefallen, und zieh das Teil mal eben an.«

»Ich bin doch kein Mannequin!«

»Nur für fünf Minuten! Bitte.«

Ich hob mein Werk in die Höhe. Es sah gar nicht schlecht aus.

»Dreh dich um!«, befahl sie.

Ich schaute in die Ecke zu dem Bartresen mit den gedrechselten Verstrebungen aus schwarzem Gusseisen und las den Spruch, der auf einer Tiroler Holzscheibe stand, die der Vorbesitzer an die Wand gedübelt hatte: *Wenn's Arscherl brummt, ist's Herzerl g'sund.*

Ich zündete mir eine Zigarette an. Hinter mir raschelte es. Überraschenderweise gab Klärelore während ihres Aus- und Ankleidens keinerlei Kommentar von sich, nicht mal ein Schnauben oder einen leisen Fluch.

»Fertig«, sagte sie. Ich drehte mich um und war erstaunt. Meine Schwester sah richtig sexy aus in den engen Shorts.

»Das kann sich sehen lassen«, sagte ich.

»Meinst du?«

Ich umkreiste sie mit konzentriertem Blick.

»Du erlaubst?«

Klärelore zuckte mit den Achseln, und ich zupfte herum, steckte da und dort eine Nadel in den Stoff.

»Das wäre eine 38?«, fragte ich.

»Schön wär's«, erwiderte meine Schwester. »Das Hochzeitskleid war 36, nach Michael kam ich mit Mühe wieder auf 38 runter, und seit Axel kämpfe ich gegen die 42.«

»Das hätte ich jetzt nicht gedacht.«

»Schmeichler.«

»Vielen Dank, Schwester«, sagte ich. »Wenn die Jungs aus dem Gröbsten raus sind, mach ich ein Model aus dir. Paris, Mailand, Tokio.«

»Nein danke.«

Während Klärelore sich umzog, schaute ich wieder zur Hobbybar.

Danach baute ich die Ledernadel in die Maschine und breitete das Leder vor mir auf der Tischplatte aus. Ich trennte den Prototyp wieder auf, legte die Einzelteile möglichst eng beieinander auf das sandfarbene Wildleder und zeichnete sie nach.

Im Fontana Grill zog ich am Abend mein erstes heißes Höschen aus der Tasche und zeigte es Potato Mäc.

»Ja wie«, maulte der Kumpel sichtlich enttäuscht, »hatten wir nicht über schwarzes Nappa gesprochen?«

»Doch, hatten wir«, sagte ich, »aber das kommt zu nuttig rüber, glaub mir, so was läuft in Köln nicht.«

»Scheiße.« Ratlos blickte Mäc auf mein sandfarbenes Lederhöschen. Da kam Gina, die italienische Kellnerin, an den Tisch und brachte unsere Wodka Lemon.

»Wo habt ihr das her?«, fragte sie begeistert, als ich den Prototyp gerade wieder wegpacken wollte.

»Hab ich selbst gemacht.«

»Duv, du?« Anerkennend schob sie ihre ferrarirot bemalte Unterlippe vor. »Hätte ich dir nicht zugetraut.«

»Willst du sie mal anprobieren?«

»Jetzt hier?«

»Der Marshall wird nichts dagegen haben.«

»Va bene«, sagte Gina, nahm sich das Höschen vom Tisch und verschwand mit wiegenden Hüften im Toilettengang.

Als sie Minuten später wieder auftauchte, verstummte der gesamte Gastraum. Alle starrten fasziniert auf meinen Prototyp, den Ginas Popo prächtig ausfüllte. Die temperamentvolle Kellnerin, die mit noch schamhaft gesenktem Blick vor dem Toilettengang stand, spürte die ihr entgegenströmende Begeisterung. Sie lachte befreit auf, stemmte ihre linke Hand in die Taille und wedelte ihren knackigen

Hintern drei Runden durch das Lokal. Die Anwesenden standen auf, applaudierten und pfiffen vor Begeisterung.

Mäc war restlos überzeugt.

Ginas Freund Tino kam zu mir und legte 50 Mark auf den Tisch. Dafür erwarb er den Prototyp und mein Versprechen, seiner Freundin kein weiteres dieser Teile zu verkaufen. Er wollte nicht, dass die hübsche Kellnerin sich in den Gelüsten fremder Männer badete. Vermutlich durfte Gina das Teil von nun an nur noch in seinem Schlafzimmer tragen.

Am nächsten Tag produzierte ich in Riehl drei Musterstücke, eins in Blau, eins in Rot und eins in Beige.

Die Besitzerin der ersten Boutique, die mein Vertriebschef mit den Höschen im Koffer betrat, nahm alle drei und bestellte zehn weitere.

Ich wurde routinierter und erhöhte meinen Output auf fünf Stück pro Tag. Gezahlt wurde bei Lieferung. Kommissionsgeschäfte machte Potato Mäc nicht. Nach Abzug der Materialkosten blieben jeden Tag 120 Mark in bar bei mir hängen. Als der britische Ingenieur mein Apartment am Ebertplatz vertragsgemäß räumte, zog ich dort wieder ein und konnte die Miete bequem bezahlen.

Meine Höschen wurden ein Verkaufsschlager, und Mäc drängte mich, die Produktion zu steigern. Ich kaufte eine generalüberholte Profimaschine und mietete in der Gutenbergstraße in Ehrenfeld ein kleines Ladenlokal. An die Wände hängte ich die zwölf Blätter des ersten Pirelli-Kalenders, der 1964 erschienen war, auf ein solides Gestell aus rohen Kanthölzern bockte ich eine riesige Arbeitsplatte und legte zwei meiner Hotpants in die Auslage, daneben ein Stück Pappe, auf dem stand: »AUSHILFE GESUCHT«.

Als ich mit Mäc zusammen gerade die schwere Nähmaschine aus

dem VW-Bus laden wollte, trat ein junger Mann zu uns und fragte in gebrochenem Deutsch, ob wir seine Hilfe gebrauchen könnten. Mäc, der sich bei unserer alkoholisierten Schwachsinnsaktion mit dem Kabinenroller einen Wirbel verklemmt hatte, kam das Angebot sehr gelegen. Während der freundliche Passant mit mir die schwere Maschine auf die Arbeitsplatte wuchtete, trug mein Partner den Tauchsieder und das Kofferradio.

»Danke«, sagte ich. »Wohnst du hier in der Nähe?«

Der Mann nickte. »Da vorne Haus.«

»Okay«, sagte ich, »dann komm die Tage mal vorbei, und ich geb' dir ein Bier aus.«

»Danke«, sagte der Mann, machte aber keine Anstalten, das Lädchen wieder zu verlassen. Stattdessen trat er ans Schaufenster, grinste die dort ausgelegten Höschen an und nickte zu dem Pappschild.

»Aushilfe?«

Mäc und ich verstanden dies als kumpelhaften Hinweis auf seine schmutzige Fantasie und grinsten politisch korrekt.

»Nix ficki-ficki«, sagte Mäc. »Hier wird geschneidert.«

»Mein Vater Schneider«, sagte der Mann, »und Großvater Schneider. Ich gearbeitet in Zadar bei Flugplatz von Militär.«

»Und was machst du jetzt?«

»Arbeit suchen in Köln.«

»Hast du eine Aufenthaltserlaubnis?«

»Ja. Asyl. Tito hat meinen Vater getötet.«

»Was hast du am Flugplatz in Zadar gearbeitet?«

»Uniformen repariert. Stiefel auch.«

»Wie heißt du?«

»Slavko.«

Ich streckte ihm die Hand entgegen. »Du kannst morgen früh bei mir anfangen.«

Unsere Mühle begann zu mahlen. Slavko nähte, ich kaufte ein und schnitt zu. Wir kamen pro Tag auf zehn bis zwölf Höschen, die sich Mäc von den Ladies in den Boutiquen aus den Händen reißen ließ.

Wir boten die Größen 36, 38, 40 und 42 an, jeweils in fünf verschiedenen Farben. Jeden Mittag stoppte Mäc seinen Bully vor unserem Laden, legte Geld und einen gekrakelten Bestellzettel auf den Tisch, erzählte den neusten Witz (»Hab' ich euch den schon erzählt? Kommt die Heilige Maria zum Frauenarzt« …) und haute mit dem Stapel frischer Ware wieder ab.

Nach Abzug aller Kosten blieben jeden Tag 200 Mark für mich übrig. Das war interessant. Ich fing wieder an, mich auf dem Ring nach Sportwagen umzudrehen.

Im Fontana nervte Mäc mich jeden Abend, er könne viel mehr meiner Höschen verkaufen, er hätte Anfragen aus Bonn und Düsseldorf, und der ganze Ruhrpott sei verrückt nach den »geilen Lederbötzje«.

Es wurde eng in unserem Lädchen in der Gutenbergstraße. Erst kam Slavkos Schwester Anni dazu, die sehr gut zuschneiden konnte, dann setzte ich Kemal hinter die zweite Nähmaschine, und der Mann aus Anatolien brachte nach ein paar Wochen auch noch seine Frau Mukadez an den Start.

Ich hatte einen Lieferanten aufgetan, der das Wildleder zu einem guten Preis in dreißig Farben liefern konnte. Mäc nahm das Farbmusterbuch mit auf Tour, und die Kundschaft konnte unsere Shorts nun in jeder beliebigen Farbe bestellen. Während meine vier Mitarbeiter an mittlerweile drei Maschinen nähten, verschönte und individualisierte ich unsere Produkte mit kleinen Blümchen oder Sternen, ich schnitt in den Saum flache Wellen oder kleine Zacken, ich zwackte Nieten oder Ösen rein, und Mukadez stickte kleine Applikationen. Dadurch wurde jedes Exemplar zum Unikat.

Wir schafften vierzig Stück pro Tag. Monatelang.

Es kam genug in die Kasse, um meinen Mitarbeitern mehr zu bezahlen, als sie irgendwo sonst verdient hätten. Neben dem normalen Stundenlohn bekam jeder für jedes Teil, das wir auslieferten, eine Mark Prämie. Dafür schufteten sie und waren nie krank.

Am 4. Dezember 1967, es war einer dieser feuchtkalten grauen Tage, an denen es nicht richtig hell wird, zündete ich im Schaufenster ein paar rote Kerzen an, stellte einen Adventskranz aus Fichtenzweigen in die Mitte des Arbeitstischs, kochte Tee und verteilte Spekulatius und Printen. Anni kamen fast die Tränen vor Rührung.

Im Radio lief eine Reportage über Christiaan Barnard, der im Groote Schuur Hospital in Kapstadt am Tag zuvor die erste Transplantation eines menschlichen Herzens durchgeführt hatte.

»Wenn ich ein neues Herz brauche«, sagte Anni, »dann lass ich mir deins einpflanzen, Chef.«

»Warum das denn?«

»Weil es ein gutes ist.«

Ich antwortete grinsend: »Da wäre ich mir nicht so sicher.«

Die Nachfrage stieg und stieg. Mäc erzählte aufgekratzt, er kenne einen Textilbetrieb in Lövenich, der habe dreißig Arbeitsplätze, aber kaum noch was zu tun. Da könnte man doch mal anfragen. Vielleicht ließen die mich da mit zwölf Mitarbeitern rein, und dann könnten wir richtig Gas geben. Nicht nur Köln und die nähere Umgebung würde er beliefern, sondern alle Ecken von Deutschland, dann Europa, Amerika und in drei Jahren die ganze Welt. Und dann gingen wir an die Börse.

»Nein«, sagte ich. »Da habe ich keinen Bock drauf. Basta.«

»Blödmann!«, schimpfte Mäc.

Ich parkte den Porsche 911, den ich mir geleistet hatte, in der

Tiefgarage des Neubaus, in dem ich vor einem Monat eine Drei-Zimmer-Wohnung bezogen hatte, und spazierte von der Bismarckstraße um die Ecke zur Bar Tabu. An der Theke saßen der Druxes Pitter, der Stubbes Schiemer und Helmut Kriesch. Ich bestellte eine Flasche Chivas mit vier Gläsern.

Gegen elf kam Zilli rein. Sie trug ein peppermintgrünes Exemplar aus meiner Ehrenfelder Manufaktur, dazu schwarze Lederstiefel mit Plateauabsätzen und eine weiße Bluse, bei der sie vergessen hatte, jeweils die oberen und die unteren drei Knöpfe zuzumachen.

»Nabend, Duv«. Sie setzte sich neben mich und suchte Blickkontakt mit dem Schankpersonal.

»Machst du mir ein Piccolöchen, Frederik?«

Der Barkeeper nickte und brachte das Fläschchen und ein Glas.

»Schreib's bei mir an«, sagte ich.

»Das ist aber nett«, sagte Zilli und nahm ein Schlückchen zu sich. Dann legte sie ihre gepflegte Hand auf meinen Oberschenkel und flüsterte: »Ich hab' gehört, du hast jetzt so ne tolle Wohnung ganz hier in der Nähe.«

Ich lächelte. »Was man so alles hört heutzutage, nicht zu fassen.«

»Wie wär's mit 'ner Palastführung?«, schnurrte sie. Wozu brauchte ich zwölf Mitarbeiter in Lövenich und eine Börsennotierung an der Wall Street?

Als ich Zilli gegen 5 Uhr morgens nach Hause brachte, berichteten im Autoradio aufgedrehte Reporter von den Unruhen, die gerade in Paris tobten. Mehr als zwanzigtausend Menschen waren auf den Straßen und lieferten sich Schlachten mit der Polizei, an jeder Ecke brannten umgekippte Autos. Es war Mai 1968.

Meine Hotpants marschierten weiter. Nachdem im Sommer 1969, am 20. Juli, Apollo 11 auf dem Mond gelandet war und Neil Armstrong und Edwin Aldrin als erste Menschen einen Satelliten betreten hatten, nähte ich kleine Raumschiffe, Raketen, Monde, Sterne oder Astronauten auf das Leder und bot sie als *Apollo Sexy – limited edition* an.

Mäc berichtete abends im Fontana von einer Boutiquenbesitzerin, die so sauer auf ihn war, weil er nicht bei ihr, sondern in dem Laden gegenüber die letzten heute lieferbaren Mondfahrerhöschen abgeladen hatte, dass sie ihm mit einem Ledergürtel von Gucci einen drüberzog.

Im August desselben Jahres strömte die aufbruchsbereite amerikanische Jugend nach Woodstock und zelebrierte sich und ihre friedliche Weltanschauung drei Tage und drei Nächte lang bei einem gigantischen Open-Air-Festival. Danach brach die Flower-Power-Welle los und schwappte von der Farm bei Bethel im Bundesstaat New York über die gesamte westliche Welt. Die Mode reagierte schnell. Die Läden quollen über von luftig verspielten Hippieklamotten. Hotpants waren bald kaum noch angesagt.

Ab April 1970 ging unsere Sache stetig ihrem Ende entgegen. Mäc bestellte nur noch fünfundzwanzig Stück pro Tag, dann mal überhaupt keine, dann zwanzig, dann doch noch mal dreißig, dann aber wieder tagelang nur zehn oder acht.

Dazu kam, dass sich das Finanzamt gemeldet hatte und »meine Bücher« einsehen wollte.

»Tut mir leid«, sagte ich meinen Mitarbeitern, »die Zeit der heißen Höschen ist vorbei. Ihr habt in den letzten zweieinhalb Jahren keinen Urlaub gehabt, jetzt habt ihr reichlich Zeit dazu. Wenn ich wieder mal eine Idee habe, melde ich mich bei euch.«

Dem Finanzamt schrieb ich, ich hätte niemals professionell Kleidung hergestellt und veräußert, sondern nur ab und zu mal meinen weiblichen Bekannten und Verwandten ein Paar Shorts geschneidert. Dem Vermieter des Ladens reichte ich die Kündigung rein. Ein paar Tage später fand ich in meiner Post ein Schreiben seines Anwalts, in dem er darauf hinwies, dass ich einen zeitlich befristeten Vertrag über drei Jahre abgeschlossen hätte und dieser erst in vier Monaten auslaufe. So lange müsse ich noch die Miete zahlen. Okay, sagte ich mir, der Laden war eine Goldader für mich. Soll der Vermieter seine Kohle haben.

Im Postamt an der Ecke überwies ich ihm die noch ausstehende Summe. Man konnte ja nie wissen.

12.

Es tat mir gut, mal auf andere Gedanken zu kommen. Ich klapperte alle Spielcasinos im Umkreis von 200 Kilometern ab, in Deutschland, Belgien und Holland. Ich fuhr mit Freunden zu Autorennen nach Monte Carlo, LeMans, Monza, Zeltweg, Spa und Silverstone. Ich besuchte Lisa und Carmen in Amsterdam und ging mit ihnen ins Paradiso, und ich erweiterte regelmäßig mein Bewusstsein auf den LSD-Parties, die damals in geheimen Räumen in Rodenkirchen zelebriert wurden.

Nach drei Monaten schloss ich erstmals wieder die Tür in der Gutenbergstraße auf. Ich betrat das Ladenlokal, zog die Rollläden hoch und lüftete. Noch vier Wochen lief der Vertrag, danach musste ich mit meinem Kram raus sein. Was sollte ich mit den drei Nähmaschinen machen? Verkaufen? Im Regal lagen noch Berge von Lederstücken, in allen möglichen Farben. Für was könnte ich die noch gebrauchen?

Auf dem Weg nach Silverstone hatte ich mir in London auf dem Flohmarkt eine gebrauchte Jacke aus dunkelgrünem Glattleder gekauft. Unauffällig geschnitten, gerade runterhängend bis knapp über den Hintern, mit einem angeknitterten Kragen, den ich immer hochschlug, und schrägen Taschen links und rechts, in denen man beim Spazieren bequem die Hände vergraben konnte. Ich liebte diese Jacke. Sie passte, als hätte ich sie mir selbst geschneidert. Aber ich hatte sie gebraucht gekauft, das Leder war an beiden Ellenbogen durchgescheuert, das Futter wurde morsch, und die Nähte musste ich wöchentlich an immer neuen Stellen nachbessern.

Die Jacke hatte ich fast täglich an. An jenem Nachmittag auch. Ich zog sie aus und legte sie auf den Arbeitstisch. Das Teil war aus dickem Leder und mit seidig schimmerndem Stoff gefüttert. Das zu kopieren wäre mir zu viel Arbeit gewesen, außerdem hatte ich nur mein Wildleder, das weich war und sich nicht für Allwetterjacken eignete. Ich beschloss, eine Art Indoor-Lederjacke zu kreieren, geschnitten wie eine Mischung aus meiner Flohmarktjacke und einem Holzfällerhemd, das man über der Hose trug, und mit Hemdenschnitten hatte ich ja schon einige Erfahrungen gesammelt.

Als ich aber meine Lederstücke auslegte, um eine Farbe zu wählen, erkannte ich, dass die Stücke alle nicht lang genug waren. Bei einem 1,90 Meter großen Mann wie mir betrug die Entfernung von der Schulter bis über den Hintern fast einen Meter. Die größten Stücke, die ich hatte, waren aber nur 80 Zentimeter lang. Also musste ich zwei Stücke aneinandernähen. Wo sollte diese Naht sitzen? Eine interessante Frage. Ich verspürte nach der dreimonatigen Schaffenspause wieder richtig Lust, mich in eine Sache wie diese zu vertiefen. Mit einer Flasche Bourbon und zwei Päckchen Zigaretten machte ich es mir in dem Laden gemütlich.

Da die Jacke für mich selbst sein sollte, kamen nur dezente Farbtöne in Frage, Braun, Dunkelblau, Schwarz. In schwarz hatte ich einige größere Stücke, aber nicht genug für den ganzen Schnitt. Ich legte andere Farben an das schwarze Stück und entschied mich nach intensiver Meditation für ein sattes Kornblumenblau. Wo und wie sollte ich die Farben aneinanderstoßen lassen? Schon wieder eine interessante Frage. Die Lederstücke waren nicht quadratisch, sondern hatten abgerundete Seiten. Das brachte mich auf die Idee, eine Jacke in Schwarz zu schneidern und darin einen breiten blauen Streifen einzuarbeiten, sowohl auf der Brust wie auf dem Rücken. Der Streifen sollte etwa 8 Zentimeter breit sein und von unter der Achsel über die Brust verlaufen, in einer Rundung nach unten abfallen und so in einer Spitze auf der Knopfleiste enden, dem entsprechend auf der Rückseite V-förmig in der Mittelnaht. Ein bisschen erinnerte mich meine Zeichnung an einen stilisierten Vogel. Sogleich begann mein Hirn zu tickern. Ich hieß in der Szene de Duv, also die Taube. Taube hieß auf Spanisch Paloma. Ich würde ein Label gründen und es Paloma nennen. Und die Jacken in diesem Design würden dann weltweit Palomas genannt. »Steht dir super deine Paloma, Schatz«, hörte ich eine hübsche Frau in ein stolzes Männerohr zwitschern. Namen und Design würde ich mir schützen lassen, und dann die Millionen scheffeln. Als die halbe Flasche Whisky leer war, fiel mir ein, dass ich normalerweise gar nicht so größenwahnsinnig war. Deshalb vertagte ich den Zuschnitt und machte Schluss für diese Nacht. Vielleicht hatte ich vor lauter Euphorie in meiner angenebelten Birne etwas übersehen oder vergessen. Ich würde darüber schlafen und morgen Stoffreste mitbringen, um den Prototyp meiner ersten Paloma zu erstellen, den ich dann selbst als Model im Kölner Nachtleben ausführen würde.

Ich fuhr zur Palmstraße und nahm ein paar Drinks im Big Ben.

Am nächsten Abend hatte ich meine erste zweifarbige Lederjacke fertig. Ich zog sie an und setzte mich ins Fontana. Ich hatte meinen ersten Wodka Lemon noch nicht geleert, da saß der erste Kandidat mir gegenüber und fleht mich an, ihm auch so eine Jacke zu schneidern. Nach einer Stunde hatte ich bereits fünf Bestellungen. Da war ich es leid, zog die Jacke aus und stopfte sie in eine Plastiktüte.

Nach drei Tagen lieferte ich die fünf Jacken aus und bekam dafür jeweils 200 Mark. Der Schornstein rauchte wieder.

»Zeig die Jacke doch mal dem Manes«, riet mir einer meiner Kumpel.

»Welchem Manes?«, fragte ich.

»Dem vom ›Playman‹.«

Der Laden befand sich in der Streitzeuggasse mitten in der City und war damals Deutschlands umsatzstärkste Herrenboutique. Diese Rechnung bezog sich auf den Umsatz pro Quadratmeter, und der Playman war nur 50 Quadratmeter groß. Aber immerhin. Der Inhaber hieß Manfred »Manes« Fassbender. Er war ein verrückter Kerl mit großer Schnauze, aber feiner Nase für Trends.

Im Kielwasser der Hippiewelle befreite sich Ende der 60er auch die Herrenmode. Wenn man ein buntes Rüschenhemd über einer engen Samthose und Krokostiefel trug, wurde man nicht mehr gleich in die Schwulenkiste gepackt. Manes Fassbender war der Erste in Köln, der dieses neue, damals sympathisierend »ausgeflippt« genannte Klientel bediente. Er ließ hautenge, bunt gestreifte Ringelpullover stricken, er verkaufte als Erster indische Seidenhemden mit wilden Ornamenten, er ließ aus London hochhackige Stiefeletten mit seitlichem Gummizug kommen, er hängte den Männern Indianerschmuck um Hälse und Handgelenke.

Als ich zu ihm in den Laden kam, schauten wir uns in die Augen, und wir mochten uns auf Anhieb. Und er mochte meine Jacke.

Während der nächsten Tage produzierte ich in der Gutenbergstraße die ersten Palomas für den berühmten Playman.

Das Geheimnis war der Schnitt beziehungsweise der Zuschnitt der Lederteile. Für den farblich abgesetzten Streifen brauchte ich vier Stücke, zwei für die Brust und zwei für den Rücken, von der Hauptfarbe jeweils vier Teile vorn und vier hinten, für die Arme je einen und für die Kragen zwei. Meine Paloma bestand also aus sechzehn Lederteilen, die ich mit sichtbaren Fäden aneinandernähte, dann klebte ich unten am Saum und von den Ärmeln ein fingerbreites Stück um, ging mit der Nähmaschine drüber und machte vorn vier

Knöpfe dran. Ein eingearbeitetes Futter aus Seide oder Kunstfaser hätte die Produktionszeit verdoppelt, deshalb mussten meine Kunden darauf verzichten.

Am Abend brachte ich um kurz vor halb sieben meine Tagesproduktion zum Playman. Manes hängte sie auf Bügel, machte den Laden dicht, und wir starteten gemeinsam in die Nacht. Darauf stand der Manes genauso wie ich. Abjagen ohne Ende.

Aber am nächsten Morgen um zehn stand der Manes wieder in seinem Laden, egal wie spät es in der Nacht zuvor geworden war. Mittags hatte der Playman dann meist schon alle meine Palomas verkauft, während ich brav in der Gutenbergstraße hockte und für Nachschub sorgte. Ich kombinierte die Farben, machte braune Jacken mit rotem Streifen, dunkelgrüne mit hellgrünem Streifen, blau mit violett und so weiter, bis ich mein ganzes Leder verbraucht hatte. Dann bestellte ich die Farben nach, die bei Manes am besten liefen. Eine Woche bevor ich aus der Gutenbergstraße rausmusste, machte Manes mir den Kontakt nach Frankfurt zu einem Händler, der sofort vierzig Stück orderte und bei rascher Lieferung und konstanter Qualität weitaus größere Nachbestellungen in Aussicht stellte. Dieses Geschäft wollte ich mir nicht durch die Lappen gehen lassen. Ich mietete einen großen Fertigungsraum mit zwei Büros an der Aachener Straße, im letzten Haus rechts vor der Autobahn, und trommelte Slavko und Kemal herbei. Wir schleppten unseren Kram aus der Gutenbergstraße nach Junkersdorf und legten los.

Bald saßen wir dort mit acht Leuten und produzierten meine Palomas.

Der Frankfurter Kunde war begeistert, und er hielt Wort. Er brachte mich auf die Messe, und da füllte sich mein Auftragsbuch im Minutentakt. Aber jetzt arbeitete ich für Großhändler und renommierte Ausstatter, jetzt musste ich Rechnungen schreiben, Konten führen und das Finanzamt mit einer ordentlichen Buchführung befriedigen. Natürlich durfte und konnte es nicht mehr so chaotisch wie während der Hotpants-Zeit mit Potato Mäc laufen, aber dass ich jetzt einen Großteil meiner Energie damit vergeuden sollte, Zahlen einzutippen, Adressen zu schreiben, Zettel zu sortieren und Überweisungen zu kontrollieren, nervte mich extrem.

Da ich immer noch jeden Abend in der Stadt unterwegs war und mit vielen Bekannten über mein Dilemma geredet hatte, sprach mich eines Abends Ulre Fettchen an. Eigentlich hieß er Ulrich, aber seit er ein paar Jahre am Kartäuserwall gegenüber der Ulrepforte gewohnt hatte, nannten ihn alle nur noch Ulre. Ihm war's lieber, als Uli genannt zu werden, denn davon gab's Hunderte.

Ulre war ein Bekannter meines jüngeren Bruders, nicht unbedingt ein Kumpel von ihm. Ulres Gesicht war bekannt, und man sprach mit einer gewissen Hochachtung über ihn. Er hatte selbst mal Musik gemacht und managte jetzt irgendwas bei einem Plattenlabel rum. Allein schon das Gerücht, man würde sich auf diesem Parkett bewegen, war damals so ähnlich wie »beim WDR« zu sein. Das wirkte bei vielen adulten Weibchen wie ein Aphrodisiakum. Zudem sah Ulre ganz gut aus, konnte sich ganz gut benehmen und sehr gut verkaufen, vor allem sich selbst. Er wohnte mit seiner Frau Petra in einer schicken Wohnung in Lindenthal, fuhr eine amerikanische Limousine und stand in dem Ruf, ein cleverer Mann zu sein, der weiß, in welchem Keller der Champagner lagert.

An jenem Abend stellte sich der Ulre neben mich und sagte, er habe gehört, dass mein Geschäft mit den Lederjacken super laufe, dass es aber noch viel besser laufen könne, wenn man die Sache größer und professioneller aufziehen würde.

»Mein Problem ist nicht zu expandieren, mein Problem ist, den Betrieb im Griff zu halten, so wie er ist, mit den aktuellen Umsätzen«, erklärte ich. »Ideen zu entwickeln, sie umzusetzen und anzuschieben, das ist mein Ding. Aber die Idee dann zu verwerten, nee. Ich bin kein Erbsenzähler, kein Sesselpuper. Ich muss nachts raus, ich will Spaß haben am Leben. Kohle machen ist gut, klar. Wichtig ist Kohle auch. Aber nur, um damit die Freizeit zu finanzieren.«

»Das ist völlig okay«, sagte Ulre, »du bist eben einer von den Kreativen. Die müssen richtig betreut, geführt und beraten werden. Glaub mir, ich hab viel mit Musikern zu tun. Die lassen sich reihenweise verarschen von ihren Managern. Selbst die ganz großen wie die Rolling Stones.«

»Bleib auf dem Teppich.«

»Ich will nur sagen«, vertiefte Ulre, »dass ich denke, aus dir könnte ein ganz Großer werden.«

»Gelaber.«

»Vor Kurzem liefen alle in deinen Hotpants rum«, sagte er.

»Stimmt«, bestätigte ich nicht ohne Stolz. »da haben wir schätzungsweise zehntausend von verkauft.«

»Nicht schlecht, von der Kohle hast du dir bestimmt eine Wohnung gekauft und eine Segeljacht.«

»Weder noch«, sagte ich völlig unbeeindruckt. »Die Kohle habe ich verblasen. Und das ist gut so.«

»Rock 'n' Roll.«

»Genau.«

»Trotzdem wär's doch nicht verkehrt, wenn jetzt noch was auf dem Konto wäre.«

»Es kommt wieder jede Menge rein zurzeit.«

»Und in zwei Jahren kommt das Finanzamt, schätzt dich, und du bist geputzt wie das Herrenklo im Nonnenkloster.«

»Dann ist das eben so.«

»Ich meine es ernst, Duv, du brauchst einen starken Partner.

Dann können dich in fünf Jahren alle am Arsch lecken. Dann sitzt du in der Karibik und lässt dir die Eier vergolden.«

Ich drückte meine Zigarette im Aschenbecher aus und schaute Ulre offen ins Gesicht.

»Nenn mir den Namen von einem, auf den ich mich verlassen kann.«

»Ulre Fettchen«, sagte er. »Dein Partner steht vor dir.«

»Wie stellst du dir das vor?«

»Du kümmerst dich um die Ideen, die Schnitte und die Produktion. Ich organisiere den Vertrieb, regle den Bürokram und sorge dafür, dass die Steuer nicht den ganzen Gewinn wieder absaugt.«

»Wie könnte das laufen zwischen uns?«

»Wir müssen eine Rechtsform finden, vielleicht eine GbR gründen oder eine GmbH«, sagte Ulre. »Wir sollten uns mit einem Steuerberater zusammensetzen und die Möglichkeiten mal durchspielen.«

»Ich habe die Produktion ans Laufen gebracht, ich habe die Auftragsbücher bis zum Anschlag gefüllt«, sagte ich, »da müsstest du schon ein paar Mark auf den Tisch des Hauses legen, wenn ich dich mit ins Himmelbett nehme.«

»Selbstredend, Duv. Alles fair und korrekt. Ich komme morgen vorbei, schaue mir deine Firma an, und dann mache ich dir ein Angebot.« Ulre kam am nächsten Tag in seinem Ami-Schlitten vorgefahren, und ich zeigte ihm meine Firma. Während wir bei einer Tasse Kaffee in meinem Büro saßen, riefen mehrere Händler an und gaben ihre Bestellungen durch.

»Was hast du in den Laden hier investiert?«, fragte Ulre.

»Das kann ich so nicht sagen. Ich habe meine Jacken an den Start gebracht und kann mich vor Aufträgen nicht retten. Das ist mein Kapital.«

»Da hast du recht. Was meinst du, ist deine Firma wert?«

Ich überlegte einen Moment. Auf dem Konto waren mehr als 50.000 Mark. Ich hatte noch diverse Außenstände, und das Auftragsbuch war voll.

»Inklusive Lagerbestand und Maschinen würde ich 300.000 sagen.«

Damit hatte Ulre nicht gerechnet. »Das ist zu viel.«

»Sag was.«

»Die Hälfte.«

»Zu wenig.«

»Okay. Ich gebe dir 250.000 und wir sind Partner.«

Nach einer nicht allzu langen Bedenkzeit reichte ich ihm die Hand.

Ulre richtete sich in dem zweiten Büroraum ein und machte sich an die Arbeit. Ich konnte mich auf Entwürfe und Zuschnitte konzentrieren, und Ulre regelte den Rest.

Ich entwarf ein Paloma-Model für Damen, das sofort gut ankam. Auf Dauer sind die weiblichen Kunden die interessanteren. Sie wechseln häufiger, während Männer gerne ihre gewohnte Kleidung tragen. Gerade bei Leder. Je speckiger die Jacke, desto mehr wird sie geliebt. Noch heute haben ein paar meiner damaligen Kunden eine Paloma am Garderobenhaken hängen.

Wir stellten vier weitere Angestellte ein und erhöhten die Produktion. Ulre tat neue Kunden in Hamburg und München auf, und unser Kontostand wuchs stetig.

13.

Der einzige Kunde, den ich persönlich belieferte und der mich auch persönlich in bar bezahlte, war Playman Manes. Immer kurz vor Ladenschluss. Danach zogen wir los. Kopfüber in die Nacht.

Der Manes war ein Original, der ging in irgendein Lokal, setzte sich in der Nähe des Eingangs an die Theke, bestellte eine Flasche Wodka, knöpfte sein Hemd bis zum Bauchnabel auf und sprach jedes halbwegs gut aussehende Mädel, das reinkam auf die ganz offensive Tour an, völlig egal ob es in männlicher Begleitung war oder nicht. »Komm mal her, Liebchen, komm mal zum Onkel Manes. Schick' den Tuppes nach Hause, und komm beim Manes hier auf den Schoß!«

Er hatte oft Erfolg mit seiner Tour, und wir landeten bei vielen Bräuten in den Schlafzimmern. Manchmal aber, wenn die Mädchen klargemacht waren und schon ihre Jäckchen vom Haken unter dem Thekenbrett nahmen, gingen wir zwei aufs Klo und hauten durch den Notausgang ab. Den Abend schon um 11 Uhr im Bett einer Gerling-Sekretärin oder einer Arzthelferin zu beenden, war nicht unbedingt unser Ziel. Das Theater, die Sprüche, der Spaß, das war entscheidend.

Wir standen oft an der Theke, und wenn gerade keine Bräute in der Nähe waren, die wir belabern konnten, drehte einer von uns die rechte Faust in der Luft und machte: »Brumm Brumm!« Das bedeutete »Motorrad fahren«. Manes hatte die erste 1000er-Kawasaki, die in Köln zugelassen war. Eine Rakete. Manes' Lieblingsstrecke war die Nord-Süd-Fahrt. Er schoss hinter der Oper in den Tunnel unter der

Schildergasse und flog hinten am Fernmeldeamt wieder aus der Versenkung. Diese Kuhle war Manes' Adrenalinquelle. Er riss das Gas auf und stürzte sich mit lautem Kriegsgeschrei in die Höhle. Und oft saß ich dabei hintendrauf. Helme waren damals noch nicht Pflicht, und Radarkontrollen gab es nicht. Ein Polizeiwagen musste einen verfolgen, und nur anhand der Anzeige auf dessen Tacho konnte man verknackt werden. Aber nachts oder am frühen Morgen waren nicht viele Autos unterwegs und man konnte frühzeitig erkennen, ob einem ein Polizeifahrzeug entgegenkam oder bereits auf den Fersen war. Dann gab es immer noch zwei Möglichkeiten. Entweder man fuhr ab dem Moment brav die erlaubten fünfzig Stundenkilometer, oder man gab Gas. Kein Auto der Welt hätte Manes' Kawa folgen können.

Einmal beim Umschalten vom zweiten in den dritten Gang konnte ich mich nicht mehr halten und kippte nach hinten weg. Manes erzählte später, er hätte meine Beine an sich vorbeifliegen sehen, als ich den Abgang machte. Meine Hose schrubbte den Asphalt und löste sich auf, und das Portemonnaie rettete mir den Arsch. Denn ich hatte es in der rechten hinteren Tasche, und das Leder löste sich bei meiner Notlandung in seine Bestandteile auf. Manes ging in die Eisen, drehte auf der Spur, ließ mich aufsteigen und *Wrumm* waren wir weg.

Zweimal die Woche fuhren wir mit seinem Ferrari Dino nach Düsseldorf ins New Orleans, einen Klub mit einer extremen Dichte an schönen Frauen. Da ließen wir dann ordentlich die Sau raus, und nach ein bis zwei Flaschen Wodka ging's zurück auf die Autobahn. Eines Morgens hielt kurz vor der Auffahrt am Südkreuz eine Streife neben uns. Manes musste seine Papiere zeigen. Die Polizisten merkten gleich, dass wir sternhagelvoll waren. Sie nahmen uns mit zur Wache, ließen Manes ins Röhrchen blasen und mit geschlossenen

Augen auf einem Strich balancieren. Der Herrenausstatter fiel bei dem Test durch, und obwohl das Blasgerät ordentlich Promille angezeigt hatte, waren die Jungs so nett, uns ein akzeptables Angebot zu unterbreiten. Wir sollten ein Bußgeld in Höhe von 60 Mark zahlen und mit dem Zug nach Hause fahren. Damit wäre der Fall erledigt. Das Angebot nahmen wir natürlich an. Doch als wir draußen auf der Straße standen und die Sonne gerade aufging, da dachten wir, es wäre zu kompliziert, jetzt mit dem Zug nach Köln zu fahren und dann morgen wieder hier den Ferrari abzuholen. Der Wagen stand etwa eine halbe Stunde entfernt, und wir machten uns auf den Weg. Als wir dort ankamen, fühlte sich Manes genügend ausgenüchtert, um den Wagen in den heimatlichen Hafen zurückzusteuern. Wir setzten uns in die italienische Rakete, und Manes ließ den Motor an. Doch da standen wieder die Polizisten neben uns und sagten, so etwas hätten sie sich leider fast gedacht. Sie nahmen Schlüssel und Papiere an sich und brachten uns zum Hauptbahnhof.

Am nächsten Tag händigte man Manes auf der Wache die sichergestellten Gegenstände wieder aus, und damit war die Kuh vom Eis. Manes bestieg seinen Sportwagen und heizte los.

Aber manchmal verliefen die Abende mit Manes auch anders. Dann tranken wir in irgendeiner leeren Bar eine Flasche Wodka und fingen an zu spinnen. Wir skizzierten Kollektionen auf Bierdeckeln und Skatblöckchen und lachten über unsere hochfliegenden Pläne. Wenn nur zehn Prozent von dem geklappt hätte, was wir damals ausheckten, wäre ich niemals auf die Idee gekommen, Dollar-Blüten zu drucken. Ich hätte heute im Safe genug echte Scheine für drei Leben.

Unsere Firma florierte. Ulre Fettchen hielt den Laden im Griff, und wenn Not am Mann war, brachte er seine Frau Petra mit, die dann Ablage machte oder auch mal Kunden besuchte.

Jede Woche sprach ich Ulre auf die Überweisung der verabredeten 250.000 Mark an, aber immer beruhigte mein Partner mich, die kämen von seinem Vater jetzt bald rüber, das sei alles kein Problem.

Nach ein paar Monaten brachte Ulre seinen Steuerberater mit. Der Mann schaute mich aus tief besorgten Augen an. Er habe eine Anfrage beim zuständigen Finanzamt gestellt, erklärte er, man sei mir auf den Fersen wegen meiner früheren Hotpants-Produktion. Früher oder später würden die mich am Arsch packen, und dann wäre die jetzige Firma mit Sicherheit weg. Am besten sei es, wenn eine vertrauenswürdige Person pro forma die Firma übernähme, um damit das Kapital vor dem Fiskus zu retten und mich zu entlasten. De facto würde sich selbstverständlich nichts ändern, ich und Ulre, der nächste Woche auch hundertprozentig seinen Anteil auf das Firmenkonto überweisen würde, blieben gleichberechtigte Partner. Als ich nachfragte, welche vertrauenswürdige Person ihnen denn vorschwebe, schauten sich die Herren mit Unschuldsmienen an, zuckten mit den Schultern und schlugen Ulres Frau Petra vor. Der Steuerberater hatte schon ein Papier vorbereitet, das ich gleich unterzeichnen könne, dann sei ich alle Sorgen los. Ich überflog den Schriftsatz und unterschieb.

Es ging ein Jahr lang gut. Dann mussten sich Potato Mäc und ich vor Gericht einfinden. Verhandelt wurde die Anzeige wegen groben Unfugs. Diese bekloppte Sache mit dem Heinkel Kabinenroller lag ewig zurück, und die Verhandlung war schon mehrfach verschoben worden. Einmal hatte Mäc ein Attest vorgelegt, einmal hatte sein Anwalt einen Formfehler moniert. Jetzt aber war Verhandlung in der letzten Instanz. Der Richter zeigte keinerlei Verständnis für unseren zugegebenermaßen pubertären Scherz und brummte uns vier Monate auf. Bei Mäc wurde die Haftstrafe zur Bewährung ausgesetzt. Bei mir nicht. Weil ich vorbestraft war. In vier Tagen musste ich in Oberems antreten.

Mit Petra und Ulre traf ich mich zu einem netten Abendessen, während dessen Verlauf mir die beiden mehrfach versicherten, die Firma gewissenhaft und in meinem Sinn weiterzuführen, bis ich wieder raus sei. Ich solle mir bloß keine Sorgen machen. Es täte Ulre auch total leid, dass die 250.000 immer noch nicht da seien, aber sein Vater wäre schon etwas tatterig, und der habe bei der Überweisung einen Zahlendreher dringehabt. Ulre aber habe mit dem verantwortlichen Bankangestellten persönlich gesprochen, nächste Woche wäre die Kohle da.

Was sollte ich machen? Ich ging am nächsten Morgen zur Stadtsparkasse, eröffnete dort ein privates Konto für die zu erwartenden 250.000 Mark und erfragte den aktuellen Stand des Firmenkontos: 490.000 Mark Plus.

Nachdem ich mich von Slavko, Kemal & Co. verabschiedet hatte, ging ich am Abend mit Manes noch mal richtig auf die Piste.

Während der Wochen in Oberems, einem sehr humanen Knast für Verkehrssünder und reuige Eierdiebe, entwarf ich abends Kollektionen und schickte sie per Post an meine Firma. Nach vier Wochen wunderte ich mich etwas, warum weder mein Partner Ulre noch seine Frau Petra darauf reagierten. Auch schaute keiner der beiden mal vorbei, um mir Hallo zu sagen und zu berichten, was in Köln so abging.

Einmal kam Mäc vorbei und erzählte, er sei mit einer Fuhre Klamotten aus Paris nach Spanien gefahren, um den Markt da mal anzutesten. Bis auf eine Nacht mit einer Boutiquenbesitzerin aus der Nähe von Alicante, mit der er auf der Motorjacht ihres Ehemanns gevögelt habe, sei nicht viel gelaufen. Die hätten in Spanien viel billiges Zeug aus Nordafrika und sogar aus Mexiko. Der Pariser Kram sei zu teuer für die. Egal. Er sei noch ein paar Tage in Sitges gewesen. Da habe sich was ergeben, da müssten wir drüber reden, wenn ich wieder raus sei. So war er, der Mäc. Immer große Sprüche, immer irgendwelche Pläne im Kopf.

Mein Bruder Ecki stand am Tag meiner Entlassung neben seinem Auto vor der Anstaltstür. Wir stiegen ein, und er fuhr mich zu meiner Firma. Ich betrat den Produktionsraum und merkte gleich, dass hier etwas nicht stimmte. Denn meine vier Urgesteine Slavko, Kemal, Anni und Mukadez waren nicht mehr da. An ihren Plätzen arbeiteten Menschen, die ich noch nie gesehen hatte. Ich ging zu Ulres Büro. Die Tür stand offen. Mein Partner schaute von seiner Schreibtischplatte auf und nickte. »Tag, Duv.«

»Was ist hier los? Wo sind meine Leute?«

»Es sind nicht mehr deine Leute.«

»Was redest du da für einen Scheiß?«

»Es hat sich was verändert hier.«

»Was hat sich verändert?«

»Du bist raus.«

»Wie meinst du das?«

»Der Laden gehört Petra. Du hast ihr den Betrieb überschrieben.«

»Du mieses Schwein!«

»Tut mir leid.«

»Tut dir leid?«, brüllte ich. »Du scheinheiliges Arschgesicht! Das sind alles meine Ideen, meine Kollektionen, mein Kapital!«

»Petra macht jetzt die Kollektion.«

Ich musste erst mal durchatmen. Dieses Dreckschwein hatte es offenbar von Anfang an darauf angelegt, mir den Laden zu stehlen. Schon damals, als er mich in der Bar angesprochen und mit seinen Schleimfäden umgarnt hatte. Und ich gutgläubiger Idiot war darauf reingefallen.

»Hör zu, du Sau«, sagte ich. »Als ich in den Bau ging, waren fast 500.000 Mark auf dem Firmenkonto. Und 250.000 schuldetest du mir sowieso noch als Beteilung. Gib mir die und die Hälfte von dem Kapital. 250.000 plus 250.000, dann könnt ihr den Betrieb haben, ihr hinterfotzigen Betrüger!«

Ulre Fettchen schüttelte den Kopf und schwieg.

»Was willst du mir mit deinem dämlichen Kopfschütteln sagen?«, schrie ich ihn an.

»Das Geld ist weg vom Konto«, sagte er leise. »Petra hat es jetzt, ganz legal. Es gehört ihr. Du hast es unterschrieben.«

Fassungslos starrte ich ihn an. Wie konnten Menschen so sein? Ich packte es einfach nicht. Es tat weh wie Hölle.

Mir war natürlich in dem Moment sonnenklar, so abgrundtief mies Ulre und Petra Fettchen nun mal offensichtlich waren, hatten sie meinen Ausstieg juristisch absolut niet- und nagelfest eingetütet, und ich hatte keine legale Chance mehr, mein Geld, geschweige meine Firma zurückzubekommen.

»Okay«, sagte ich. »Ich war im Knast, ich muss meine Miete zahlen, ich brauche was zu beißen. Gib mir sofort mal 5000.«

Ulre zog seine Brieftasche, klappte sie auf und gab mir die Scheine, die sich darin befanden.

»Mehr als 400 hab ich nicht«, sagte er.

»400?«, erwiderte ich. »Dafür bekomme ich ja noch nicht mal eine 9-Millimeter, um dir die Kniescheiben wegzuschießen!«

Ich nahm die vier Scheine vom Tisch, riss sie in kleine Schnipsel und warf sie ihm ins Gesicht.

Meine Wohnung in der Bismarckstraße musste ich aufgeben. Wieder mal ließ mich Kumpel Dünkelmann bei sich auf der Couch schlafen, in seinem Apartment am Zülpicher Platz.

Damit ich wieder auf andere Gedanken käme, schlug Potato Mäc einen Trip nach Sitges vor, dem Ort an der Costa Dorada, in dem seit Mitte der 60er jede Nacht der Bär mit der Bärin tanzte. Ich war damals schon fünfmal dort gewesen, immer hatte ich gigantischen Spaß gehabt, immer hatten wechselnde charmante Bekanntschaften in den lauen Sommernächten meinen Hormonhaushalt auf höchst erfreulichem Niveau stabilisiert.

Wir fuhren mit Mäcs bulligem S-Mercedes runter und jagten ab, was das Zeug hielt. Unser Stammlokal wurde das LUNA LLENA, eine brodelnde kleine Bar mit sechs Zimmern darüber. Der Chef hieß Jorge, wurde von allen aber englisch *George* genannt. Gleich bei unserem ersten Besuch freundeten wir uns an. Jorge war ein cleverer Mann, der außer der »Vollmondbar«, wie sie bei uns hieß, noch eine gut laufende Diskothek und zwei Pensionen betrieb. Er liebte die deutschen Frauen, weil sie sich von ihm reihenweise flachlegen ließen, und er liebte die deutschen Männer, weil sie bei ihm ihr Geld versoffen. Und er liebte deutsche Autos, vor allem aus dem Hause Mercedes-Benz. Damals war der europäische Markt noch nicht offen, da war Spanien ein Billiglohnland und Luxuswagen aus England, Italien oder Deutschland auf der iberischen Halbinsel beinahe unerschwinglich. Ausnahmen waren gebrauchte Fahrzeuge. Ab einem Alter von acht Jahren musste man sie bei der Einfuhr nicht mehr verzollen und auch die Mehrwertsteuer nicht zurückzahlen. Mehr aus Quatsch sagte ich Jorge zu vorgerückter Stunde, als wir uns mal wieder pudelwohl in seiner Bar fühlten, wenn er uns das Lokal dafür gäbe, bekäme er von uns einen tipptopp gepflegten 230 SL, eine acht Jahre alte *Pagode*. Jorge zögerte keine Sekunde und streckte uns die Hand entgegen. Wir schlugen ein und tranken Gin mit Sekt bis die Morgensonne so viel wärmende Energie lieferte, dass wir es uns auf Strandliegen bequem machen konnten.

Nachmittags nippten wir am *Café solo* und fragten uns, ob Jorge das Angebot wirklich ernst gemeint hatte. Wenn ja, dann wäre das eine prima Sache. Wir würden hier die Kneipe machen, könnten darüber wohnen und die ganze Kölner Ringszene zu uns locken. Wir würden uns abwechseln, immer einer hier und der andere in Köln. Nebenbei könnte man bei der Pendelei noch das eine oder andere Im- und Exportgeschäftchen mitnehmen. Auch die Durchquerung von Frankreich böte in der Hinsicht gewisse Möglichkeiten. Wir waren wieder super drauf und wechselten von *Cafés solos* auf *Carajios.*

Als uns Jorge am Abend im LUNA LLENA schon ungeduldig erwartete und bedrängte, das Geschäft möglichst schnell durchzuziehen, tanzten wir auf der Theke.

Wir starteten am nächsten Nachmittag und lösten uns alle drei Stunden am Steuer von Mäcs Mercedes ab. Am Mittag hielten wir vor Hagedorns Autoplatz am Barbarossaplatz. Der Wohnwagen, in dem ich einst mit »Jack« die Nächte verbracht hatte, stand immer noch neben der Bürobude. Und in vorderster Reihe stand ein cremefarbener Mercedes 230 SL, Baujahr 1965, scheckheftgepflegt, aus erster Hand, erst 38.000 Kilometer gelaufen, für 4500 Mark. Nicht viel für eine Bar an der Costa Dorada. Zu viel für zwei geputzte Traumtänzer wie uns.

Aber dieses Mal ließen wir nicht locker, wir gingen unabhängig voneinander auf alle möglichen Kreditgeber los, und unsere Euphorie half enorm, gegen die Zusage einer 10-prozentigen Verzinsung pro Monat, einiges an Kohle loszueisen. Als wir uns drei Tage später vor Hagedorns Bürobude trafen, hatte Mäc 3800 Mark eingesammelt und ich 3400.

Am nächsten Abend rollte unsere Pagode in die Altstadt Barcelonas ein, wir klappten das Verdeck auf, umkreisten mehrfach die nach Amerika weisende Statue des Cristobal Colon und nahmen dabei den Blickkontakt mit zwei blonden Damen auf, die auf einem Steinsockel am Fuße des Entdeckers saßen und Eis leckten.

Wie sich wenig später herausstellte, hießen sie Elvi und Margeta und stammten aus der schwedischen Provinz. Wir verbrachten den Abend und die Nacht zusammen und fuhren am nächsten Tag zum Strand. Zu viert im Zweisitzer. Da ich die längsten Beine hatte, saß ich am Steuer, Mäc hatte auf jedem Knie ein Mädchen sitzen, die in jeder Kurve jauchzten und bei jedem Schlagloch jaulten. Es war ein wunderbarer Tag. Eng umschlungen standen Elvi mit Mäc und ein Stück davon entfernt Margeta mit mir bis zum Hals im Wasser. Beziehungsweise nur Mäc und ich standen, die Mädchen hatten ihre Fesseln über unseren entblößten Hintern verknotet und genossen schwerelos die sanft federnde Hydraulik.

Als wir die Mädchen am Abend vor ihrer Pension absetzten, war Mäc so aufgekratzt, dass er vorschlug, die Pagode, bevor wir sie morgen in Sitges gegen Jorges Bar eintauschen würden, noch mal richtig durch die Straßen zu jagen. Das ging ungefähr anderthalb Stunden gut. Dann übersah Mäc eine rote Ampel, musste einem von rechts anrauschenden Lieferwagen ausweichen und touchierte dabei einen Poller am Straßenrand. Wir stiegen aus und musterten den Schaden.

»Scheiße«, sagte Mäc. »Das war's dann wohl.«

»Wieso?« Ich wollte nicht so schnell aufgeben. »In Spanien sind die Löhne nicht so hoch. Wir lassen den Schaden reparieren.«

Der Vorteil an der Sache war, dass wir die drei Tage, die unsere Pagode in der Werkstatt verbrachte, die Betten mit Elvi und Margeta teilen durften, der Nachteil, dass wir mal wieder so gut wie pleite waren, als wir den SL aus der Werkstatt steuerten. Aber die Mechaniker hatten gut gearbeitet, der Wagen hatte keine sichtbaren Narben zurück behalten.

Jetzt hieß es Abschied nehmen von unseren Skandinavierinnen, und Mäc schlug vor, die beiden Mädchen als Dank für ihr bereitwillig gewährtes Asyl in ein rustikales Restaurant einzuladen, das sich in der Nähe Barcelonas auf einem Berg befand und von dessen Terrasse aus man den Sonnenuntergang genießen konnte. Elvi, die sich das Bett drei Nächte lang mit dem nicht gerade filigranen Mäc geteilt hatte, schmerzte der Rücken, und zudem revoltierte ihr Magen. Kurz vor unserer Verabredung kotzte sie. Margeta aber wollte mitkommen. Im Nachhinein wäre es wohl besser gewesen, wenn auch sie sich vor dem Start übergeben hätte. Allein wären Mäc und ich bestimmt nicht zu dem romantischen Panoramarestaurant aufgebrochen. So aber saß ich auf dem Beifahrersitz, Margeta auf meinem Schoß und Mäc am Steuer. Vielleicht war mein Kumpel auch angesäuert, weil Elvi abgesagt hatte, und er wollte auf der Serpentine etwas Dampf ablassen. Tatsache ist, wir kamen an jenem Abend nicht ins Restaurant, sondern ins Krankenhaus. Mäc ließ es furchtbar krachen, er quälte Reifen und Getriebe in jeder Kurve und verlor auf einem kleinen Viadukt die Kontrolle. Wir kamen von der Straße ab, überschlugen uns und stürzten in eine Mulde, mit den Rädern nach oben. Wie wir diesen Unfall überleben konnten, ist mir bis heute schleierhaft. Für Mäc und Margeta war es vermutlich lebensrettend, dass es damals noch keine Sicherheitsgurte gab. Sie purzelten vor dem Aufprall seitlich aus dem Cabrio. Nur ich kam nicht raus, weil das Mädchen ja auf meinem Schoß gesessen hatte. Ich knallte mit dem Kopf auf einen Stein und hing in der Pagode fest. Der Tank war leckgeschlagen, der Sprit sickerte in den Boden, und dieser Geruch versetzte Mäc in höchste Alarmbereitschaft. Er checkte die Lage, holt einen dicken Felsbrocken, zertrümmerte die Frontscheibe und zog mich aus der Karosse heraus. Ich blutete stark aus der Schädeldecke. Der Fahrer des Seats, den wir kurz vor dem Unfall überholt hatten, rief vom nächsten Dorf aus einen Notarzt an, und man brachte mich in ein Krankenhaus am Stadtrand Barcelonas. Ein sehr freundlicher Arzt behandelte mich. Er klammerte die Haut über dem Loch in meinem Schädel, streute Zinkpulver darauf und wand rund um meinen Kopf einen dekorativen Verband.

Die ganze Nacht kotzte ich, am folgenden Abend aber war ich wieder so weit, um mich von Margeta zu verabschieden und mit Mäc im Bummelzug nach Sitges zu fahren.

Wir schilderten Jorge unser Missgeschick. Der Gastronom hatte sich aber fest darauf eingestellt, seine »Vollmondbar« an uns abzugeben und sich dementsprechend selbst schon anderweitig verplant. Deshalb boten wir ihm an, bis zum Ende der Saison den Laden auf Stundenlohnbasis zu schmeißen.

Mäc stand nur zwei Nächte mit mir hinter der Theke, dann hatte er genug Geld zusammen für eine Zugfahrt nach Barcelona und ein Ticket für den Europa-Bus von dort bis nach Köln.

Mein Freund Dünkelmann hatte vor unserem Start in Köln angekündigt, uns in Sitges zu besuchen und für Umsatz in unserer Kneipe zu sorgen. Ich bat Mäc, den Kumpel darüber aufzuklären, wie sich die Dinge entwickelt hätten, und ihm auszurichten, dass ich froh wäre, wenn er irgendwann vor Herbstbeginn hier aufkreuzen würde, um mich dann wieder mit zurück in die Heimat zu nehmen.

Der Job im LUNA LLENA war hart, zumal wenn man, was bei mir der Fall war, ordentlich mitfeierte. An manchem Mittag, wenn ich verkatert in einem Strandkorb aufwachte, dachte ich, es sei vielleicht doch eine Fügung des Schicksals gewesen, dass die Pagode in die Schlucht gestürzt war. Denn hier als Barchef, das war mir schnell klar, wäre ich in ein paar Jahren total am Arsch. Das konnte mir zum Glück jetzt ja nicht mehr passieren.

Ich verdiente ganz gut, und als Dünkelmann endlich in einem VW-Cabrio und mit etwas Geld im Strumpf in Sitges einrollte, nahmen wir uns ein günstiges Pensionszimmer, und ich quittierte meinen Job als Barkeeper.

Dünkelmann war groß, durchtrainiert, blauäugig und blond. Er war ein Blickfang. Wenn wir uns am Strand niedergelassen hatten, zückten die Damen ihre Schminkspiegelchen und blendeten meinen Kumpel mit dem fokussierten Sonnenlicht. Er brauchte sich nur aufzurichten und zu schauen, wo die Sonne stand. Schlecht sah ich auch nicht aus, aber der Dünkelmann war ein Hit.

Wir hatten viel Spaß in den drei Wochen, in denen wir noch Geld besaßen. Dann mussten wir packen, denn die letzten Scheine brauchten wir für den Sprit auf der Rückfahrt. Wir waren aber in Sitges mittlerweile so beliebt – nicht nur bei der holden Weiblichkeit, sondern auch bei vielen Chicos, die uns fröhliche Jungs ins Herz geschlossen hatten –, dass mir einer für meine Armbanduhr 350 Mark bot. Ich schlug ein, und wir konnten weitere zehn Tage bleiben.

Doch dann kam der Tag, an dem wir endgültig packen mussten. Wir wollten in die Nacht hinein starten, um dann am nächsten Nachmittag in Köln zu sein. Dünkelmann hatte in der Nacht zuvor Helen aus Edinburgh kennengelernt, und er wollte sich von der hübschen Frau stilvoll verabschieden. Wir parkten das Cabrio vor Helens Apartment, und Dünkelmann sagte, er sei gleich zurück. Nach zehn Minuten kam er aus dem Haus und verkündete, er müsse noch mal kurz zu der Braut hoch, ich solle bitte ein bisschen am Strand spazieren gehen. Wenn ich eines nie gewesen bin, dann ein Spaßverderber. Da der Verschluss des Verdecks kaputt war und wir sowieso immer nur offen fuhren, nahm Dünkelmann unsere beiden Taschen von der Rückbank mit hoch in Helens Apartment, und ich ging zum Strand, trank ein paar Cuba libre an einer Bude und schwamm anschließend ein halbes Stündchen durch das im Mondschein glitzernde Mittelmeer.

In der nassen Badehose ging ich zurück zum Cabrio, setzte mich auf die Rückbank und schlummerte ein. Als mein Kumpel dann mit unseren Taschen endlich anrückte und mich wachrüttelte, fühlte ich mich ziemlich elend. Ich zog die immer noch feuchte Badehose aus und wickelte mich in so gut wie alle Klamotten ein, die ich in der Tasche hatte. Aber ich zitterte immer noch. Ich zitterte die ganze Fahrt über. Als wir in Köln ankamen, hatte ich hohes Fieber. Wir kauften von unserem letzten Geld ein paar Tabletten, und Dünkelmann bot mir an, mich in seinem Apartment am Zülpicher Platz auszukurieren. Er selbst könne ein paar Tage bei seiner Braut in Grevenbroich unterkommen, die sei sowieso froh, wenn sie ihn endlich mal wieder für eine überschaubare Zeit an ihrem Bettpfosten festbinden könne. In fünf Tagen käme er vorbei, und dann könne ich ihm den Schlüssel zurückgeben.

Ich legte mich in Dünkelmanns Apartment, schluckte die Tabletten und deckte mich mit allem an Bettzeug und Decken zu, was ich finden konnte. Aber mein Zustand besserte sich nicht. Im Gegenteil. Ich bekam heftigen Reizhusten, und meine Atmung verflachte. Außerdem hatte ich höllischen Durst, und essen sollte ich auch etwas. Aber auch wenn ich es wirklich bis zum nächsten Laden geschafft hätte, wäre die Aktion sinnlos gewesen, denn ich hatte keinen Pfennig Geld mehr.

Mir taten alle Knochen weh, und ich konnte meine Umgebung kaum noch wahrnehmen. Alles flimmerte und wankte. Ich schlief ein und hoffte auf den Erfolg des ultimativen Heilungsratschlags meines Opas: Schlaf dir die Krankheit aus den Knochen.

Aber als ich wieder zu mir kam, ging es mir noch schlechter. Ich versuchte aufzustehen, aber dazu fehlte die Kraft. Ich rollte aus dem Bett und kroch auf dem Bauch ins Bad. An der Kloschüssel zog ich mich so weit hoch, bis ich den grünen Schleim hineinwürgen konnte, der in meinem schmerzenden Bauch gebrodelt hatte. Mir wurde schwarz vor Augen.

Wie lange ich auf dem Steinboden vor dem Klo gelegen habe, weiß ich nicht. Aber ich wusste, dass es mit mir zu Ende ging, wenn nicht sehr bald etwas passierte. Ich tat es zwar nur ungern, aber jetzt musste die Familie eingreifen. Welche Telefonnummer kannte ich noch auswendig? Die Nummer von Klärelore in Riehl war doch relativ simpel, oder? Ich war davon überzeugt, ich bekäme sie zusammen.

Es dauerte sehr lange, bis ich zu Dünkelmanns Sideboard gekrochen war und endlich die Hörmuschel an mein Ohr drückte. Es ertönte kein Freizeichen. Dünkelmann hatte offenbar vergessen, die letzten Rechnungen zu bezahlen, und das Fernmeldeamt hatte die Leitung gekappt. Das war's dann. Aber hier auf dem Boden wollte ich nicht verrecken, so wollte ich nicht aufgefunden werden. Ich kehrte noch mal die letzten Energiekörner aus den hintersten Ecken meines Körpers zusammen und schaffte es bis zum Bett und dann sogar hoch auf die Matratze. Ich drehte mich auf den Rücken und schloss die Augen. Fünfunddreißig Jahre war ich geworden, ich hatte eine Menge erlebt, Gutes und Beschissenes. Immer hatte ich versucht, meinen Mann zu stehen. Ich hatte nie jemanden übers Ohr gehauen, und wenn es wirklich einen Gott gab, dann würde ich bald meinen Vater wiedersehen. Und meinen Großvater. Vielleicht könnten wir drei da oben irgendwas aufziehen. Vielleicht fuhren die Engelchen auf Hotpants ab, vielleicht auf Sauerkrautsaft, vielleicht auf Roulette oder Angel Dust. Ich lächelte vor mich hin.

Später erzählte Dünkelmann, ich hätte auch noch gelächelt, als er mich gefunden hat. Kaum noch geatmet, aber gelächelt.

Mit Blaulicht brachte man mich in die Uni-Klinik. Eine Stunde später, sagte der behandelnde Notarzt, wäre eine Stunde zu spät gewesen. Dünkelmann machte sich Vorwürfe, aber er hätte nicht gewusst, dass sein Telefon abgestellt war, und in der Schublade sei doch noch Bargeld gewesen, mindestens 300 Mark. Ich hätte mir Medikamente und was zu trinken und zu beißen kaufen oder vom Taxi bringen lassen oder von einer Zelle oder einer Kneipe aus telefonieren können.

»Meinst du im Ernst«, erwiderte ich, »ich durchwühle die Schubladen von einem Kumpel, wenn ich Kohle brauche? Im Leben nicht!«

14.

»Was ist los mit dir?«

Ich hörte eine Stimme und spürte eine Hand, die leicht an meinem Oberarm rüttelte. Ich schlug die Augen auf.

Es war fast dunkel in unserer Zelle. Nur etwas Mondlicht fiel durch das vergitterte Fenster. Es reichte aus, um Baschirs besorgten Blick zu erkennen.

»Ist was?«, stöhnte ich mit bleischwerer Zunge.

»Soll ich den Arzt rufen?«

»Warum das denn?«

»Du hast gehustet wie verrückt.«

»Ich huste doch jede Nacht, hast du gesagt.«

»Das stimmt«, sagte der tschetschenische Soldat, »aber heute Nacht war es ganz schlimm.«

»Tut mir leid, wenn ich dich gestört habe, aber ich kriege selbst davon nichts mit.«

»Das kann man kaum glauben. Dein ganzer Körper hat gerappelt, als würde er gleich in tausend Stücke zerrissen.«

»Wahrscheinlich hat sich mein zentrales Nervensystem an die ständigen Detonationen gewöhnt.«

»Ich dachte, du stirbst.«

»Keine Sorge.«

»Rauchen ist scheiße für dich. Rauchen ist was für Verlierer.«

»Ich weiß.«

»Nein, im Ernst«, sagte Baschir unbeirrt, »hast du schon mal einen Loser gesehen, der nicht raucht?«

Fast konnte ich schon wieder grinsen. »Aber nicht jeder Raucher ist ein Loser.«

»Belüg dich nur selbst.« Mein Zellengenosse schüttelte missbilligend den Kopf. »Warst du mal beim Arzt wegen deiner Lunge?«

Ich nickte. »Seit einer schweren Lungenentzündung habe ich ein paar Narben im rechten Flügel.«

»Kein Wunder, dass dich keine Frau geheiratet hat.«

»Am Husten hat's bestimmt nicht gelegen.«

»Den Horror in der Nacht hält keine Frau aus.«

»Es gibt getrennte Schlafzimmer.«

»Was brauche ich eine Frau, wenn ich nicht mit ihr in einem Zimmer schlafe?«

»Manchmal ist das besser.«

»Ich weiß nicht«, zweifelte Baschir. »Woran hat es sonst gelegen?«

»Dass ich nie geheiratet habe?«

»Ja.«

»Ich habe die Richtige nicht kennengelernt.«

»Das glaube ich nicht.«

Beim nächsten Hofgang sprach Joakim mich auf meinen lädierten Lungenflügel an. Baschir hatte ihm von meinen nächtlichen Hustexzessen erzählt.

»Soll ich dir die Wahrheit sagen, Joakim?«

»Ich bitte darum.«

»Wenn ich jetzt hier in irgendeiner Nacht an meinem Husten ersticke, dann ist mir das recht so.«

»Blödsinn«, sagte Joakim, »das wäre ein großer Verlust.«

»Für wen?«

»Für uns, für die Menschheit, für dich selbst.«

»Greif nicht so hoch.«

»Du hast tolle Kunst gemacht und verkauft, du hast Dollar-Noten hergestellt wie kein Mensch vor dir!« Er schaute mich mit seinem enthusiastischen Blick an und legte seine rechte Hand auf mein Herz. »Ich weiß, wir beide werden wunderbare Dinge auf die Beine stellen, wenn wir wieder draußen sind.«

»Das kann bei mir zehn Jahre dauern.«

»Wer sagt das? Es gibt immer eine Möglichkeit.«

»Die haben mich schon mal mit Dollars hochgenommen, jetzt sperren sie mich richtig weg.«

»Du hast mir erzählt, eine verdeckte Ermittlerin hätte dich überredet, ihr deine Dollars zu verkaufen.«

Ich nickte. »Ein halbes Jahr lang hat Susanne Wagental mich weichgekocht.«

»Du bist ein Künstler.«

»Kunsthandwerker, würde ich sagen.«

»Deine Dollars sind nie in Umlauf geraten.«

»Richtig. Sie verstaubten in einem Container. Wenn die Ermittlerin mich nicht darauf angespitzt hätte, dann lägen sie da heute noch.«

»Sag doch vor Gericht, du hättest die Dollars nicht hergestellt, um damit zu betrügen, sondern um daraus Kunst zu machen.«

»Du meinst ein Objekt.« Die Idee gefiel mir.

»Ja!« In Joakims Augen leuchtete der lausbübische Charme eines Schlitzohrs, das mal wieder den hundertprozentig funktionierenden Weg zu unermesslichem Reichtum entdeckt zu haben glaubte. »Du sagst, du hättest geplant, ein riesiges Monument zu formen und es mit deinen Dollars zu bekleben. Damit wärst du strafrechtlich in einer günstigeren Preislage.«

Ich haute Joakim auf die Schultern. »Du bist genial. Auf so was wäre mein Anwalt nie gekommen.«

»Es gibt nur wenige intelligente Anwälte, und noch weniger fantasiebegabte«, sagte er, der schon mehr als zwanzig Mal vor Gericht gestanden hatte. »Deshalb habe ich mich immer selbst verteidigt.«

»Ich mache eine schöne Skizze von der 10 Meter großen Skulptur, die ich mit den Dollars bekleben wollte«, sagte ich. Meine Kreativität begann wieder zu knistern.

»Rechne genau aus, wie viel Fläche du mit den gefundenen 9 Millionen hättest bekleben können, das sollte dann im Maßstab alles stimmen«, sagte Joakim. »So etwas kommt gut an bei den Richtern. Die meisten waren nämlich in Mathematik Nieten in der Schule.«

»Woher weißt du das?«

»Sonst wären sie nicht Juristen geworden.«

Das Gespräch mit Joakim hatte mir eine doppelte Perspektive aufgezeigt. Einmal könnte es tatsächlich ein Kniff sein, um vor Gericht aus der Fälschernummer eine Nummer vom besessenen Künstler zu machen, der Dollars als Material für eine Skulptur brauchte, und der nicht wusste, dass dies nicht erlaubt war. Zum andern aber, und das war für mich viel wichtiger, konnte ich wieder innere Kraft schöpfen aus der Aufgabe, die ich mir nun gestellt hatte. Noch lange nicht das alte Feuer, aber ein kleines Flämmchen loderte wieder in mir auf. Meine Seele hatte Lunte gerochen.

Ich nahm mir Briefblock und Bleistift vor und begann zu rechnen. Die 9 Millionen, die man bei mir sichergestellt hatte, waren 90.000 100-Dollar-Scheine. Ein Schein ist 15,6 mal 6,6 Zentimeter groß, was 102,96 Quadratzentimeter Fläche ergibt. Ein Quadratmeter hat 10.000 Quadratzentimeter Fläche, also könnte man darauf etwas mehr als 97 Dollar-Noten auslegen. Das heißt, die 90.000 Scheine ergäben eine Fläche von rund 927 Quadratmetern. Man könnte sie auslegen, etwas damit bekleben oder tapezieren. Ich könnte behaupten, ich hätte die Blüten für einen verrückten Banker aus New York hergestellt, der damit die riesigen Wände seines Lofts habe tapezieren wollen. Eine interessante Idee. Wenn die Wände 6 Meter hoch gewesen wären … Ohne Taschenrechner hatte ich einiges zu rechnen. Aber es machte Spaß. Bei 6 Metern Deckenhöhe brauchte man eine Strecke von gut 150 Metern, um auf 927 Quadratmeter zu kommen. Ein Raum mit vier Wänden von 39 Metern Länge und einer Deckenhöhe von 6 Metern würde ausreichen, um 9 Millionen Dollar an die Wand zu kleben. Ein quadratischer Raum von dieser Dimension aber würde dem Gericht vermutlich etwas unrealistisch erscheinen, glaubhafter wäre, sagen wir mal, ein Loft mit einer Raumtiefe von 18 Metern und einer Länge von 60 Metern. Abzüglich einiger Türen und Fenster käme man auch so auf die nötigen 927 Quadratmeter. Das wäre die kunstgewerbliche Vatiante. Eine rein künstlerische Lösung wäre eine große Plastik. Innen ein Eisengerüst, verkleidet mit engmaschigem Zaundraht, den man dick mit Beton verputzt und mit meinen 9 Millionen Dollar beklebt. Welche Form sollte diese Skulptur haben? Wie könnte man ihre Außenfläche berechnen? Vielleicht sollte ich ein Modell bauen aus Gips. Also ein Gerüst innen, und darüber ein in Gips getauchtes Tuch drapieren. Dann wäre es einfacher, die Fläche zu berechnen. Und die Dimensionen erschienen auch nicht mehr so utopisch. Denn ein quadratisches Tuch mit der Kantenlänge von gut 30 Metern ergäbe als Fläche die anvisierten 927 Quadratmeter. Ich könnte ein maßstabsgetreues Model mit einem Tuch von 30 mal 30 Zentimetern zeichnen und über Ecki herstellen lassen. Wobei 30 mal 30 mir sehr klein erschienen. 60 mal 60 wäre besser. Also Maßstab 1:50. Das entsprechende Model würde ich dem Gericht präsentieren. Vielleicht könnte mein Bruder, der selbst mal Banker gewesen war, irgendeine Bank in Thailand oder sonst wo auftun, die schriftlich und natürlich völlig unverbindlich vor zwei Jahren mal Interesse an so einer Dollar-Skulptur gezeigt hatte, um diese vor oder in ihrer Zentrale aufzustellen.

Deniz, der tätowierte Hüne, mit dem ich kurz nach seiner Ankunft auf der Ulm im Duschraum ein kleines verbales Scharmützel ausgetragen hatte, kam eines Abends zum Umschluss in meine Zelle. Ich hatte mich mittlerweile mehrfach mit ihm auf dem Hof unterhalten. Er war vor zwei Jahren Weltmeister im Kickboxen geworden, noch nicht vorbestraft, und wie bei so vielen bärenstarken Jungs steckte auch in seiner furchterregenden Schale ein butterweicher Kern. Sie waren zu viert nach Holland gefahren, zwei Cousins von ihm, ein Kumpel und er. Sie hatten ein Fußballspiel von Feyenoord in Rotterdam besucht, weil da ein entfernter Verwandter mitkickte. Danach hatten sie noch was gesessen, waren in den BMW von einem der Cousins gestiegen und Richtung Dortmund, wo sie alle wohnten, gestartet. Als hätte man auf sie gewartet, wurden sie an der Grenze rausgewinkt, und der Zoll fand 3 Kilo Heroin in der Beifahrertür.

»So eine ähnliche Story hat mir Vasili auch erzählt«, sagte ich.

»Ich weiß«, erwiderte Deniz, »aber bei ihm war die Sache doch ganz klar eingestielt. Der ganze Autohandel passierte nur, um Drogen zu transportieren.«

»Und wie war das bei euch?«

»Bei uns? Wir haben alle nichts mit Drogen zu tun. Meine Cousins nicht und der Kumpel auch nicht und ich sowieso nicht, ich bin Sportler. Ich hab noch nie Heroin gesehen, ich weiß gar nicht, wie so was aussieht.«

»Wie ist das denn abgelaufen in Holland?«

»Da ist nicht viel gelaufen. Wir haben auf dem Parkplatz vorm

Stadion geparkt und sind drei Stunden später wieder eingestiegen und losgefahren.«

»Wie erklärst du dir die Sache?«

»Da hat uns einer als Kurier benutzen wollen.«

»Du meinst, da hat einer sich ein deutsches Auto ausgesucht, es mit Heroin vollgestopft und ist euch nachgefahren, um es in der Nacht in Dortmund wieder auszubauen?«

»Ja.«

Ich nickte und schwieg.

»Was meinst du?«

»Die Geschichte glaubt dir der Richter nicht.«

»Verdammt, es ist die Wahrheit!«

»Es ist deine Wahrheit.«

»Verstehe ich nicht.«

»Du bist Weltmeister im Kickboxen, dich im Wagen zu haben ist eine Lebensversicherung.«

»Könnte man so sehen.«

»Und du bist als Sportler ein glaubhafter Fußballfan.«

»Du meinst …?«, Deniz brach ab. Eine Mischung aus Wut und Trauer stieg in seinen Augen auf.

»Sie haben dich mit ins Boot genommen, als Tarnung und für alle Fälle.«

»Das glaube ich nicht!«

»Meiner Meinung nach hast du nur eine Chance.«

»Welche?«

»Dass die anderen drei sagen, wie es wirklich war.«

Deniz stand auf und rüttelte an den Gitterstäben vor dem Fenster.

»Das kann nicht sein! Das Auto gehörte meinem Cousin!«

Dann stieß er einen wilden Schrei in die Nacht.

Als Deniz' Verzweiflung in meinem Kopf verhallt war, horchte ich auf. Draußen auf dem Flur gab es ein wildes Getrampel. Beamte kamen angerannt, schlossen die Zellen ab und sammelten sich auf dem Gang.

Vor einigen Tagen war ein Kirgise zu uns gekommen, ein mundfauler, unglaublich großer und durchtrainierter Mann. Wie mir unsere Russen zuflüsterten, war der Mann eine große Nummer im Handel mit Frauen aus Osteuropa. Er hatte meinen tschetschenischen Soldaten Baschir gebeten, ihn beim Umschluss in seiner Zelle aufzusuchen. Die Zelle des Kirgisen lag unserer schräg gegenüber. Nun standen dort neben den Beamten auch noch zwei Sanitäter mit einer Rollbahre. Die Beamten umfassten die Griffe ihre Schlagstöcke und öffneten die Tür. Aber es passierte nichts. Sie flüsterten nur etwas und bildeten dann ein Spalier, durch das die Sanitäter die Bahre in die Zelle rollten. Es dauerte ein paar Minuten, dann kamen sie wieder heraus. Auf der Bahre lag der Koloss aus Kirgisien. Er hatte keine sichtbare Verletzung, aber er sah aus wie tot. Als die Sanitäter mit ihrer regungslosen Fracht am Ende des Flurs verschwunden waren, führten zwei Beamte Baschir aus derselben Zelle. Sie hatten ihm Handschellen angelegt. Auch Baschir hatte keine sichtbare Verletzung. Er ging aufrecht, sein Gesichtsausdruck war ernst und gefasst, weder aufgewühlt noch aggressiv. Als sie ihn an meiner, also unserer gemeinsamen Zellentür vorbeiführten, wandte er mir seinen Blick zu und nickte. Heute weiß ich, dass es seine Verabschiedung von mir gewesen war. Am nächsten Tag kam ein Beamter, packte Baschirs Sachen in eine Tasche und verschwand ohne eine Erklärung. Am Nachmittag kam derselbe Beamte noch einmal und sagte, der Direktor habe angeordnet, dass umgruppiert werde. Eine Einzelzelle werde frei. Da ich der älteste Gefangene im Block sei, könne ich sie haben, wenn ich wollte. Klar wollte ich.

Jemand ließ Joakim wissen, der Kirgise habe ein schweres Schädeltrauma erlitten und liege im Koma, Baschir sei vermutlich abgeschoben worden. Welche Hintergründe der Konflikt aber hatte, konnte selbst Joakim nicht in Erfahrung bringen.

»Baschir ist abgeschoben worden? Nach Grosny oder wohin?«, hakte ich ungläubig nach. »Aber er hatte doch noch gar keine Verhandlung gehabt.«

Joakim zog vielsagend die rechte Augenbraue hoch. »Vielleicht sollte er den Kirgisen bestrafen.«

»Du meinst, er hat hier als verdeckter Agent einen Auftrag durchgezogen?«

Joakim zuckte mit den Achseln. »Nur der Herrgott ist allwissend.«

»Ich mag Baschir«, sagte ich, »ich würde den Jungen gern wieder sehen, draußen.«

»Damit er eine alte Schuld für dich begleicht?«

»Zum Beispiel.«

Einen Moment lang dachte ich nach, dann schüttelte ich den Kopf. »Eigentlich ist Rache meistens Blödsinn. Bei den beiden Menschen, an denen ich mich gerne rächen würde, wäre sowieso nichts mehr zu holen. Die sind bankrott gegangen mit der Firma, die sie mir gestohlen haben.«

Joakim lächelte matt. »Wer lässt sich auch seine Firma stehlen?«

»Ein gutgläubiger Idiot wie ich.«

»Hast du damals niemanden gehabt, der die Sache für dich wieder hätte geradebügeln können?«

»Der Druxes Pitter hätte das für mich erledigt. In zehn Sekunden.«

»Druxes Pitter?«

»Ein feiner Kerl, und stark wie ein Grizzly«, sagte ich. »Aber er starb zu früh.«

»Ermordet?«

»Nein, er fuhr in seinem Maserati auf der Autobahn nach Düsseldorf ein Rennen gegen einen Kumpel im Ferrari. Bei knapp dreihundert hob er ab.«

»Autos sind Särge mit Rädern«, sagte Joakim. »Deshalb bevorzuge ich die Schiene.«

»Auch Schäfers Nas hatte von meinem Ärger gehört und gesagt, Verräter müssten bestraft werden«, erzählt ich. »Aber das wäre vermutlich zu blutig ausgegangen. Ich bin kein Mörder.«

»Schäfers Nase?«

»Er sprach mich an und sagte, ich müsse nur die Ansage machen. Für ihn wär's kein Problem.«

»Diese »Nase« hätte die beiden spurlos verschwinden lassen?«

»Er hatte Kameraden, die so etwas regelmäßig machten. Er war früher Fremdenlegionär.«

Joakim nickte. »Es ist manchmal gut, einen Freund bei der Legion zu haben.«

»Nach seiner Zeit als Kämpfer für Frankreich kämpfte er auf dem Ring für Herbert Blatzheim.«

»Platz Hein? Schäfers Nase?« Joakim schaute mich orientierungslos an. »Solche Namen habe ich noch nie gehört.«

»Du bist eben nicht in Köln groß geworden.«

»Nein, bin ich nicht.«

»Heinrich Schäfer war mal der König von Köln«, sagte ich, »und Herbert Blatzheim sein Chef.«

»Ist das in Köln mehr als der Kardinal von eurem Dom?«

15.

Fünf Jahre nach der vorletzten Jahrhundertwende kam Hans Herbert Blatzheim als Spross einer alteingesessenen Kölner Kaufmannsfamilie zur Welt. Nach der Realschule machte er eine Banklehre und verbrachte die Wilden 20er-Jahre in Berlin, wo er in das schillernde Leben eintauchte, das frivol und glamourös in den Varietés und Tanzbars der damaligen Welthauptstadt der Sünde, der Künste und der aufkommenden Filmindustrie tobte.

Viele Jahre später eröffnete er am Hohenzollernring in seiner zerbombten Heimatstadt den »Kaiserhof«, ein plüschiges Varietétheater nach Berliner Vorbild. Meine Eltern waren zur feierlichen Eröffnung eingeladen. Mutter kaufte sich für diesen Anlass ein neues Ballkleid und verbrachte den Nachmittag des großen Tages beim Frisör und danach noch zwei Stunden vor dem Spiegel im Badezimmer. Vater zog den Schwalbenschwanz an, entstaubte seinen Zylinder und bestellte das Taxi.

Im selben Jahr eroberte der Heimatfilm *Wenn der weiße Flieder wieder blüht* die Kinos und Hans Herbert Blatzheim das Herz der Hauptdarstellerin. Der schnieke Gastronom und die Schauspielerin Magda Schneider feierten 1953 eine märchenhafte Hochzeit, die für enormes gesellschaftliches Aufsehen sorgte. Der Kaiserhof wurde über Nacht zum Treffpunkt der Prominenz aus Geldadel, Showgeschäft und großer Politik, die nach dem Krieg im nahe gelegenen Beamtenstädtchen Bonn stattfand.

Magda Schneider hatte ihre Tochter Rosemarie Magdalena Albach mit in die Ehe gebracht und Blatzheim damit zum Stiefvater eines goldigen vierzehnjährigen Mädchens gemacht, das zwei Jahre später in der Rolle der jungen Kaiserin Elisabeth »Sissi« von Österreich kometenhaft zur bekanntesten Jungschauspielerin Europas aufstieg.

Romy Schneider war für Platzhirsch Blatzheim besser als ein Sechser im Lotto. Er stampfte einen gastronomischen Betrieb nach dem anderen aus den Trümmern, und jede Eröffnung ließ er von der Anwesenheit seiner bezaubernden Stieftochter überstrahlen.

Sprach man in Köln vom Wirtschaftswunder, meinte man Hans Herbert Blatzheim.

Die Ringmeile zwischen Christophstraße und Rudolfplatz wurde eine der vitalsten und beliebtesten Flanierstrecken der noch jungen Republik.

Wo Licht ist, kreisen die Motten. In den Seitenstraßen des Rings und in der Gegend hinter dem Hauptbahnhof etablierten sich unzählige Sexklubs, Stundenhotels und Zockerbuden, und als mit dem Stavenhof am Eigelstein und der Kleinen Brinkgasse an der Ehrenstraße zwei legale Puffgässchen mitten in der City ihr feuchtes Gewerbe aufnehmen durften, frohlockten die brunftigen Junghirsche und Wildkeiler in den Wäldern und Landstrichen der näheren Umgebung und fielen mit prallen Lohntüten und ebensolchen Hosenställen am Wochenende über die Innenstadt her.

Anton Dumm, ein Maurergeselle aus Rath bei Köln, hatte sich im rechtsrheinischen Arbeiterstadtteil Kalk den Ruf eines unbesiegbaren Jungen erarbeitet und war mit einigen seiner Freunde auf die andere Rheinseite gewechselt, um im aufblühenden Rotlichtmilieu das Händchen aufzuhalten. Es dauerte nicht lange, dann hatte »Dummse Tünn«, wie man ihn nur noch nannte, alle Jungs, die sich ihm entgegenstellten, mit seinen legendären blitzschnellen Ohrfeigen aus dem Weg geräumt und die Kontrolle über zahlreiche Klubs und die darin tätigen Damen übernommen.

Der Ruf seiner Unbesiegbarkeit war natürlich auch zu den Portiers der Blatzheim'schen Betriebe vorgedrungen, und immer wenn es darum ging, das kostbare Leben der preziösen Stieftochter zu sichern, heuerte Hans Herbert Blatzheim den Anton an. Der Junge aus Rath war unauffällig in der Nähe, wenn Romy Schneider am Flugplatz eintraf, wenn sie mit ihrer Mutter Magda auf der Hohe Straße einkaufte oder wenn sie abends die Oper besuchte und in der Loge neben der von Konrad Adenauer der Musik lauschte.

Die Franzosen führten zu dieser Zeit in Indochina einen zermürbenden Krieg, in dem Anfang der 50er-Jahre zwei junge Männer kämpften, die später ebenfalls Romy Schneider kennenlernen sollten: Ein ehemaliger Tomatensortierer aus Paris und ein ehemaliger Hafenarbeiter aus Köln, dessen markantes Merkmal sein überdimensioniertes Riechorgan war. Der Pariser diente seinem Land als Marinesoldat, der Kölner hatte aus materiellen Gründen bei der Fremdenlegion unterschrieben. Den einen nannten die Kameraden »Le Beau«, den Schönen, den anderen nannten sie »La Trompe«, den Rüssel. Der eine hieß Alain Delon, der andere Heinrich Schäfer.

Als Schäfer 1957 nach Köln zurückkehrte, suchten die »Gaststättenbetriebe Blatzheim« gerade einen geeigneten Mann für den Einlass der exklusiven Nachtbar Eve's, die in den nächsten Tagen eröffnet werden sollte. Heinrich »Hein« Schäfer stellte sich vor, und als der Geschäftsführer ihn nach Referenzen fragte, knöpfte der Legionär sein Hemd bis zum Bauchnabel auf und gestattete einen Blick auf seinen bulligen, von mehr als fünfzig Narben übersäten Brustkorb.

Trotz Schweißeruptionen aus allen seinen Poren drückte der Geschäftsführer dem Hein zwei Hunderter als Vorschuss in die Pranke und legte noch zwei Blaue dazu für Anzug, gestreiftes Hemd, Seidenkrawatte und Lackschuhe.

Am Eröffnungsabend rollte ein cremefarbener Rolls-Royce vor, und ein wilder Pulk von Fotografen und Verehrern stürzte sich auf das Fahrzeug. Der Chauffeur war so verängstigt, dass er sich nicht traute auszusteigen, um den hinteren Schlag zu öffnen.

Hein Schäfer stand in seinem brandneuen Nadelstreifenanzug am festlich erleuchteten Eingang der Bar und fragte den Geschäftsführer, der nervös neben ihm hin und her tänzelte, wer denn in dem Wagen sei.

»Romy Schneider«, antwortete der Mann mit gestresster Miene.

»Un wer is dat?«, wollte Hein wissen.

»Die Sissi.«

»De Sissi?«

»Die Stieftochter vom Chef.«

»Un dat soll hä erin?«

»Romy Schneider *muss* hier hinein!«, jammerte der Geschäftsführer. »Aber Fräulein Schneider ist scheu wie ein Reh. Sie hasst diesen Rummel. Ich befürchte, sie sagt dem Chauffeur, er soll sie zurückbringen zum Hotel!«

Schäfers Hein machte drei beherzte Schritte auf das Trottoir und schrie wie ein korsischer Sergeant auf dem Exerzierhof: »Attention!«

Die Meute erstarrte und wandte sich ihm dann langsam zu. Ein kurzes Zucken seiner Nase nach rechts oben genügte als eindeutiger Befehl, von der Karosse ein paar Meter Abstand zu nehmen.

Schäfers Hein öffnete den hinteren Schlag und fragte ins Wageninnere:

»Bess du dat, Rommy?«

»Jahh«, hauchte ihm ein zartes Stimmchen entgegen.

»Kumm jezz!«

»Ich weiß nicht … Ich glaub', ich hab Angst …«

Zehn Sekunden wartete Heinrich, dann beugte er sich in den

Wagen, hob Romy Schneider von der Rückbank und trug sie wie eine frisch angetraute Braut über die Schwelle ins Eve's.

Zwei Stunden nach Mitternacht kam Anton Dumm mit zwei schweren Freunden den Ring entlanggeschlendert. Sie wollten nur einen kurzen Blick in die neue Bar werfen. Bei jedem der Drei schwappte schon gut ein Liter Whisky hinterm Nabel, und sie fühlten sich stark wie Gorillas. Aber an der Tür stand Schäfers Hein.

»Geschlossene Gesellschaft«, sagte der Portier und füllte mit seinem Körper den Rahmen der Eingangstür weitgehend aus.

»Hüren's, du Nas, du lässt mich jetzt do rinn!«, befahl die Nummer eins vom Ring.

»Nä«, erwiderte Hein.

»Isch kenn dä Blatzheim und ooch dat Romy. Mach disch jetz durschsischtisch, sonst jang isch dursch disch dursch.«

»Immer noch nä«, sagte Hein. »Wüsst' isch nix von, dat ihr drej Fijure he erinsullt.«

Sie schauten sich in die Augen. Der Hein und der Tünn. Angst hatten sie nicht. Aber beide spürten in dem Moment, dass es nicht von vornherein feststand, welche der beiden Parteien nach einer möglichen Schlägerei den größeren Verlust an Blut und Zähnen zu beklagen hätte.

Dummse Tünn und seine Kumpel zogen weiter.

Nach dieser ersten Nacht als Türsteher vor dem Eve's hieß Heinrich »Hein« Schäfer nur noch »de Nas«, und es dauerte nur zwei Wochen, da herrschte Schäfers Nas neben Dummse Tünn als zweite unangefochtene Eminenz über die Kölner Halbweltszene.

Anfangs mochte Romy Schneider ihren Stiefvater, sie nannte ihn in Interviews liebevoll »meinen Daddy«, und nur ihm zuliebe machte sie immer wieder Werbung für seine Betriebe, obwohl sie etwas tiefer in ihrem Herzen die provinzielle Gockelei der rheinischen Pseudoschickeria verachtete. Als sie 1958, gerade zwanzig Jahre alt, bei Dreharbeiten den verwegenen Alain Delon kennenlernte, war es um sie geschehen. Verliebt bis über beide Ohren packte sie ihre Koffer und zog zu dem drei Jahre älteren Bohemien nach Paris.

Im März des darauffolgenden Jahres arrangierte Hans Herbert Blatzheim die Verlobung der beiden Sonnenkinder als werbewirksames Spektakel am Ufer des Luganer Sees.

Die schlagzeilenträchtige Beziehung der Jungstars hielt nicht allzu lange. Alain wurde zu sehr begehrt von der Damenwelt, und der Beau nahm vieles mit von dem, was sich ihm darbot, so auch Nico Päffgen, das Gewächs einer bekannten Kölsch-Brauer-Dynastie, das in Paris für Coco Chanel gemodelt hatte und aus dem Andy Warhol und Lou Reed in New York eine Subkultur-Ikone kreierten. Aaron, der Sohn von Alain Delon und Nico Päffgen, kam 1962 zur Welt.

Nachdem das mondäne Paris Romy zu ihrem Darling erkoren hatte, erlosch endgültig ihre Lust, für jedes Lokal, das ihr Stiefvater irgendwo in Deutschland eröffnete, anzureisen, in Kameras zu lächeln und schleimige Statements in Mikrofone abzusondern. Hans Herbert Blatzheim aber, von der Presse mittlerweile zum »Gastronomiezar« hochstilisiert, wollte nicht auf die Dienste seines Goldesels verzichten, und das vermittelte er seiner Stieftochter in harschen Worten. Der Schuss ging nach hinten los. Romy hob den Hörer nicht mehr ab, wenn Hans Herbert Blatzheim anrief, und wenn in der Öffentlichkeit die Rede von ihrem Stiefvater war, nannte sie ihn den »zweiten Mann meiner Mutter«.

Schäfers Nas lernte ich 1961 kennen. Jeden Abend saß er im Fontana Grill am Ring. Der Laden gehörte »dem Marshall«, einem Amerikaner, der auch das Storyville betrieb, in dem einst die damals noch unbekannten Beatles, ohne Ringo am Schlagzeug, aufgetreten waren. Meine Freunde und ich saßen auch jeden Abend im Fontana Grill, hier aßen wir eine Kleinigkeit und besprachen, wie wir die anstehende Nacht gestalten sollten. Der Laden war unser Basislager. Aber im Gegensatz zu uns, die wir im Nachtleben nur das maximale Vergnügen suchten, verdiente der Exlegionär sein Geld damit, in Blatzheims gastronomischen Betrieben für Ruhe zu sorgen. Wenn Gäste nicht zahlen wollten, wenn es Probleme am Einlass gab, wenn Betrunkene randalierten oder zu blau waren, um noch auf beiden Beinen aus dem Lokal zu kommen, dann schellte im Fontana Grill das Telefon. De Nas zog los und kam später wieder zurück. Mal nach fünf Minuten, mal erst nach einer Stunde. Manchmal wurde er zehn Mal in einer Nacht angerufen, manchmal überhaupt nicht. Dann saß er da und langweilte sich. Und manchmal erzählte er von Indochina. Wenn einer der »Gelben« nicht verraten wollte, wo sie ihre Waffen versteckt hatten, dann folterten sie sie. Sie fielen in die Dörfer ein und vergewaltigten alle Frauen. Männer ziehen als Menschen in Kriege und kehren als Tiere zurück.

Der französische Staat zahlte Heinrich Schäfer für dessen Jahre als Fremdenlegionär lebenslang Rente.

Eines Abends stand am Ring vor dem Fontana ein pechschwarzer Jaguar XK 150, in dem Restaurant saß Schäfers Nas und langweilte sich, weil das Telefon nicht schellte. Ich kam rein, setzte mich zu ihm und schwärmte von dem wunderschönen Jaguar vor der Tür. De Nas lächelte und warf mir einen Schlüssel mit Totenkopfanhänger gegen die Brust.

»Is dejner«, sagte er. »Wenn du die Kist in ejner Stund fott häst, kanns de se behalde.«

Ich konnte mein Glück kaum fassen. Ich bedankte mich, nahm den Schlüssel und verließ das Lokal. Ich hatte mich dem Auto meiner Träume bis auf wenige Schritte genähert, da erstarrte ich vor Schreck. In dem Jaguar war ein bestialisch keuchendes Bellen losgebrochen, und ein riesiger Wolfskopf warf sich mit gefletschten Reißzähnen gegen die Scheibe der Beifahrertür. Das Tier tobte derart wild in dem Fahrzeug herum, dass die Karosse zu wackeln begann. Für Sekunden konnte ich mich nicht mehr bewegen. Da nahm eine große Hand mir den Wagenschlüssel ab, und breit grinsend zog de Nas mich ins Fontana zurück.

Geronimo, der Wolf, sei ein Wildfang, den habe er sich aus Skandinavien kommen lassen, erzählte der Exlegionär. Zweimal die Woche gehe er jetzt Kaninchen schießen. Die schneide er auf und schlage sie seinem neuen Haustier blutig um die Ohren, damit es schön wild bleibe. Ein Problem aber sei die Popperei. Er habe ihn mal an ein großes Schäferhundweibchen rangelassen, aber sein Wolf habe die Hündin in zehn Sekunden gevierteilt. Von einem Indianer habe er erfahren, wie es ein Wolf am liebsten hätte, und mit der Methode würde er dem Tier jetzt an jedem dritten Abend einen runterholen. Wenn Wolfsrüden nämlich nicht abspritzten, dann würden die link, Hormonstau mache sie zu hinterhältigen Beißern. Vor seinem notgeilen Wolf hatte sogar La Trompe Respekt.

De Nas machte den harten Job am Ring jahrelang, und er kontrollierte auch verschiedene Puffs im Umland. Er lebte im Rheinauhafen auf seiner Motorjacht. Das Schiff war sein »Schätzchen«, sein ganzer Stolz: 22 Meter lang und 328 PS stark. Die *MS Colorado* war eines der letzten Kriegsschiffe, die 1945 die Werft verließen. Da nach dem Krieg keine Torpedo-Abfangboote mehr gebraucht wurden, baute man es um zur Luxusjacht mit allerlei Schnickschnack wie goldenen Wasserhähnen und einem künstlichen Kamin, vor dem de

Nas ein riesiges Bett platzierte und mit Bettzeug im Leopardenfell-design überhäufte.

Eine runde Million Mark hatte der Extürsteher vom Eve's für den Pott hingeblättert.

Dummse Tünn und Schäfers Nas taten sich nichts. Der Kuchen war groß genug für beide. Wenn sie sich zufällig trafen, nickten sie sich zu. Whisky tranken sie nicht miteinander. Aber sie respektierten sich. Und beide respektierten Mustafa, den Perser. Der war früher Schwergewichtsringer gewesen und galt in der Szene als der Stärkste von allen. Er hatte Tünn auf dem Ring mal ausgehebelt und dessen breites Lausbubengesicht in einen Gullyrost gedrückt. Aber Mustafa war sonst ein ruhiger Mann, der geregelt arbeitete und keiner Fliege etwas zuleide tat. Dass es überhaupt zu dem Kampf gegen die berüchtigte Ringgröße gekommen war, lag an einer Intrige. Ein eifersüchtiger Bierfahrer, dessen Freundin beide Augen auf den starken Mustafa geworfen hatte, laberte dem Tünn die Lüge ans Ohr, der Perser habe in einem der Dumm'schen Sexklubs randaliert und die fast vierstellige Rechnung nicht bezahlt.

Es gab aber auch eine Menge Leute auf dem Ring, die den Tünn und de Nas immer wieder stichelten, doch endlich mal festzulegen, wer von ihnen beiden denn nun wirklich der stärkste kölsche Junge sei.

Es dauerte aber viele Jahre, bis sich im September 1975 die Halbweltfürsten endlich zu einer Schlacht verabredeten. Der Fight sollte am Bonner Verteiler stattfinden. Tausende wurden gewettet. Ich favorisierte de Nas. Beide waren stark wie Bären, aber wenn es wirklich hart auf hart käme, dachte ich, hätte der Exlegionär bestimmt noch eine Gemeinheit auf Lager, mit er den Kampf für sich entscheiden würde. Ich setzte 500 auf ihn. Kalli »Mister Zehnprozent« Möller nahm die Wetten an. Tünn war leichter Favorit. 55 Prozent der Gesamtsumme hatte man auf ihn gesetzt, 45 Prozent auf de Nas.

In der Nacht der Entscheidung erschien Heinrich Schäfer mit seinen Adjutanten zum verabredeten Zeitpunkt am verabredeten Ort. Ihm folgte ein Corso von dicken Schlitten, der sich langsam über die Bonner Straße auf die Stadtgrenze zubewegte. Ich saß mit Potato Mäc, dem Nashorn und Schnall-Aff in einem bordeauxroten Lincoln Continental.

Viele waren gekommen. Nur Anton Dumm nicht. Wir warteten eine Stunde. Dann rollte der Corso zurück zum Ring. Plötzlich kam die Ansage, der Tünn sei beim Cassius im Big Ben hinter einer leeren Flasche Whisky gesichtet worden. Also bewegte sich der Nasen-Tross zum Klapperhof und wartete vor dem Lokal des früheren Fußball-National-Keepers Manfred Manglitz auf Dummse Tünn. Der kam dann auch auf die Straße gewankt und stellte sich.

»Du bist doch breit wie'n Bananenfrachter«, sagte de Nas.

»Ejaal«, sagte Tünn, der es irgendwie hinter sich bringen wollte. Bevor er aber seine rechte Pranke hochbekam, hatte de Nas ihn voll am Kinn erwischt. Tünn ging zu Boden. De Nas wandte sich ab und wollte gehen. Da krallte sich Tünn mit unbändiger Kraft von hinten in seine Wade. De Nas riss sich los und gab dem Tünn einen Tritt an den Hals. Das genügte. Der Kampf war kürzer als der kürzeste von Mike Tyson.

Für meine gesetzten 500 gab es 1100 Mark, minus 10 Prozent.

Ein paarmal brummte Schäfers Nas »in de Blech«. Wegen Körperverletzung, Zuhälterei, Freiheitsberaubung, Frauenhandel, Nötigung oder Steuerhinterziehung. Blatzheims Anwälte boxten ihn immer wieder raus. Er dankte es seinem Chef mit ewiger Treue. Auch als das Imperium des Gastronomie-Tycoons Mitte der 60er zu wanken begann und er als Personenschützer woanders weit mehr hätte verdienen können, hielt de Nas immer noch in Blatzheims Drachenburgkeller in der Altstadt die Birne hin. Und de Nas stand mit Tränen in den Augen am Grab, als sein Chef im Mai 1968 beerdigt wurde.

Die zerbrechliche Romy Schneider hatte sich mithilfe französischer Starregisseure zum Weltstar gemausert, und nach dem Tod des Gastronomen stellten ihre Anwälte fest, dass Hans Herbert Blatzheim 1,2 Millionen Schweizer Franken seiner Stieftochter, von ihm angeblich in Zürich gut angelegt, veruntreut hatte, um damit die Risse im Fundament seines Unternehmens zu kitten.

1996, ein Jahr bevor Schäfers Nas einen Herzinfarkt nicht überlebte, erhoffte er sich beim Herrgott auf kölsche Art ein wenig Gnade für all seine Sünden zu verdienen. Diebe hatten aus dem Domschatz ein mit taubeneigroßen Edelsteinen besetztes Vortrage-Kreuz gestohlen. De Nas erklärte sich bereit, der Polizei bei der Wiederbeschaffung der geheiligten Beute zu helfen. Und tatsächlich klopfte die Rotlichtgröße ein paar Tage später mit dem geklauten Kreuz im Campingbeutel bei Dompropst Bernard Henrichs an die Tür. Als de Nas auch noch die ausgesetzte Belohnung in den Klingelbeutel fallen ließ, versprach der Dompropst: »Ich werde für Ihre Seele beten!«

So kam es, dass am folgenden Sonntag Schäfers Nas zur Hauptfigur der Dompredigt und sogar der Fürbitten wurde.

16.

In meiner Zelle fertigte ich Skizzen und Zeichnungen einer 100-Dollar-Schein-Skulptur an. Seitenansichten, Querschnitte, Baupläne. Beim Umschluss zeigte ich Joakim meine Werke, und wir lachten uns kaputt. Mir hatten beim Entwurf meiner Skulptur eingeschneite Berggipfel vorgeschwebt, aber Joakim assoziierte aus meinen Skizzen siamesisch verwachsene Gespenster in der Kulisse eines Fantasyfilms. Welche Bank aber, gab er zu bedenken, würde sich so etwas vor die Eingangstür stellen? Ich kreierte einen zweiten Entwurf, mehr an Christo orientiert. Der sah dann aus wie der verpackte Eiffelturm. Joakim hielt diese Schöpfung für besser geeignet, um sie einem Banker an die Backe zu schwatzen.

Ich war mir aber nicht mehr so sicher, ob ich die Zeichnungen wirklich in der Verhandlung zeigen sollte. Schließlich hatte die verdeckte Ermittlerin Susanne Wagental mich ein halbes Jahr lang porentief abgeklopft und veranlasst, dass mein Telefon während dieser Zeit abgehört wurde, und nie war der Vorsatz über meine Lippen gekrochen, aus Dollar-Blüten Kunst zu machen.

Mich mit Joakim aber über Dinge wie diese zu unterhalten, gab mir wieder neue Kraft und sogar einen gewissen Spaß am Leben zurück.

Joakim erzählte von seiner Laufbahn als Fälscher. Er kannte alle Tricks. Er hatte schon viele große Meister unterschiedlicher Epochen kopiert. Einige sogar im Auftrag kleiner Museen, die ein paar Schätze besaßen, aber über zu wenig Geld und Personal verfügten, um die Exponate gegen Diebstahl zu sichern. Deshalb wandte man sich an Joakim. Die Originale wanderten in Banksafes, und die Besucher bewunderten Joakims perfekte Kopien. Es gab auch Privatkunden, die bei ihm ihre Lieblingsbilder bestellten. Schon vier Mal hatte er die *Mona Lisa* gemalt, drei Mal Dürers *Betenden Engel* und ebenso oft Van Goghs *Die Brücke von Langlois mit Wäscherinnen.* Alles ganz legal. Aber Joakim hatte auch ein paar alte Meister geschaffen, deren »zufällige« Entdeckung auf irgendeinem Dachboden oder Flohmarkt von der Kunstwelt als Sensation gefeiert wurde und die seitdem in berühmten Ausstellungen hingen. Wen interessierte die Frage nach der Echtheit? Den Besuchern gefielen die Bilder, sie zahlten sogar Eintritt, um sie zu sehen. Niemand wurde in irgendeiner Form geschädigt, im Gegenteil, sagte Joakim mit List und frecher Arroganz im Blick, er, der perfekte Fälscher, sei ein Kulturstifter, denn er bereichere die Kunstgeschichte.

In China zum Beispiel, dozierte er, würde alles kopiert, und man leugne es nicht, sondern posaune es stolz heraus. Das sei eine Art der Verbeugung vor dem Künstler.

»Kopieren ist okay, aber Fälschen mag der Gesetzgeber nicht«, brachte ich mich wenig originell in das Gespräch ein.

»Der Chinese kauft einen Staubsauger von Miele,« führte Joakim fort, »er baut ihn auseinander, kopiert ihn bis ins kleinste Detail, bringt ihn in Serie auf den internationalen Markt und wirbt damit, dass es seiner Firma gelungen sei, das wunderbare Produkt aus dem Hause Miele ebenbürtig nachzubauen.«

»Das macht so eine chinesische Firma aber nur ein Mal. Danach ist die runter vom europäischen Markt.«

»Das ist klar. Aber die Mentalität, die dahintersteht, ist interessant.«

»Wie man's nimmt.«

»Ursprünglich war die ganze Kunst nichts anderes als Kopie.«

»Kopie der Natur.«

»Genau. Künstler haben die Natur abgemalt oder auf andere Art nachgebildet. Wer das am besten konnte, war der beste Künstler.«

»Es gibt doch so eine Geschichte aus dem alten Griechenland, von einem Wettstreit der Maler.« Irgendwas raschelte in meinem Hirnkasten, aber ich musste kapitulieren vor den schwarzen Löchern auf meiner Festplatte. »Scheiße. Ich krieg's nicht mehr zusammen.«

»Ich kenne die Story«, rettete mich Joakim. »Es war eine Lieblingsgeschichte meines Vaters.«

»Erzähl.«

»Zwei Künstler bitten eine unabhängige Jury, zu bestimmen, wer von ihnen der bessere sei. Dazu präsentiert jeder ein Gemälde. Da die Werkschau im Freien stattfindet, behängt man die beiden Bilder mit Tüchern, um sie vor Insekten und Staub zu schützen. Als nun das erste Gemälde enthüllt wird, stürzt sich sofort eine Schar Krähen darauf. Der Künstler hat so naturgetreu eine reife Weinrebe gemalt, dass die Tiere sich davon täuschen ließen. Die Jury ist begeistert, und nur noch aus Fairness fordert man den zweiten Künstler auf, sein Bild zu zeigen. Da sagt der Künstler, es gebe nichts zu enthüllen. Was vor ihnen stehe, sei sein Bild. Die Tücher, die es scheinbar verhüllten, seien eine Täuschung, er habe sie gemalt.«

»Und er bekommt den Preis«, sagte ich schmunzelnd.

Joakim nickte. »Die Jury begründet ihre Entscheidung, der erste Maler habe die Tiere getäuscht, der zweite sogar sie, die Menschen.«

»Nette Geschichte«, sagte ich, »im alten Griechenland hätte mir der CIA für meine Dollars wahrscheinlich einen Orden verliehen.«

»Den hättest du verdient«, sagte Joakim und haute mir lachend auf den Oberschenkel. »Du bist ein großer Künstler.«

»Quatsch.«

»Die heutigen Künstler verstehen nicht annähernd so viel von ihrem Handwerk wie wir Fälscher«, sagte Joakim. Aber ihm sei diese Tatsache im Prinzip egal, denn er handle vorwiegend mit echter Kunst. Das Bild zum Beispiel, dessentwegen er in der Ulm sitze, sei ein echter Picasso, ein Porträt von Dora Maar, mit blühendem Strauch vor blauem Himmel. Das Gemälde gehöre einem russischen Milliardär, und ein israelischer Waffenhändler habe Interesse daran bekundet.

»Russische Milliardäre und israelische Waffenhändler hatte ich mir als Kunden auch immer gewünscht.«

»Kein Problem«, sagte Joakim. »Deine Drucke, von denen du erzählt hast, verkaufe ich dir mit Links, zum doppelten Preis wie dein Galerist oder dein Vertreter.«

»Die beiden sind ja auch eher unteres Mittelmaß.«

»Warum gibst du dich immer mit solchen Leuten ab?« Joakim schaute mich an mit einem Ausdruck, als zweifle er an meinem Verstand. »In allen Geschichten, die du von dir erzählst, lässt du dich am Schluss immer von ein paar Idioten aufs Glatteis führen.«

»Da müsste ich mal ernsthaft drüber nachdenken«, sagte ich lächelnd und klopfte ihm auf die Schulter. »Falls wir uns draußen noch mal begegnen, kannst du zeigen, was du draufhast.«

Joakim grinste breit. »Lass dich überraschen.«

Ich drehte mir eine Zigarette, zündete sie an und schaute dem Rauch nach, der in die Höhe stieg und dann in der Nacht hinter den Gitterstäben verschwand.

»Kunst gefälscht habe ich nie«, sagte ich. »Ich habe auch nie eine Signatur oder eine Unterschrift nachgemacht oder so was. Obwohl die meisten Unterschriften sehr leicht sind, die von Andy Warhol zum Beispiel.«

Joakim grinste breit. »Wem sagst du das.«

»Das Logo von Louis Vuitton habe ich mal auf Leder gedruckt, das war das höchste der Gefühle. Und als das erste Geld floss, habe ich in Paris brav um Erlaubnis gefragt.«

»Louis Vuitton?« Wieder lachte Joakim auf. »Zu dem Namen fällt mir eine lustige Geschichte ein. Wir wohnen ja häufig in Paris, meine Frau hat dort eine schöne Wohnung, egal, sie war früher befreundet mit dem Kreativdirektor von Louis Vuitton. Der kam oft zu uns zum Essen. Einmal erzählte er, da sei ein junger Mann zu ihm gekommen und habe Jacken, Mäntel und Hosen aus Leder vorgeführt, bedruckt mit ihrem Logo. Schöne Sachen, eine gute Idee. Aber er war Deutscher! Was sich die Weißwurstfresser bloß einbildeten? Unfassbar frech, diese Nazischergen! Natürlich habe er den dreisten Burschen zum Tor hinausgejagt.«

»Ich habe zwar noch nie eine Weißwurst gefressen, und ich hasse den braunen Mopp«, sagte ich, »aber die Geschichte kommt mir bekannt vor. *Wysocky* oder so ähnlich hieß der Mann.«

»Ja!«, rief Joakim erstaunt. »Samuel Wysozki. Woher kennst du seinen Namen?«

»Ich war der Deutsche, den er hinausgejagt hat.«

»Kuhl«, sagte Joakim kopfschüttelnd, »du überraschst mich immer wieder. Mal in die eine, mal in die andere Richtung.«

»Mitte der 80er war das, schätzungsweise, vielleicht auch was später.«

Nach der Enttäuschung mit Ulre Fettchen und seiner Petra brauchte ich etwas Zeit, bis ich mich neu sortiert hatte. Im Frühjahr 1978 fing ich in meinem Apartment wieder bei Null an. Ich schnitt auf dem Kühlschrank Leder zu, nähte es zusammen mit einer Maschine, die mir Bongartz' Will besorgt hatte, und verkaufte Jacke um Jacke. Ich hatte noch nichts verlernt, auch das Gespür für den Geschmack meiner Kundschaft war mir erhalten geblieben. Ich mietete eine Werkstatt, scharte meine bewährten Mitarbeiter wieder um mich und produzierte ein Modell, das ich »KIM« nannte, in Anlehnung an Kimono. Es war ein poppiges, offen zu tragendes Kleidungsstück mit ausgestellten dreiviertellangen Armen und farbigen Streifen, die mit grobem Faden im Zickstackstich auf das Leder genäht waren. Im Sommer konnte man eine Bluse darunter tragen, im Winter einen Rollkragenpullover. Unter dem Labelnamen PICCIONE, vermarktete ich das Teil. Es schlug ein wie eine Bombe. Ich durfte mir die Geschäfte aussuchen, die ich belieferte. Und ich entschied mich für die besten. In Köln waren es Elscheid Moden und Modehaus Goertz. Obwohl mein Modell KIM von mehreren Herstellern kopiert und in minderwertiger Qualität erheblich preiswerter an die Kunden gebracht wurde, verkaufte ich davon mehr als zwanzigtausend Stück. Dieser Erfolg ermöglichte es mir, nun eigene Kollektionen herzustellen. Sie umfassten sechs bis acht Teile, sowohl für Herren wie für Damen. Jacken, Hosen, Hemden, Blusen, alles aus Leder, alles ungewöhnlich, mit schrägen Nähten und bunten Mustern. Ich benutzte das Leder wie weichen Stoff, ich befreite es vom Motorradfahrer- und Trapper-Image, ich machte es salonfähig. Zweimal pro Jahr brachte ich eine neue Kollektion heraus, eine im Frühjahr, eine im Herbst.

Albert Eickhoff hatte bei Leffers in Bielefeld gelernt und war von dort nach Lippstadt gegangen, wo er Modeshows mit diesseits der Alpen noch unbekannten Designern wie Giorgio Armani und Gianni Versace veranstaltete. In der westfälischen Provinz aber kam er nicht wirklich nach vorn, also zog es ihn an die Düsseldorfer Kö, wo er zum Modezar avancierte. Als Albert Eickhoff eine Kollektion von PICCIONE in sein Sortiment aufnahm, war dies der Ritterschlag, der mir den Weg ebnete in die Schaufenster der sogenannten Avantgardisten, einer elitären Vereinigung von zweiundfünfzig Modehäusern, die in ganz Europa die Trends absprachen und setzen. Nach zwei Jahren belieferte ich neunundvierzig von ihnen. Natürlich konnte ich die georderten Stückzahlen nicht mehr in meiner Werkstatt mit einer Handvoll fleißiger Mitarbeiter produzieren.

Zwei Jahre lang ließ ich in Hongkong fertigen. Aber die Kommunikation war schwierig, auch die Zollbedingungen erforderten bürokratischen Aufwand, der mir absolut gegen den Strich ging. Außerdem hatte ich keine Lust, so viele Stunden im Flieger zu sitzen. Als Zeitvergeudung zog ich das Kölner Nachtleben entschieden vor. Ich ging nach Italien, wo die Arbeitskräfte damals noch günstig waren. Aber nach drei nicht pünktlich gelieferten Kollektionen war Schluss mit *domani, domani.* Im Eifelstädtchen Mayen fand ich schließlich, was ich brauchte. Da gab es die Firma Rockel, die mit Hüten groß geworden war und bei der durch die galoppierende Lockerung der allgemeinen Hutpflicht größere Kapazitäten frei waren. In unserer Kölner Werkstatt machten wir fortan nur noch Sondergrößen, Einzelstücke und natürlich die Prototypen der neuen Kollektionen.

Drei Jahre nachdem ich meine KIM auf den Markt gebracht hatte, trug das Girl auf der Titelseite einer von Millionen Frauen gelesenen Frauenzeitschrift mein Modell. Im Heft wurde meine KIM unter der Rubrik »Schneller Schnitt« zum Selberschneidern freigegeben. Mit keinem Wort wurde erwähnt, dass ich den Schnitt kreiert hatte. Urheberrechte sind in der Modebranche schwer einzuklagen. Mir war es ziemlich egal, denn ich hatte immer neue Eisen im Feuer.

In jenen Tagen gelang mir fast alles, was ich anfasste. Die Leute waren hingerissen von meinen Ideen, die ich beliebig in mir abrufen konnte. Ich schaute nicht nach links und rechts, ich besuchte keine Modeschauen, ich blätterte nicht in der Vogue. Ich machte mein Ding.

Es war eine gute Zeit. Ich wohnte im einundzwanzigsten Stock des Coloniahochhauses, genoss den Blick über die Stadt und steuerte jede Nacht meinen Porsche aus der Tiefgarage in Richtung Friesenplatz oder Altstadt. Ich war ein Star der Kölner Szene, obwohl ich selbst meinen Erfolg nicht wirklich ernst nahm. Ich wollte nur genug Geld verdienen, um mir meine Hobbys, zu denen sich das eine oder andere Näschen guten Kokains gesellt hatte, finanzieren zu können.

Meine Freundin Tini wohnte in der Nähe und hatte ihren Kulturbeutel in meinem Bad deponiert. Unsere Beziehung hielt immerhin fünf Jahre. Länger als alle anderen Liebschaften. Kurzzeitig spielten wir sogar mit dem Gedanken, uns in Las Vegas trauen zu lassen. Aber aus irgendeinem Grund, an den ich mich nicht mehr erinnere, ließen wir es dann doch bleiben.

Nach der Zeit mit Tini schaute ich mich anderweitig auf dem Markt um. Als manierlich ausschauender Modemacher mit Porsche, gutem Benehmen und tadellosem Sexualverhalten waren meine Chancen nicht schlecht.

Eines Abends stellte man mir eine sehr interessante Dame vor. Dieses unvergessliche Erlebnis bahnte sich in der Villa von Dieter Müller an. Gemeint ist nicht der Koch, sondern der Stürmer. Mit dem FC-Star und seiner Frau war ich gut bekannt. Auch wenn ich nicht der große Fußballfan war, die Bekanntschaft machte mich stolz, denn Dieter Müller hatte im Jahr 1976 bei der Fußball-Europameisterschaft ein exzeptionelles Glücksgefühl in die Seelen der Kölner tätowiert. Die deutsche Nationalmannschaft lag in Belgrad gegen Gastgeber Jugoslawien im Halbfinale mit 0:2 hinten. Da brachte Trainer Helmut Schön zu Beginn der zweiten Halbzeit den Kölner Mittelfeldstrategen Heinz Flohe. »Flocke«, wie die Fans den filigranen Jahrhunderttechniker liebevoll nannten, machte mächtig Druck, und ihm gelang in der 65. Minute der Anschlusstreffer. Dann schlug die Stunde des Dieter Müller. Karo-Kappen-Helmut schickte den Debütanten in der 79. Minute aufs Feld. Der Mittelstürmer des 1. FC Köln rannte in den gegnerischen Strafraum und erzielte mit seinem ersten Ballkontakt als Nationalspieler den Ausgleich. Die Partie ging in die Verlängerung. Wieder schlug Dieter Müller zu, zweimal hintereinander. Deutschland siegte 4:2 durch vier Kölner Tore und stand im Endspiel gegen die Tschechoslowakei, die Holland rausgeworfen hatte. Nach fünfundzwanzig Minuten führten die Tschechen im Finale mit 2:0, doch Dieter Müller markierte in der 29. Minute den Anschlusstreffer, und Bernd »Holz« Hölzenbein schoss Sekunden vor dem Abpfiff den Ausgleich. Die Verlängerung blieb torlos. Es kam zu dem legendären Elfmeterschießen, in dem ausgerechnet Uli Hoeness, dem abgekochtesten Profi der deutschen Fußballgeschichte, die Nerven versagten. Dieter Müller wurde damit zwar nur Vize-Europameister, aber ihm blieb auf ewig der Rekord, beim ersten Einsatz als Nationalspieler mit drei Toren ein EM-Halbfinale entschieden zu haben. Das wird ihm auch in diesem Jahrhundert niemand mehr nachmachen. Ein Jahr später, am 17. August 1977, stellte Dieter Müller einen zweiten Rekord auf, der ebenfalls immer noch besteht. Beim 7:2 der Kölner im Bundesligaspiel gegen Werder Bremen schoss er sechs Tore. Später wechselte der Ausnahmestürmer nach Bordeaux, wo er mit Girondins 1984 und 1985 französischer Meister wurde. Heute ist Dieter Müller Präsident seines früheren Heimatvereins Kickers Offenbach.

In die Villa der Müllers lud Henny, die lebenslustige Hausherrin, regelmäßig zu Partys ein, und ich war ein gern gesehener Gast. Eines Tages bat mich ein betuchter Herr, der auch immer wieder bei den Müllers auftauchte, um einen Gefallen. Morgen käme ihn eine junge Griechin für eine Woche besuchen, und ihm sei aus geschäftlichem Interesse sehr daran gelegen, dass sich die Dame in Köln wohlfühle. Er selbst habe »keinen Bock«, er schaue lieber Pornos. Ob ich nicht an dem Dinner teilnehmen wolle, das er zu Ehren des Gastes veranstalten lasse? Selbstverständlich dürfe ich an der Seite der Dame sitzen. Ich war natürlich neugierig, um wen es sich bei der geheimnisvollen Griechin handeln könnte. Doch nicht etwa um Nana Mouskouri? Vicki Leandros vielleicht? Nein, sagte der lendenfaule Kuppler, es handele sich um Maria Niarchos, die noch unverheiratete Tochter von Stavros Niarchos, dem reichsten Reeder der Welt, reicher noch als Aristoteles Onassis.

Tatsächlich saß ich bei jenem Dinner neben besagter Dame und zog die anschließenden drei Tage und Abende mit ihr um die Häuser, und sie wäre wohl auch gern mit mir in den einundzwanzigsten Stock des Colonia-Hochhauses geliftet, aber sie war nicht mein Typ, und der Inhalt meiner Unterhose ist unbestechlich. Ich bevorzugte üppige Blondinen mit natürlicher Ausstrahlung, geerdetem Humor und ansteckend guter Laune. Also genau das Gegenteil von Maria Niarchos. Ich stellte sie am vierten Tag einem Kumpel vor, der geprahlt hatte, er, an meiner Stelle, würde »die schwarze Olive« fünfmal pro Tag »poppen«, und nach spätestens hundert Stunden wäre »die Braut« so in ihn verschossen, dass sie ihm Ständer und Eier in flüssiges Gold tauchen und ganzflächig mit Diamanten panieren würde. Ob er dieser vollmundigen Prophezeiung die entsprechenden Taten hat folgen lassen, weiß ich nicht. Tatsache aber ist, dass Frau Niarchos ihn zu einer großen Party nach Griechenland einlud.

In einem Konvoi von Rolls-Royce' seien die Gäste vom Flughafen abgeholt und zu einer riesigen Motorjacht gebracht worden. Die Luxusfregatte habe die illustre Gesellschaft dann zu einer von Niarchos' Privatinseln rübergeschippert, auf der die Party stattfand.

Als ich den Kumpel ein paar Wochen später zufällig im Le Bateau wiedertraf, grummelte er, »die Eule hätte es nicht draufgehabt«, außerdem sitze deren Alter auf der Kohle wie Dagobert Duck, und die dämliche Tochter habe es nicht mal gecheckt, wenigstens einen Maserati für ihn bei ihrem geizigen Vater rauszuleiern. Die ganze Popperei für lau. Voll die Seuche.

Später in einem Urlaub auf Mallorca lernte ich über Playman Manes, der Anfang der 80er auf die boomende Balearen-Insel ausgewandert war, eine Dame kennen, die Geld hatte wie Dagobert Duck und trotzdem meinem Beuteschema entsprach. Sie war blond und üppig, frisch geschieden und Mutter eines Sohnes, dessen Bildung und Erziehung sie einem Elite-Internat in der Schweiz überließ. Das antike Himmelbett in ihrer Villa stammte laut ihrer Aussage aus einem der Schlösser des französischen Sonnenkönigs. Als sie meiner Hüfte eines Nachts demonstrierte, was sie auf dem Rücken eines jungen Lipizzaners gelernt hatte, krachte das Gebälk über uns zusammen. Ich sah aus wie ein Opfer von Goldfinger, flächendeckend berieselt mit Goldstaub. Die Reparatur soll angeblich sechsstellig ausgefallen sein. Ihren Kreisen stellte mich die Selfmade-Milliardärin als den international agierenden Modedesigner Jürgen Kuhl vor, mit dem sie jetzt liiert sei. Es war bizarr. Aber es ging irgendwie. Obwohl es nicht so ganz mein Ding war, im Font eines Rolls-Royce zu sitzen, der von einem Chauffeur mit goldenem Gebömmel an der Jacke gesteuert wurde. Aber so lange wir im Bett zusammen Freude hatten, schluckte ich die Kröte. Meine Kumpels machten natürlich ihre Witze über »De Duv und seine Milliardärin«, und mir selbst war nach den ersten gemeinsamen Abenden klar, dass ich lieber mit der Wespe, dem Schnall-Aff und der Botteram in Caneras J2 oder dem »Clan« in der Kölner Altstadt versackte, als in Meerbusch beim Schönheitschirurgen Professor Doktor Müller-Tittenbau und dem Grafen Kunibert von Hintenrein und dem Honorarkonsul der spanischen Antillen sechzig Jahre alten Chateau migraine von der *Crotte de Chien* zu schlürfen.

Da ich zu der Zeit schon meinen sechsten Porsche fuhr, kannten mich die Händler in der näheren Umgebung. Eines Tages rief mich einer von ihnen an und verriet mir ein Geheimnis. Eine Dame, deren Namen er nicht verraten dürfe, habe sich bei ihm erkundigt, welchen Porsche ich wohl am liebsten zu meinem nächsten Geburtstag geschenkt bekäme. Sie kenne sich nicht aus mit Autos, aber Geld spiele keine Rolle. Der Händler bat mich, ihn in seinem Geschäft aufzusuchen, um die entsprechenden Modalitäten zu besprechen. Natürlich müsse ich den Inhalt dieses Telefonats vertraulich behandeln. Das war das Ende. Beim nächsten Rendezvouz sagte ich der Milliardärin, in ihrem Bett bekäme ich keinen mehr hoch, und verabschiedete mich. Ich stieg in meinen sechs Jahre alten 911, den ich in der Einfahrt zu ihrer Villa geparkt hatte, und gab Vollgas Richtung Köln.

Meine Mode lief wunderbar. Die Avantgardisten verkauften Massen meiner Lederkollektionen. Händler, die nicht zu dieser Vereinigung gehörten, mussten betteln, um von mir ein paar Teile geliefert zu bekommen. Eine Ausnahme machte ich beim Modehaus Goertz. Mit dem Geschäftsführer Jan Mullikas verband mich bald eine lockere Freundschaft. In den guten Jahren verkaufte er tausend Stücke aus dem Hause PICCIONE. Teure Teile, von 400 Mark aufwärts. Eines Tages rief er mich an und sagte, er habe gleich einen Termin bei Porsche Kremer, und er würde sich einen dieser neuen Porsche bestellen, das Modell 928, etwas größer und bequemer als der 911, ob er mir nicht auch einen ordern solle, das könnten wir dann mit den nächsten Lieferungen verrechnen. Ich lehnte dankend ab. Wenn schon Porsche, dann einen richtigen.

Ein paar Monate später lud mich Jan Mullikas zum Rino am Ebertplatz ein und schlug mir vor, die oberste Etage im Stammhaus auf der Hohe Straße als Atelier und Showroom zu nutzen. Zweimal pro Jahr sollte ich dort exklusiv eine Kollektion von zwölf Teilen entwerfen und er, Mullikas, würde die Stücke in der hauseigenen Fabrik in Norddeutschland fertigen lassen und weltweit unter dem Label »Kuhl bei Goertz« vermarkten. Ich erbat mir einen Tag Bedenkzeit. Kurz bevor sie verstrichen war, sagte ich ihm mit der Begründung ab, ich würde immer bis 10 Uhr morgens schlafen und mich ab fünf am Nachmittag mit meinen Kumpels treffen. Das führe garantiert zu Missstimmungen mit ihm, denn er sei doch so ein ganz Genauer, einer, der sieben Tage die Woche von sieben bis sieben für die Firma rackere. Zähneknirschend akzeptierte Jan Mullikas meine Entscheidung und vertrieb weiterhin erfolgreich meine Kollektionen. Als ich ihn Monate später mal wieder persönlich belieferte, sagte er, er habe jetzt einen jungen Designer aus Potsdam gefunden, der im Obergeschoss Entwürfe ausprobiere.

Eines Tages betraten ein ehemaliger Rennfahrer und seine Frau meine Werkstatt. Der sympathische Mann erklärte, sie hätten bei Eickhoff auf der Kö meine Jacken gesehen. Der Automobilhersteller, für den er seit Ende seiner Karriere im Management tätig sei, würde gerne so ähnliche Jacken auf den Markt bringen. Auf die Idee sei er gekommen, weil ein argentinischer Händler angeboten hätte, Autos gegen hochwertiges Leder zu tauschen. Ob ich Interesse hätte, sie zu designen. Da sein Arbeitgeber weltweit agiere, würde mich eine erfahrene US-Firma, die in Frankreich ein großes Zentrum für Sportdesign unterhielt, durch ein paar Modellskizzen auf die richtige Schiene setzen. Okay, sagte ich, ich würde mir die Entwürfe anschauen. Wir schüttelten die Hände, und das freundliche Ehepaar rauschte ab. Eine Woche später bekam ich Post aus Frankreich. Ich schaute über die Skizzen und griff zum Telefon. Ich erklärte dem Exrennfahrer, mit den Entwürfen würde sein Brötchengeber mit Sicherheit nicht glücklich, das seien keine sportlichen Jacken, sondern Zuckersäcke, auf die höchstens ein paar texanische Hillbillies abführen. Wenn er wolle, sagte ich, könne er in zehn Tagen wieder bei mir vorbeischauen, dann hätte ich ihm ein paar Vorschläge zu unterbreiten.

Schon nach neun Tagen suchte mich der Manager, diesmal ohne Frau, wieder auf, und ich konnte ihm fünf komplett fertige Lederjacken vorlegen. Die Teile waren mir sehr gut gelungen. Das sah der Exrennfahrer genauso. Begeistert sagte er, er müsse jetzt nur noch mit dem argentinischen Lederlieferanten darüber reden, wie, wo und wann gefertigt werden solle. Wenn er die Kollektion nicht bei mir produzieren lasse, bekäme ich eine Mark pro verkauftes Teil. Damit war ich einverstanden. Wir schüttelten erneut die Hände.

Drei Monate später stand der Mann wieder bei mir am Zuschneidetisch. Er sagte, man habe mit dem argentinischen Leder herumexperimentiert und festgestellt, dass es sich zwar für Autositze eigne, aber zu hart sei für Kleidung. Man habe sich jetzt für ein strapazierfähiges, wasserabweisendes Textil entschieden, ob ich mit 50 Pfennig pro verkauftem, nach meinen Entwürfen gefertigtem Teil einverstanden sei. Ich überlegte kurz und nickte. »Sollen wir es schriftlich machen?«, fragte ich.

Der sympathische Manager klopfte mir auf die Schulter und erwiderte: »Mein Handschlag ist mehr wert als alles unterschriebene Papier dieser Welt.« Er streckte mir seine Hand entgegen, und ich ergriff sie.

Vier Jahre später traf ich auf der Hohe Straße zufällig seine Frau. Sie fragte, wie es mir ginge, und ob ich mich schon zur Ruhe gesetzt hätte. Ich verneinte und sagte, so weit sei ich leider noch nicht. Da fragte die Dame lächelnd, was ich denn mit den Millionen vom Arbeitgeber ihres Mannes gemacht hätte. Millionen?, fragte ich zurück, von welchen Millionen sie spreche? Sie war tatsächlich verwirrt und sagte, sie hätten doch vor Kurzem in München eine Feier gehabt, dabei habe der Vertrieb stolz verkündet hatte, von den Jacken und Blousons, die ich entworfen hätte, seien bereits zehn Millionen Stück weltweit verkauft worden. Da musste ich schlucken. 50 Pfennig pro Stück hatte mir der Manager nicht schriftlich, sondern per Handschlag zugesichert. Seit jenem Gespräch an meinem Zuschneidetisch hatte ich ihn nur noch ein paarmal im Fernsehen gesehen. Keine einzige Mark hatte mir der Exmotorsportler überwiesen.

Später flüsterte mir eine Sekretärin aus der Chefetage seines Unternehmens ins Ohr, die Firma habe meine ursprünglichen Entwürfe so gut wie unverändert zwölf Jahre lang auf allen fünf Kontinenten sehr erfolgreich verkauft. Wenn ich auch nur von den zehn Millionen Teilen ausging, von denen die Frau des Exrennfahrers vier Jahre nach dem Handschlagvertrag gesprochen hatte, mit dem mir 50 Pfennig Lizenzgebühr pro Stück garantiert worden waren, schuldet der Konzern mir in jedem Fall 5 Millionen Mark, was einer aktuellen Summe von 2.556.450 Euro entspricht. Auf die mir bis heute entgangene Verzinsung dieser Summe würde ich bei prompter Überweisung wohlwollend verzichten. Aber auch ohne die unterschlagenen Provisionen aus der Autoindustrie ging es mir damals finanziell nicht schlecht.

Auf der Düsseldorfer Messe IGEDO schimpfte Albert Eickhoff augenzwinkernd mit mir, ich sei zu bequem und zu faul, ich könnte viel mehr aus meinem Talent machen, ich sei schließlich der deutsche Roberto Cavalli. Diese Aussage spornte mich etwas an, denn ich war tatsächlich mit den Entwürfen und den Schnitten für die beiden jährlichen Kollektionen von PICCIONE weitgehend unterfordert. Ich nahm das Angebot der Firma Walter an und designte für den süddeutschen Modehersteller ein paar Jahre lang die Kollektionen. Dann kam noch ein freakiges Unternehmen aus Mailand dazu. Die Italiener quartierten mich in Schlosshotels ein, zahlten im Voraus, nannten mich *Maestro* und verbeugten sich bis zum Boden vor mir. Auch mal ganz nett.

Ein Großhändler aus Nordhorn hatte von Pierre Cardin die Entwürfe für eine Kollektion in edlem Leder gekauft und fragte mich, ob ich für ihn die Produktion übernehmen könne, denn seine Schneidereien kämen damit nicht zurecht. Meine Leute und ich kamen damit zurecht.

Mitte der 80er beschlossen die Avantgardisten, nun eine Saison lang total auf den Safaristil zu setzen. Nein, sagte ich zu Frau Elscheid, Safarilook in Leder, das gefiele mir nicht. Wenig später erhielt ich von Albert Eickhoff einen Brief, in dem er schrieb, die Avantgardisten seien ein Zusammenschluss von Geschäftsleuten und nicht von mimosenhaften Künstlern. Wenn ich mich nicht an die Gepflogenheiten hielte und das abliefere, was man von mir verlange, sei ich raus aus der Nummer. Ich zuckte mit den Schultern. Auf Safarilook in Leder hatte ich keinen Bock. Das funktionierte nicht. In Afrika ist es heiß, ein dazu passender Look muss aus leichten, luftigen Stoffen gefertigt sein, und nicht aus Leder.

Nach fünfzehn Jahren ging mir die Modebranche sowieso ziemlich auf die Nerven, und schon seit Längerem sehnte ich eine Veränderung herbei. Auch meinen treuen Mitarbeitern war es ganz recht, dass ich mein Atelier auflöste. Die einen wollten zurück in ihre Heimat, die anderen wollten sich selbstständig machen. Aber ich hatte noch Berge von Leder übrig, und ich hatte Erfahrungen und die nötigen Maschinen, um Leder im Siebdruckverfahren zu verzieren. Damals war Louis Vuitton ganz vorne mit seinen Taschen, die flächendeckend mit dem Firmenlogo, den sich teils überlagernden Initialen L und V, ähnlich wie das von Yves Saint Laurent, bedruckt waren. Kleidung stellte die Firma Louis Vuitton damals noch nicht her. Ein paar meiner Jacken aus naturbraunem Nappaleder bedruckte ich mit dem LV-Logo und zeigte die Stücke Tom Schreiber. Der Großhändler, der im Düsseldorfer Imotexhaus residierte, war begeistert von der Idee und bestellte dreißig Stücke mit dem Louis-Vuitton-Muster – Mäntel, Hosen, Jacken. Sie waren sofort verkauft. Schreiber orderte Nachschub. Innerhalb von zwei Monaten hatte Schreiber zweihundert Stück verkauft. Bei den Zahlen wurde mir etwas mulmig. Früher oder später würde Louis Vuitton dahinterkommen, und dann gäbe es sicherlich Ärger. Warum sollte man sich nicht miteinander in Verbindung setzen? Vielleicht gefiel den Franzosen ja die Idee, und ich könnte exklusiv für sie eine Lederkollektion entwerfen.

Dazu kam es leider nicht, denn als wir dem Artdirector in Paris drei unserer Modelle vorlegten, schüttelte er den Kopf und sagte, er würde nicht mit Deutschen zusammenarbeiten. Okay, sagten wir uns, als wir Paris verließen, und präsentierten unsere Idee Michael Cromer, der mit seinem Label MCM erfolgreich die Idee von Louis Vuitton kopierte, in dem er ein großes Sortiment an Taschen mit gestylten Initialen bedruckte. Jeder kannte MCM. Schön waren die Produkte nicht, aber man erkannte sie und wusste, das sie eine Menge Geld kosteten. Ein perfekter Image-Artikel. Michael Cromer war von unserer Idee angetan. Aber er wollte kein großes Risiko eingehen, und wir einigten uns darauf, dass ich die Kollektion lieferte und er sie gegen eine Beteiligung von 10 Prozent vertrieb. Wobei ich bei einem Dreijahresvertrag einen Umsatz von 1.200.000 Mark garantierte, Cromer also einen Verdienst von 120.000 Mark sicherhatte. Er war einverstanden, und ich entwarf ein paar Modelle für Damen und Herren. Entweder aus hellbraunem Leder, bedruckt mit dunkelbraunen MCMs, oder aus weißem Leder, bedruckt mit dunkelblauem Emblem. Die Sache lief gut, und nach einem Jahr hatte Cromer schon 60.000 an Provision einstecken können.

Bei seinen Taschen ging der Trend dahin, immer mehr Logos auf das Leder zu drucken, die Taschen damit regelrecht zu mustern. Die Käuferinnen machten sich freiwillig zu Werbeträgerinnen des Hauses MCM, und sie bezahlten noch dafür, und zwar reichlich. Diesen Effekt wollte Cromer nun auch mit einer neuen Jackenkollektion erzielen, ich sollte das Leder mit Hunderten von Logos bedrucken und auch mehr Gold und Kitsch unterbringen bei Knöpfen und Schnallen. Das gefiel mir nicht. Cromer aber bestand auf seinem Konzept. Da trennten sich unsere Wege, und ich musste geradestehen für die noch offenen 60.000 Mark an von mir garantierter Provision. Die Summe konnte ich stemmen, aber viel mehr an Rücklagen hatte ich nicht erwirtschaftet. Jahrelang hatte ich gigantische Umsätze gemacht, aber irgendwie kam von dem Geld bei mir nicht viel mehr an als das, was ich Monat für Monat verjubelte. Egal, es musste vorangehen.

Die Idee mit dem bedruckten Leder und meine Einblicke in das MCM-Imperium gärten in meinem Kreativzentrum, und eines Morgens hatte ich die Erleuchtung. Eine Taschenkollektion mit der Micky Maus! Sogleich setzte ich mich an den Zeichentisch und entwarf Handtaschen, Sporttaschen, Reisetaschen, Rucksäcke und Golfbags. Die Produkte sollten aus weißem Leder gefertigt und mit kleinen Micky Mäusen bedruckt werden. Als ich mit den Entwürfen zufrieden war, rief ich bei der Disney-Company an, und dort sagte man mir, die Lizenz für Taschen sei weltweit vergeben. Wo sitze denn der glückliche Lizenzverwalter, fragte ich und war überrascht, als die freundliche Amerikanerin mir eine Adresse in Wuppertal buchstabierte. Dort rief ich an und machte einen Termin. Der Herr empfing mich leicht unterkühlt, aber er taute ruckzuck auf, als er meine Entwürfe sah. Er führte mich in seinen Showroom und zeigte mir die Schulranzen, Campingbeutel und Umhängetaschen, die mit Disney-Motiven bedruckt waren. Er deutete nacheinander auf die Produkte und nannte die Verkaufszahlen. 400.000, 1,3 Millionen, 800.000 und so weiter. Dann blieb er stehen und schaute mir offen ins Gesicht. »Herr Kuhl, ich glaube, Ihre Produkte könnten weltweit besser laufen als all die, die Sie hier sehen. Wenn Sie Interesse an dem Geschäft haben, legen Sie mir jeweils dreißig Prototypen Ihrer Entwürfe vor. Einen für jeden unserer Bosse im Stammhaus.«

»Kein Problem«, sagte ich und überschlug grob die Kosten. »Mit 70.000 Mark wären Sie dabei.«

»Nicht, dass wir uns missverstehen«, erwiderte er, »die Prototypen müssen Sie vorfinanzieren.«

»Zurzeit kann ich das nicht.«

»Das ist bedauerlich«, sagte er. »Aber die Sache läuft uns ja nicht weg. Wenn Sie wieder bei Kasse sind und mit den Prototypen bei mir erscheinen, sind wir sofort im Geschäft.«

Als ich eine halbe Stunde später in meinem 911er über die A1 aufs Leverkusener Kreuz zuflog, sagte mir meine innere Stimme: Mit den Micky Mäusen kannst du Millionen machen. Aber spätestens in einem halben Jahr musst du mit der Musterkollektion antanzen, sonst ist die Sache gestorben.

Ich brauchte eine Idee, wie ich die 70.000 Mark für die Produktion auftreiben konnte. Als ich am Kreuz Köln-Ost in Richtung Zentrum abfuhr, hatte ich eine.

17.

Vom einundzwanzigsten Stockwerk des Colonia-Hochhauses aus war ich vor einiger Zeit nach Müngersdorf in ein geräumigeres Objekt gezogen, in das dreigeschossige Vorderhaus einer eleganten und hochwertigen Baumaßnahme in der Belvederestraße. Im Souterrain hatte ich einen hellen Atelierraum, der groß genug war, um darin meine Modekollektionen zu kreieren und Einzelstücke zu produzieren. Aus dem Eingangsbereich des Ateliers führte eine Wendeltreppe zu einer 100 Quadratmeter großen Wohnung hoch, und die Penthouse-Wohnung darüber gehörte auch zu der Einheit, genauso wie eine 200 Quadratmeter große Lagerhalle und ein Einliegerapartment. Ich bezog das Penthouse, und die Wohnung darunter vermietete ich unter an Kumpel Manni Müller. Die Gesamtmiete für das Objekt betrug monatlich 7500 Mark, 1000 davon zahlte Manni. Wenn man das Atelier betrat, fiel der Blick auf eine hohe weiße Wand, rechts davon war die aus rohem Stahl geschweißte Wendeltreppe, die zu meiner Wohnung führte. Dieser Anblick wirkte sachlich und leblos.

In der Kölner Altstadt hatte Hermann Wünsche mit seinem Lebensgefährten eine große Galerie eröffnet, in der er hauptsächlich Bilder von Andy Warhol ausstellte. Wünsche verband mit dem Pop-Art-König eine enge Freundschaft, und er vertrat ihn damals exklusiv in ganz Europa. Die Männer hatten sich 1972 in New York kennengelernt, auf einer Vernissage in Warhols Factory.

Wünsche hatte auf der Kronprinzenstraße in Bonn eine Galerie und ein paar Häuser, daneben »Die Nachtigall«, eine exklusive, plüschige Bar, in die er nur Leute einließ, die er kannte.

In der Factory lernte Andy Warhol auch Gunter Sachs kennen. Der Weltbürger aus Deutschland und der ebenso scheue und sensible wie auch ungemein ehrgeizige Künstler mochten und respektierten sich. Zurück in Deutschland mietete der *adorable good lookin' german playboy* an der Milchstraße in Hamburg Galerieräume an und behängte die Wände mit Gemälden des schrillen US-Tschechen. Er ließ den Künstler zur Ausstellungseröffnung einfliegen und organisierte zu dessen Ehren eine riesige Party. Warhol liebte Partys. Weil er es hasste, allein zu sein. *One's a company, two's a crowd, three's a party,* lautete eine der Weisheiten, mit denen der Underground-Star seine Umwelt befruchtete.

Als Warhol sich nach dem rauschenden Fest wieder im Flugzeug zurück zum Big Apple befand, bot die Fotografin Angelika Platen, von Sachs als Galeriechefin eingestellt, die Pop-Art-Exponate zum Verkauf an. Doch die deutsche Society war damals noch nicht reif für Warhols plakative, grelle Kunst. Keines der in Pöseldorf ausgestellten Werke, die zwischen 3000 und 5000 Mark gekostet hätten, fand einen Käufer. Gunter Sachs, dem diese Tatsache Warhol gegenüber unangenehm war, kaufte selbst die Hälfte der Exponate. Eines davon war *Superman,* für das Sachs 2004 bei einem Privatverkauf 25 Millionen US-Dollar erhielt. Das Bild gilt als das wertvollste Werk der Pop-Epoche.

Warhol besuchte Hermann Wünsche, und der Galerist regte ihn an, Johann Wolfgang von Goethe, Willy Brandt und später auch Mildred Scheel in seiner bunten Siebdrucktechnik zu porträtieren. Bei Andys nächster Visite bat Wünsche ihn dann, eine Serie vom berühmtesten Sohn seiner Heimatstadt Bonn, von Ludwig van Beethoven, zu erstellen und pünktlich zur Eröffnung der neuen Galerie in Köln auch noch eine vom Dom, variiert in verschiedenen Farbkompositionen.

Beethoven in Bonn, der Dom in Köln und bundesweit der Überdeutsche Goethe, in nummerierten Auflagen, jedes Blatt handsigniert von Andy Warhol, das wurden Hermann Wünsches Renner. Mir persönlich gefielen die *Flowers* besser. Davon zehn Drucke in verschiedenen Farben, fünf nebeneinander und darunter die anderen fünf, das würde super aussehen auf der leeren Wand neben meiner Wendeltreppe in Müngersdorf. Ich fragte Wünsche, für wie viel die zehn Siebdrucke zu haben seien, die im Schaufenster seiner Galerie hingen.

»Weil du's bist«, antwortete er, »gebe ich dir die zehn zusammen für 30.000 Mark. Selbstverständlich limitiert, nummeriert und von Andy signiert.«

»Ganz schön hochpreisig«, kommentierte ich und erbat mir Bedenkzeit. Ich holte meine Polaroid aus dem Auto und machte eine Aufnahme von den *Flowers* im Schaufenster der Galerie.

Da ich in den letzten Jahren mein Leder im Siebdruckverfahren mit Mustern, Ornamenten oder den Logo-Monogrammen von MCM und Louis Vuitton bedruckt hatte, konnte ich auf die gleiche Art auch Holz- und Kunststofffurniere, Pappe, Leinwände, Zeichenkartons und jede Art von Papier bearbeiten. Alle Maschinen, Werkzeuge, Materialien und Farben hatte ich in meinem Atelier.

Mit dem Polaroid von Warhols *Flowers* aus Wünsches Schaufenster verzog ich mich in mein Atelier, wo vor zwei Wochen, Ende Mai 1985, die letzte meiner Mitarbeiterinnen ihren Platz hinter einer der Ledernähmaschinen geräumt hatte.

Nach drei Tagen waren meine ersten *Flowers* fertig. Ich ließ sie rahmen und hängte sie an die Wand neben der Wendeltreppe. Es sah toll aus, und technisch war die Herstellung absolut simpel gewesen. Ich hatte die Farben etwas peppiger gemacht, und wie mir meine Besucher bald bestätigten, sahen meine *Flowers* besser aus als die von Warhol selbst beziehungsweise als die des Druckers, der sie für den Maestro hergestellt hatte.

Ich fotografierte meine dekorative Wandbehängung und zeigte das Foto dem Galeristen Hohmann, der in der damals Schweizer Ladenstadt genannten Einkaufspassage am Opernhaus eine Galerie für Poster, Kalender, signierte Serigrafien, Grafiken und preiswerte Gebrauchskunst betrieb. Hohmann gefielen meine *Flowers*, und er ermunterte mich, diese Art Siebdrucke mit verschiedenen Motiven in größeren Auflagen herzustellen und über ihn vertreiben zu lassen.

Ich programmierte mein Hirn und ließ mich in den kreativen Tunnel hinabgleiten. Ich arbeitete Tag und Nacht. Am 7. Juli, es war ein sonniger Samstagnachmittag, kam Manni Müller zu mir runter. Er war total aufgekratzt und schrie mit triumphierender Stimme: »Der Fuss hat tatsächlich gewonnen. Das gibt's nicht!«

Ich konnte es nicht leiden, bei der Arbeit gestört zu werden. Entsprechend genervt schaute ich vom Siebdruckrahmen hoch und knurrte: »Was brabbelst du da?«

»Bobbele hat Wimbledon gewonnen!«

»Wer hat was?«

Manni reckte die Arme in die Luft und krakeelte verzückt: »Der hat es echt gepackt! Der rothaarige Schlacks, der immer flucht und heult und quer zum Netz über den Tennisplatz hechtet!«

»Sagt mir nichts.«

»Als erster Deutscher überhaupt hat Boris Becker vor ein paar Minuten Wimbledon gewonnen!«

»So kann's gehen«, sagte ich schulterzuckend.

»In der Glotze reden sie seit einer Woche über nix anderes mehr als über den ›17-jährigen Leimener‹!«

»Mein Fernseher geht nicht. Das Antennenkabel ist kaputt.«

»Und Zeitung liest du auch nicht?«

»Nein.«

Mein Untermieter verstand die Welt nicht mehr. »Du hast echt einen an der Waffel, Duv«, konstatierte er kopfschüttelnd und verzog sich wieder. Ich konnte in Ruhe weiterarbeiten.

Meine ersten hundert Drucke hatte Hohmann innerhalb von einer Woche verkauft, zum Preis von 120 Mark, davon erhielt ich wie verabredet die Hälfte.

Ein großer Hamburger Kunstdruck-Vermarkter zeigte Interesse. Er kam mich im Atelier besuchen und empfahl mir, einige meiner Modezeichnungen im Siebdruckverfahren herzustellen. Ein Holländer fragte an, ob ich *Marilyns* wie die von Warhol draufhätte, und Hohmann sagte, ich solle »Kölner Dome, Kölner Dome und nochmals Kölner Dome« machen. Ich hatte einiges zu tun und stellte wieder ein paar Leute ein. Im nächsten Weihnachtsgeschäft war ich richtig gut positioniert. Meine Palette reichte von Goethe und Beethoven, Mao und Che, Picasso und Einstein, über Marilyn, James Dean, Marlene, Marlon Brando, Humphrey Bogart, Elvis und Mick Jagger über *Flowers* und die New Yorker Skyline bis zum Häuptling der Indianer und den *Kölner Domen.* Ich fälschte Warhol nicht. Ich verkaufte Bilder von Jürgen Kuhl. Ich benutzte zwar Warhols Technik und ich übernahm einige Motive von ihm, aber immer veränderte ich sie leicht. Ich spiegelte sie, setzte sie anders ins Bild, kombinierte sie mit anderen Elementen oder kolorierte sie anders. Und ich ließ sie unsigniert. Wenn ein Käufer es unbedingt wollte, schrieb ich mit einem Silberstift meinen Namen unten rechts in die Ecke.

Der poppige Siebdruckstil war enorm angesagt, weil man ihn so gut wie überall als dekorativen Wandschmuck einsetzen konnte. In fast jedem Friseurladen, in fast jeder Boutique, in vielen Kneipen, Cafés und Klubs, in Möbel- und Hausratgeschäften, in Arztpraxen, Bankfoyers und natürlich in privaten Wohnungen, von der Studentenbude bis zum edlen Salon, hing mindestens ein Druck im Warhol-Look. Ein alter Bekannter, Pit Kertz, der sich und seinen cremefarbenen Bentley für Hochzeitsfahrten, Eventtouren oder Filmaufnahmen vermietete, bot mir an, mich bundesweit zu vertreten. Pit war attraktiv, groß, blond und ausgebildeter Physiotherapeut, er lebte in einem alten Wasserschloss in der Nähe von Köln, und er hatte immer einen originellen Spruch auf den Lippen. Zudem kannte er eine Menge interessanter Leute. Unter anderem war er seit gemeinsamen Kindertagen eng mit dem Kölner Urgestein Heiner Lauterbach befreundet. Als Pit dann als mein Generalvertreter agierte, stellte sich aber mehr und mehr heraus, dass er vor allem eine belehrungsresistente Diva war, schlecht organisiert, chaotisch, versponnen, launisch, unzuverlässig und besserwisserisch. Andererseits war er zu liebenswert und im Prinzip zu arglos, um ihn achtkantig rauszuschmeißen. Ein normalerer Vertreter, halbwegs erfahren und nicht so selbstverliebt, hätte mir mit Sicherheit erheblich mehr Umsatz beschert. Trotzdem kam regelmäßig eine ordentliche Menge Kohle rein. Zeitweise druckten sechs Mann im Atelier, und meine Sekretärin kam kaum damit nach, alle Rechnungen und Mahnungen zu schreiben.

Auf einer Party stellte sich mir Klaus Mengers vor, der NRW-Chef von Douglas. Er kannte meine Kollektionen aus der Zeit von PICCIONE und fragte, ob ich für die Parfümeriekette eine Textilserie entwerfen könne, bestehend aus allem, was man im Bad und am Strand brauche. Erst zögerte ich, denn mit Klamotten hatte ich innerlich abgeschlossen. Dann kam mir die Idee, wie sich meine kreativen Vergangenheiten miteinander kreuzen ließen. Ich kreierte Bademäntel mit im Warholstil bedrucktem Innenfutter, für die Damen die Marilyn, für die Herren James Dean, und dazu passend im selben

Muster Höschen, Badeanzüge, Bikinis, Shorts, Badelatschen, Strandtasche, Kulturbeutel, Schminktäschchen, Maniküre-Etui, Brieftasche und Portemonnaie. Mengers war begeistert. Aufgetankt mit großer Zuversicht präsentierte er meine Entwürfe dem Vorstand des Konzerns. Auch diese Herrschaften waren durchaus angetan. Aber nach langer Debatte entschieden sie sich doch dagegen. Düfte und Körperpflege seien nun mal das Kerngeschäft. Um ein umfassendes und anspruchsvolles Textilprogramm zu starten, müssten die Filialen neu gestaltet, das Personal umgeschult und eine angepasste Imagekampagne hochgefahren werden, kurz, der Aufwand sei zu groß.

In einer großen Tageszeitung erschien ein Artikel über mich, »den Warhol von Köln«. Ab diesem Tag fragten die Kunden bei Hohmann und in den vielen anderen Läden, die meine Drucke vertrieben, nicht mehr: »Ist das ein echter Warhol?«, sondern: »Ist das ein Warhol von dem aus New York oder von dem aus Köln?

Als Andy Warhol sich mal wieder in Köln angesagt hatte, veranstaltete Hermann Wünsche in seiner Galerie am Altermarkt für seine prominenten und kapitalstarken Kunden eine exklusive Gala-Vernissage in Anwesenheit des Künstlers. Dazu lud der Galerist auch mich ein. Er kannte meine Drucke, und ihn wurmte mein Erfolg. Aber ihm war klar, dass man mir rechtlich nichts anhaben konnte. Allgemein bekannte Porträts von Marilyn, Elvis oder Bogart im Siebdruckverfahren zu kolorieren, das konnte urheberrechtlich nicht geschützt werden. Nur meine Kölner Dome waren, nach Wünsches Ansicht, zu nah dran an denen von Warhol. Womit er recht hatte. Da Hermann Wünsche aber juristische Streitereien vermeiden wollte, stellte er mich dem Guru in seiner Galerie vor und reichte ihm Polaroids *meiner* Dome. Bevor Andy Warhol sich die Fotos anschaute, schaute er mich an.

»Are you magrebinian?”

»Magrebinian?«

Ich war groß, schlank, hatte damals schwarze Haare, einen buschigen Schnurrbart und den gelblichen Teint eines Nachtfalken. Vielleicht entsprach dieses Äußere Warhols Klischeevorstellung von männlichen Angehörigen nordafrikanischer Völker.

»No, I'm not magrebinian«, antwortete ich. »I'm from Brownsfield.«

»Brownsfield? Is that in the north of Africa?«

»No. It's in the west of Cologne.«

»Is it sexy that Brownsfield?«

»Not really.«

Daraufhin hob der Meister die Polaroids vor seine Brillengläser, betrachtete sie und sagte: »If you change the point of view, it's okay for me. You understand?« Er streckte dabei die Hand aus und knickte sie ein wenig ab.

»No problem«, erwiderte ich.

Ich machte neue Fotos vom Dom, aus anderen Perspektiven, von anderen Standorten aus. Eines dieser Fotos nahm ich dann als Vorlage für meinen neuen Dom.

Ein Banker, dem ich mal bei einer etwas heiklen Aktion geholfen hatte – es ging um die Rückführung nicht ganz koscher erwirtschafteter Gelder von einem Züricher Nummernkonto in ein Kölner Bankdepot –, bat mich, Collagen aus vergrößerten Details der D-Mark-Scheine zu kreieren. Ich machte eine limitierte Auflage von hundert Stück. Dafür erhielt ich 10.000 Mark und der Banker originelle Weihnachtsgeschenke, mit denen er sein geschäftliches Umfeld entzücken konnte.

Meine Maschinen ratterten rund um die Uhr. Es lief mal wieder wie geschmiert. Der Markt schluckte, was ich ihm ins Maul warf.

In den nächsten zehn Jahren verkaufte ich weltweit grob geschätzt einhunderttausend meiner Drucke, je nach Motiv und Größe für 60 bis 250 Mark. Immer mal fiel mir ein, dass ich für Disney eine 70.000 Mark teure Taschenkollektion produzieren sollte. Irgendwann raffte ich mich auf und rief in Wuppertal an. Eine Frau hob ab. Auf den Mann angesprochen, mit dem ich einst verhandelt hatte, sagte sie, besagter Geschäftsführer sei vor zwei Jahren gestorben.

Seit 1987 war auch Andy Warhol tot. Unter bis heute nicht geklärten Umständen starb er während einer als harmlos eingeschätzten Operation seiner Gallenblase. Auch seine beiden rheinischen Galeristen überlebten Andy nur um wenige Jahre. Hermann Wünsche starb an Aids, sein Geschäftspartner und Lebensgefährte wurde von einem Strichjungen erstochen.

Ende der 80er wanderten viele Deutsche nach Mallorca aus. Es galt, neues Terrain zu erobern. Viele Mittelständler verkauften ihre Betriebe, um auf der Baleareninsel ihren Lebensabend zu verbringen. Ihnen folgte, getrieben von der Hoffnung, sich dort eine neue Existenz aufzubauen, ein Heer von Glücksrittern, Gestrauchelten, von der eigenen Vergangenheit Verfolgten und von Justiz, Steuerbehörden oder Exehepartnern Gesuchten. Überall auf der Insel entstanden deutschstämmige Biotope. Als sich dann in Deutschland auch noch die ehemaligen KGB-Leute aus Russland und Kriminellen aus Albanien die florierenden Poppmeilen von St. Pauli und anderen Rotlichtbezirken unter ihre Nägel rissen, siedelte auch jede Menge gefrustetes Milieu nach Mallorca rüber.

Viele meiner Freunde lebten mittlerweile auf der geräumigen Insel. Da es immer mehr und immer preiswertere Flüge gab, pendelten einige von ihnen regelmäßig zwischen Köln-Wahn und Palma de Mallorca.

»Okay«, sagte ich mir, »was soll der ganze Scheiß? Verkauf den Kram, und lass dir auf der Insel das ganze Jahr über die Sonne auf den Bauch scheinen.«

Mit meinem Steuerberater ging ich die Lagerbestände durch, und wir kamen auf einen Verkaufswert von 1,6 Millionen Mark. Eigentlich gab es nur drei große Poster- und Kunstdruckunternehmen, die in der Lage waren, eine solche Investition zu tätigen. Der Geschäftsführer der einen Firma, die gleichzeitig ein guter Kunde von mir war, reiste aus Hamburg an und bot 400.000 Mark für alles, inklusive der Druckmaschinen. Ich überschlug die Summen und kam zu dem Schluss, dass die angebotene Summe nicht reichen würde für einen sorgenfreien Lebensabend an der Bahia de Palma. Für 600.000 würde ich es machen, sagte ich nach kurzer Überlegung. Da müsse er drüber schlafen, erwiderte der Hanseat. Wir schüttelten die Hände, und er fuhr weg in Richtung Wasserkante. Der eine der verbliebenen beiden Kandidaten hatte kürzlich eine Firma in Österreich übernommen und war deshalb nicht liquide, der andere meldete sich erst gar nicht auf meine Anfrage.

Ich machte zwar noch Umsatz, aber ich spürte, die Luft war so ziemlich raus. Dome, Beethovens, Maos, Marilyns und *Flowers* drucken und verkaufen. Immer dasselbe. Routine langweilte und zermürbte mich.

Ich versuchte es mit Originalen. Auf große Leinwände, gespannt auf doppelte Keilrahmen, malte ich mit grellbunten Acrylfarben gefällige Motive wie Disney-Figuren in Action und berühmte Sehenswürdigkeiten, oder ich erstellte aus spektakulären Pressefotos und Filmplakaten poppige Collagen. Die Bilder waren sehr dekorativ. Obwohl ich sie recht günstig für 900 Mark anbot, liefen sie nicht so, wie ich mir das erhofft hatte. Mein früheres Problem war auch mein aktuelles. Ich hatte gute Ideen, stellte gute Produkte her, aber mir glückte keine funktionierende Vermarktung. Die Folge war, dass für mich – ähnlich wie in der Modebranche – auch im Kunstgewerbe nicht viel mehr hängen blieb als die Kohle, die ich brauchte, um Monat für Monat meine nicht unerheblichen Fixkosten zu stemmen.

Mein Vertreter Pit Kertz hatte auch die Nase voll. Nicht mit Koks und auch nicht von meinen Drucken, sondern von seiner damaligen Liebschaft, einer strahlenden Blondine, von der er sich wechselweise verkannt, verzaubert, verarscht, verführt, verfolgt, verhext oder geliebt fühlte. Er suchte Abstand und fand ihn in Thailand, in Pattaya. Sie hieß Phuong-Anh.

Mein bester Drucker wurde mit einigen Kilo Kokain im Kofferraum hochgenommen, ein anderer brach über dem Siebdruckrahmen zusammen und kam auf die Geschlossene nach Düren, um sich dort vom Heroin zu verabschieden. Ein guter Kunde, satt fünfstellig bei mir in der Kreide, hatte über Nacht seine Familie verlassen, seine Konten geplündert und war bei seiner Geliebten in der Ukraine abgetaucht. Die internationalen Kunden blieben weitgehend der für mich sehr wichtigen Frankfurter Messe »Ambiente« fern und besuchten die neue Messe in Birmingham, auf der meine Großhändler als Aussteller nicht zugelassen wurden.

Dazu kam, dass alle Baumärkte und Möbelhäuser, allen voran der Branchenkrösus mit dem Elch, verstärkt Kunstdrucke und keilgerahmte, mit gängigen Motiven bemalte Leinwände in ihre Programme aufnahmen.

Der Wind wurde kälter. Und ich sehnte mich nach Sonne.

18.

Es war im Oktober 1998. An einem grauenvollen Dienstag. Es regnete in Strömen. Meine beiden letzten Drucker lümmelten sich im Atelier herum und sortierten die Bestände, weil keine neuen Bestellungen eingegangen waren. Meine Sekretärin lackierte sich die Fingernägel, und ich saß am Fenster, rauchte eine Zigarette nach der anderen und schaute auf die Regentropfen, die im stockenden Slalom draußen an der Scheibe runterrutschten. Ich stand auf, fuhr nach Aachen ins Casino und spielte mein System. Ich war ungeduldig und verlor.

Ich fuhr zurück nach Köln, stoppte vorm »Römerbad«, überlegte einen Moment, ob ich mir Stubbes neue Mädchen anschauen sollte, gab dann aber doch wieder Gas und stieg am Rudolfplatz aus meinem Wagen.

Ich kannte alle Gestalten, die im Santa Marlena und im La Strada abhingen, aber mit keiner hätte ich mich auch nur fünf Minuten lang unterhalten wollen. Ich ließ den Wagen vor der Kaufhalle stehen und ging zu Fuß zum Bepi, dem seit Jahren bestens etablierten Italiener auf der Breite Straße, gegenüber von Neven DuMonts Schaltzentrale. Als ich das zu dieser Tageszeit und bei diesem Hundswetter düstere und so gut wie unbesuchte Lokal betrat, strangulierte mich augenblicklich eine rabenschwarze Schwermut. Was verdammt noch mal hatte ich in dieser nach Knoblauch und Oregano miefenden Gaststätte verloren? Was überhaupt in diesem erbärmlichen Köln? Warum war ich eigentlich noch ein Bestandteil dieser ganzen verödeten Welt?

Ich musste mir diese unangenehmen Fragen aber dann doch nicht beantworten, denn der einzige Mann, der an diesem lausigen Nachmittag an der Theke vom Bepi saß, rutschte vom Barhocker und trat auf mich zu.

»Ich wusste, dass ich dich hier treffe«, sagte Henning.

»Seltsam«, gab ich zurück. »Ich war eigentlich gerade auf dem Weg zum Herrenklo und wollte mich an der Kette vom Spülkasten aufhängen.«

Henning lächelte. »Also doppelt gut, dass ich mich immer noch auf meine Intuition verlassen kann.«

»Wie bitte, was?«

»Lass uns spazieren gehen.«

Ich zuckte mit den Schultern.

Wir schlenderten über die Breite Straße zurück in Richtung Ring. Ich kannte Henning seit vielen Jahren. Er war alles andere als ein profilierungssüchtiger Szene-Schwätzer. Sein Ruf war tadellos. Er hatte sich immer korrekt verhalten. Vielleicht war er deshalb mit verschiedenen Versuchen, wohlhabend zu werden, immer wieder gescheitert. Als ich ihn vor gut einem Jahr zum letzten Mal getroffen hatte, war er im innereuropäischen Schweinefleischhandel aktiv. Die nicht bis ins Letzte durchdachte Subventionspolitik der EU hatte für manchen Grenzgänger sprudelnde Geldquellen aufgetan.

»Machst du noch in Fleisch?«, fragte ich.

»Hör auf«, wiegelte Henning ab. »Da sahnen ein paar Große alles ab, und die anderen hängen am Haken.«

»Verstehe.«

»Dein Gedrucke läuft?«

»Nicht mehr so wie früher«, antwortete ich wahrheitsgemäß. »Ich hätte nichts dagegen, dem Manes und den anderen nach Malle zu folgen.«

»Lass uns in sechs Monaten zusammen rübergehen, mit ordentlich Schotter im Rucksack.«

»400.000 hat mir einer für meinen Lagerbestand geboten«, sagte ich, »das ist zu wenig für die finale Flatter.«

»Davon rede ich nicht«, sagte Henning, »ich rede von den 2 Millionen, die uns beiden in den Schoß fallen werden.«

»Fang nicht an mit so einem Geblubber«, erwiderte ich gereizt, »auf dumme Sprüche habe ich keinen Bock.«

»Du kennst mich, du weißt, ich rede keinen Scheiß«, erwiderte Henning. »Ich habe da was sehr Interessantes aufgetan.«

»Was denn?«

»Ich weiß, dass du ein guter Drucker bist.«

Mir schwante Übles. »Hör zu, mir hat letztens ein angesehenes Mitglied des Kölner Stadtrats eine Million geboten, wenn ich ihm zwei ganz bestimmte Warhols fälschen und mit *Andy Warhol* signieren würde.«

»Es geht nicht um Warhols, es geht um Dollars.«

»Willst du mich verarschen?«

»Nein. Ich biete dir ein sauberes Geschäft an.«

Natürlich hatte ich mir im Laufe der Jahre Geldscheine immer mal wieder etwas genauer angeschaut. Seitdem in jedem Zuhause ein perfekter Farbdrucker stand, hatten doch bestimmt schon alle braven Pappis »einfach mal so« eine Banknote auf die Kopierscheibe gelegt.

»Wie stellst du dir das vor?«, fragte ich. »Der Dollar ist auf Kupferplatten gestochen …«

»Halt die Luft an, Duv«, bremste er mich aus, bevor ich überhaupt losgelegt hatte. »Ich sag dir jetzt mal, um was es geht, okay?«

»Bingo.«

»Ich brauche 5 Millionen in Dollar-Blüten, dafür gibt's astreine

2 Millionen Mark. Den Reibach teilen wir nach Abzug der Kosten zwei zu eins. Zwei für dich, eins für mich.«

Ich konnte nicht verhindern, dass es in meinem Hirnkasten zu rumpeln begann. Wenn ich dem Kaufinteressenten, der 400.000 für meine Firma geboten hatte, zusagen würde und bei Hennings Geschäft hier tatsächlich 1 bis 1,5 Millionen machte, dann könnte ich mir auf Mallorca eine schöne Finca leisten und dort ein paar Jahre in Ruhe meine Hobbys pflegen.

Scheiße, was sollte die Träumerei? Meine Vernunft holte mich wieder ins regnerische Köln zurück.

»Dollars sind kompliziert zu machen, und es ist sauschwer, Blüten an den Mann zu bringen, egal, wie gut gemacht sie sind.«

»Das genau ist der springende Punkt«, sagte Henning mit unaufgeregter Stimme. »Wenn das nicht von vornherein geklärt wäre, hätte ich dich nicht auf die Sache angesprochen.«

Wir waren bei meinem Porsche angekommen. Unter dem linken Scheibenwischblatt klemmte ein Strafmandat.

»Wir leben in einem Staat von Wegelagerern und Freibeutern«, sagte ich und zerriss das Knöllchen.

»Du sagst es«, bestätigte Henning, während wir einstiegen.

Im unteren Drehzahlbereich steuerte ich den Wagen auf den Friesenplatz zu.

»Was konkret ist Sache?«

»Ein internationaler Investor«, erklärte mein Beifahrer, »will als stiller Partner mit einem Schweizer Unternehmen in unseren neuen Bundesländern ins Immobiliengeschäft einsteigen. Als Startkapital sollen 50 Millionen Dollar flüssiggemacht werden, davon will der Investor 90 Prozent einbringen.«

Ich nickte. »Bleiben fünf Millionen Dollars übrig, und die haben die Schweizer nicht.«

»Die Schweizer haben die Kohle schon«, korrigierte mich Henning, »aber nicht flüssig.«

»Wer ist der Investor, der 90 Prozent hinlegt?«

»Die Schweizer haben angedeutet, dass er aus den Emiraten stammt«, erklärte Henning.

»Ein Ölscheich.« Ich nahm die Hand vom Schaltknüppel und rupfte ein kitzelndes Haar aus meinem rechten Nasenloch. »Du willst also einen Scheich mit falschen Dollars im Wert von 5 Millionen linken.«

Ich hielt meinem Beifahrer die Kuppe meines rechten Zeigefingers vors Gesicht, auf der jetzt der ehemalige Bewohner meiner Nasenhöhle klebte, und sagte: »Wünsch dir was.«

Henning pustete, und das Haar hing nun an der Frontscheibe.

»Was heißt *linken*?«, fragte Henning mich und sich. »Die Schweizer haben das Geld ja, in Firmenanteilen, in Fonds, in was weiß ich, in Aktien und Hardware, aber eben nicht in gebündelten Banknoten, sichtbar und zum Anfassen«, referierte er. »Die Araber haben ein anderes Verhältnis zu so was. Wenn du denen einen Kontoauszug, ein Bonitätszertifikat deiner Bank oder die Kopie deiner Depotaufstellung zeigst, dann glotzen die dich an, als wärst du gerade mit dem Ufo gelandet.«

»Ist das immer noch so?«

»Hundert pro.«

»Ich hab noch nie mit Scheichs zu tun gehabt«, sagte ich. »Aber was du sagst, klingt relativ logisch.«

»Die Scheichs bringen 45 Millionen Dollar mit zum Treffpunkt, die Schweizer 5 Millionen in Blüten. Dann wird gezählt, die Firma gegründet, und die Araber hauen in ihrem Privatjet wieder ab.«

»Und was passiert mit den falschen 5 Millionen?«

»Die werden verbrannt.«

»Glaub ich nicht.«

»Das ist der Plan«, sagte Henning. »Aber wenn sie's doch nicht machen, kann uns das eigentlich egal sein.«

»Nein.« Ich schüttelte den Kopf. »Falschgeld für den Ofen machen ist vor Gericht was anderes als für den Umlauf.«

»Wer denkt denn an ein Gericht? Ich denke an Mallorca und eine Motorjacht in der Marina von Cala d'Or.«

»Ich stehe nicht auf Jachten. Bei Wellengang kotze ich. Und die Duschen auf den Pötten sind zu klein für mich.«

»Okay«, sagte Henning lächelnd, »'ne Harley im Schuppen deiner Finca tät's auch, oder?«

»Schon eher«, bestätigte ich. »Kennst du diese Schweizer?«

»Es ist ein Unternehmen mit Mitarbeitern auf der ganzen Welt. Den Kontakt zu mir haben zwei Deutsche aufgenommen.«

»Warum zu dir? Was haben doppelt und dreifach subventionierte Schweinehälften mit Dollar-Blüten zu tun?«

»Bevor ich mit Fleisch gehandelt habe, war ich im Kölner Hyatt für die Food-Disposition zuständig.«

»Aha. Und die Rechnungen hast du mit Blüten bezahlt.«

»Quatsch' nicht so blöd. Das nervt.«

»Okay.«

»Einer der Köche war ein Typ namens Edgar. Mit dem habe ich mich damals etwas angefreundet. Der rief mich vor drei Wochen an.«

»Weiter.«

»Edgar hat jetzt ein eigenes Restaurant, eine Topadresse auf der Schwäbischen Alb. Den Laden hatten seine Eltern, und den hat er vor zwei Jahren übernommen und richtig auf Vordermann gebracht.«

»Ich spüre, wir kommen der Sache langsam näher.«

»Mit der Einschätzung liegst du goldrichtig«, sagte Henning. »In Edgars Restaurant verkehrt der Geldadel aus der ganzen Region.«

»Dazu gehören auch die Mitarbeiter des Schweizer Immobilieninvestors.«

»Genau«, bestätigte Henning. »Der Edgar hat schon in Australien gelebt, in Rio und Südafrika, und er war ein paar Jahre auf der MS Europa rund um die Welt unterwegs.«

»Und in Köln war er auch, wie du eben gesagt hast.«

»Genau, in Köln, dem Nabel der zivilisierten Welt.«

»Der zivilisierten?«

Ich drückte den Anzünder ins Armaturenbrett und nahm zwei Zigaretten aus der Packung.

»Du auch eine?«

»Gib her.«

Als der Anzünder rausklickte, nahm ich mir Feuer und reichte das glühende Teil an Henning weiter. Wir rauchten.

Am Rhein war der Ring zu Ende. Vor der Bastei drehte ich, und wir fuhren zurück in Richtung Hansaring.

»Die Jungs sind in der Zwickmühle«, sagte Henning. »Die sind total geil auf den riesigen Deal und brauchen dafür 5 Millionen Dollar in vorzeigbarer Qualität. Aber wen sollen sie darauf ansprechen? Mit dem Milieu haben sie nichts zu tun …«

»Sagt Edgar.«

»Sagt Edgar, ja. Warum sollte er mir Scheiße erzählen? Solche Bonzen verkehren logischerweise nicht in halbseidenen Spelunken, sondern in piekfeinen Läden wie Edgars Restaurant«, erläuterte Henning. »Nach ein paar Flaschen Wein sprachen die Herren den Wirt auf ihr Dilemma an.«

»Und Edgar sagte: ›Ich höre mich mal um‹«, kombinierte ich. ›Vielleicht kann ich euch helfen, ich habe schließlich die Welt gesehen.‹«

»So ähnlich hat Edgar es mir erzählt, ja.«

»Und Edgar überlegt ein bisschen und denkt sich, ruf ich doch mal den Schweinehälften-Henning in Köln an.«

»Richtig.«

»Warum ausgerechnet dich?«

»Ich denke mal, weil er damals in Köln mitgekriegt hatte, dass ich 'ne Menge gute Kontakte hatte, ganz nach oben und ganz nach unten.«

»Und wo würdest du mich hinstecken?«

»Du bist ne Marke für sich, Duv«, sagte er grinsend.

»Weder Sekt noch Selters.«

»Nein«, widersprach er. »Sekt *und* Selters. Und das ist 'ne seltene Mischung.«

»Haha.«

»Flachs beiseite«, tauchte Henning wieder von der Oberfläche zum Grund unseres kleinen Ausflugs hinab und berichtete gelassen: »Ich habe mich mit Edgar getroffen, und er hat mir den Sachverhalt erklärt. Ich habe gesagt, ich würde mir die Chose mal durch den Kopf gehen lassen und zurückrufen, wenn mir was dazu einfällt.« Henning schaute zu mir rüber. »Du hast doch mal so eine Serie gemacht mit D-Mark-Scheinen.«

»Collagen waren das, aus vergrößerten Details. Eher D-Mark-Puzzles.«

»Als ich dich mal im Atelier besucht habe, warst du gerade mit diesen Bildern zugange.«

»Kann sein. Aber mit Gelddrucken hatte das nichts zu tun.«

»Natürlich nicht. Aber du fielst mir ein, als Edgar anrief.«

»Hast du sonst noch jemanden auf die Sache angesprochen?«

»Nein, niemanden!« Henning schüttelte entschieden den Kopf. »Ich traue das auch keinem zu außer dir.«

»Ich auch nicht.«

Ich nahm einen Zug aus der Zigarette, kurbelte die Scheibe runter und pustete den Qualm in den verregneten Nachmittag. Wir standen an der roten Ampel vor dem Saturn im Hansahochhaus. Als das Backsteingebäude 1925 erstbezogen wurde, war es mit seinen auf 65 Meter Höhe verteilten siebzehn Stockwerken das höchste Haus Europas. Kaum zu glauben. Aktuell zelebrierte das darin untergekommene mediale Kaufhaus in seinen Schaufenstern den ersten Jahrestag des Todes der Diana Frances Mountbatten-Windsor, der Prinzessin von Wales und in Personalunion obendrein der Kronprinzessin von Großbritannien und Nordirland, mit weichgezeichneten Fotos und von Rosenblättern umflorten Buttons, die dezent darauf hinwiesen, dass Elton Johns Hit *Candle in the wind* weiterhin im Handel käuflich zu erwerben sei.

»Oh nääää«, sagte Henning, der genau wie ich die Lady-Di-Fenster im Blick hatte.

»Oh doch«, widersprach ich und war froh, dass die Ampel auf Grün umsprang.

»Ich mache nicht mit, die Sache ist mir zu heiß«, sagte ich.

»Hör auf, Duv! So leicht bist du in deinem ganzen Leben noch nicht zu Kohle gekommen. Und ich auch nicht.«

»Ich bin zu alt für den Knast.«

»Du kommst nicht in den Knast.«

»Das Ganze kann eine Falle sein«, sagte ich.

»Ich hab dem Edgar schon gesagt, dass ich vielleicht einen hätte. Da war er total happy und hat gesagt, 10.000 Anzahlung sind bestimmt drin.«

»Für uns?«

»Klar für uns.«

»Wie viel Provision bekommt dein Edgar von den Schweizern?«

»Keine Ahnung.«

Ich schüttelte den Kopf. »Bevor ich nicht mehr über diese Auftraggeber weiß, mache ich mir keine weiteren Gedanken.«

»Das sehe ich ein.«

»Außerdem kann ich mit meinen Maschinen keine Blüten drucken. Ich müsste mir eine gute Offset-Druckmaschine beschaffen.«

»Was kostet so ein Teil?«

»Zwischen 100.000 und 200.000, denke ich.«

»Bist du im Boot, wenn die das Geld für die Maschine drauflegen?«

»Nicht unbedingt.«

»Nenn deine Bedingungen.«

»Hat Edgar jeden Tag auf?«

»Montags ist dicht.«

»Okay. Dein Edgar bestellt die Schweizer an einem Montagabend in sein Restaurant. Sie bringen die 2 Millionen Mark mit und zeigen sie dir.«

»Uns.«

»Nein, dir«, stellte ich klar, »mit der Abwicklung will ich nichts zu tun haben.«

»Ich weiß nicht, ob sie die Kohle einfach so mitbringen«, zweifelte Henning, »sie denken vielleicht, wir machen sie lang in dem geschlossenen Lokal und hauen mit der Kohle ab.«

»Damit müssen sie leben«, sagte ich. »Und Edgar soll eine Visitenkarte von den Brüdern rüberkommen lassen. Die Firma checken wir ab.«

»Sonst noch was?«

»Sie müssen die Offset-Maschine finanzieren und garantieren, dass die Blüten nur ein Mal gezeigt und dann verbrannt werden.«

Henning lächelte kopfschüttelnd. »Schriftlich werden die Jungs mir das nicht geben.«

Henning hatte bei Sixt am Flughafen einen dicken BMW mit getönten Scheiben geliehen. Die Kennzeichen aller Sixt-Fahrzeuge beginnen mit den drei Buchstaben M-IX, dann folgen vier Zahlen. Auf weiße Kunststofffolie druckte ich vier schwarze Ziffern und überklebte damit die auf dem Schild des Leihwagens. Niemand konnte den Fake erkennen. Es sei denn, man kniete zehn Zentimeter davor und wusste, wonach man suchte. Auch wenn ich noch nicht entschlossen war, mich auf das Geschäft einzulassen, wollte ich kein Risiko eingehen. Wenn die ganze Aktion irgendwie link war, sollte es nachher nicht möglich sein, mir nachzuweisen, dass ich in der Planungsphase an dem Projekt beteiligt gewesen war.

Wir parkten eine Stunde vor dem verabredeten Zeitpunkt in Sichtweite von Edgars Restaurant, das »Zum Schwan« hieß. Unsere Handys waren in Köln geblieben, und ich hatte entschieden, den Leihwagen erst wieder in der Heimat zu verlassen.

Henning stieg aus und klopfte an die Scheibe des Lokals. Die Tür wurde geöffnet und hinter ihm wieder zugezogen.

Ich kurbelte den Sitz ein wenig nach hinten, räkelte mich im Polster und döste vor mich hin. Ex-Playman Manes hatte mich vor ein paar Tagen aus Mallorca angerufen und gesagt, er würde in Porto Colom jetzt eine Bar aufmachen, ich müsse unbedingt vorbeikommen, um ihn bei der Einrichtung zu beraten. Schweren Herzens hatte ich abgesagt. Im nächsten Frühjahr käme ich wahrscheinlich, und dann für eine lange Zeit, tröstete ich ihn und vor allem mich.

Ein dunkelgrauer Audi A6 mit Züricher Nummernschild stoppte vor dem »Schwan«. Zwei klassisch dezent gekleidete, schätzungsweise fünfunddreißigjährige Männer stiegen aus. Einer der beiden öffnete den Kofferraum und nahm einen Alukoffer heraus. Der andere klopfte ans Fenster des Lokals. Sekunden später waren die beiden im »Schwan« verschwunden.

Die Woche zuvor hatte Edgar die Visitenkarte an Henning gefaxt. Die Firma hieß SwissKox, der Executive Director Stefan Ellerbach. Von einer öffentlichen Telefonzelle aus rief ich die Züricher Nummer an. Es dauerte etwas, bis sich eine Frauenstimme im schweizerdeutschen Singsang meldet: »SwissKox International, was kann ich für Sie tun?« Mein Name sei Dr. Feininger aus Berlin, sagte ich, ich würde gern Stefan Ellerbach sprechen. Die verbindlich klingende Dame bedauerte, Herr Ellerbach sei auf Dienstreise im Mitteldeutschen, wenn ich eine Telefonnummer hinterließe, würde sie ihm mitteilen, dass er mich zurückrufen solle. Ich bedankte mich und sagte, ich sei selbst die nächsten Tage in Amerika und würde mich nach meiner Rückkehr wieder melden.

Es dauerte etwas länger als zwei Stunden, da ging die Tür des Restaurants »Zum Schwan« auf, und die beiden Männer traten auf die Straße hinaus. Der eine verstaute den Alukoffer wieder im Kofferraum, der andere setzte sich hinters Steuer. Die beiden Türen fielen zu, und der Wagen rauschte dezent davon. Nach zehn Minuten ging die Tür des Restaurants erneut auf, und weitere fünf Minuten später lenkte ich den geliehenen BMW auf die Autobahn in Richtung Heidelberg.

Henning erzählte, Edgar habe sie mit einem Drei-Gänge-Menü erstklassig bekocht, und die Stimmung sei entsprechend gewesen. Die beiden Männer, Stefan Ellerbach, ein gebürtiger Stuttgarter, und Holger Schmidt aus der Nähe von Leipzig, hätten die ganze Kohle dabeigehabt und die Bündel vor seinen Augen auf dem Tisch durchgezählt. Die 200.000 für die Offset-Maschine seien kein Problem, ich könne in Ruhe loslegen.

Henning legte zehn 1000-Mark-Scheine auf die Mittelkonsole und sagte: »Eine Anzahlung für Farbe und Papier.«

»Wann wollen sie die Blüten haben?«

»So schnell wie möglich«, sagte Henning. »Spätestens in sechs Monaten.«

Der BMW schnurrte wie eine zufriedene Raubkatze durch die Nacht. Mein eigener Motor dagegen lief reichlich unrund. Nach den langen unproviantierten Stunden vor dem »Schwan« quälten mich nun tierischer Hunger und zeitgleich der Reiz, den langen Arm des Strafgesetzbuchs mal wieder im Leeren herumtappen zu lassen.

Natürlich war die Sache hochinteressant. Für uns beide. Henning war nicht vorbestraft und hatte keine Schulden. Er war weder drogenabhängig noch spielsüchtig, er war verheiratet mit einer Grundschullehrerin, und sie hatten zusammen eine siebenjährige Tochter und eine Eigentumswohnung. Wenn ein seriöser Mann wie Henning so was wie diese Dollar-Sache an den Start brachte, dann musste sie eigentlich so sicher sein wie die Dämmerung nach dem Tag. Ich sollte ja auch nur so etwas wie Showgeld herstellen. Also keine Blüten, die jahrelang im Umlauf waren, was bedeutet hätte, dass sie jeden Infrarot-Check in jeder Tankstelle oder jedem Supermarkt bestehen müssten und dass die Spur vielleicht irgendwie doch noch zu mir zurückverfolgt werden könnte. Die für die SwissKox gefälschten Dollars würden nur ein paar Scheichs vorgelegt. Sie wären Spielgeld, mit dem ein paar globale Player rumzockten. Abgewichstes Monopoly auf höherer Ebene. Henning hatte mir einen roten Teppich ausgerollt, über den ich entspannt zu einer guten D-Mark-Million schlendern konnte.

»Machst du's?«, fragte Henning. In seiner Stimme echote ein leises Flehen. Auch wenn er *nur* netto ein Drittel bekommen sollte, waren das immer noch mindestens 600.000 Mark. Ohne großen Aufwand. Für einige mehrgängige Menüs, serviert vom besten Koch auf der schwäbischen Alb, ein paar Gespräche mit den Schweizern, für ein paar geheime Treffen mit mir. Und für die Übergabe natürlich.

Das war damals unsere Sicht der Dinge. Aber die Angelegenheit hatte noch eine Dimension, von der ich, trotz aller Vorsicht, nichts mitbekam. Wie auch?

19.

In der BKA-Zentrale in Wiesbaden war die Stimmung auf dem Nullpunkt. In den letzten Monaten hatte es ein paar von den Medien genüsslich breitgetretene Fahndungspannen gegeben, außerdem hatte der Bundesrechnungshof in »erheblichem Ausmaß« überzogene und »nachweisbar manipulierte« Spesenabrechnungen moniert, und zudem hatte der neue Innenminister angekündigt, sich verstärkt in die Belange des Bundeskriminalamts einzumischen, denn schließlich sei er, falls Missstände und Fehlverhalten publik würden, in den Augen der Öffentlichkeit dafür verantwortlich. Alle Abteilungsleiter hatte der entschlossene Dienstherr zu sich in die Hauptstadt zitiert und ihnen dringend geraten, in absehbarer Zeit zur Abwechslung auch mal für positive Schlagzeilen zu sorgen. Andernfalls müssten die einzelnen Abteilungen genauestens durchleuchtet und mit dem ganz harten Besen gesäubert werden.

Walter Koschwitz und Fritz Naumann waren seit einigen Jahren verbeamtete Ermittler und als solche in der Region zwischen Heidelberg, Heilbronn, Pforzheim und den Außenbezirken von Stuttgart aktiv, mehr oder weniger. Mit spektakulären Erfolgen konnten die beiden Männer während ihrer beruflichen Werdegänge bisher noch nicht glänzen. Kürzlich hatte ihr Vorgesetzter gedroht, wenn in dieser Hinsicht nicht endlich etwas passiere, sei es Essig mit den Beförderungen im nächsten Jahr. Das tat weh. Denn Koschwitz und Naumann hatten die damit einhergehende Gehaltserhöhung schon im Voraus komplett miteingerechnet in die Finanzierungsmodelle ihres Wohneigentums.

Jetzt kam auch noch der Abteilungsleiter vom neuen Minister aus der Hauptstadt zurück und brüllte den ganzen Haufen zusammen, sich gefälligst »den Arsch für den Laden hier endlich mal bis zur Beckenkante aufzureißen«, sonst könne es sein, dass einige von ihnen bald nur noch »in Pusemuckel gravierende Fälle von Eselfickerei« aufzuklären hätten. Auch diese Drohung traf Koschwitz und Naumann voll in die Hodensäcke, denn sie hatten in ihren Vorstadthäuschen Familien gegründet, und ihre Kinder besuchten nahe gelegene Kindergärten und Schulen. Eine Zwangsversetzung in ein anderes Bundesland wäre für den privaten Haussegen eine kaum zu bewältigende Herausforderung.

Es musste also etwas geschehen. Und es geschah etwas. Koschwitz und Naumann nahmen sich nacheinander alle ihre V-Leute zur Brust und gaben den Druck ungebremst an die armen Teufel weiter. Wegen kleinen Haschischdealern, Hütchenspielern oder Liebesloddeln brauchten sie sich gar nicht mehr zu melden! Überhaupt sei die Zeit der Verarsche vorbei! Jetzt müssten mal ein paar dicke Fische auf den Grill! Sonst könnten ihre zur Bewährung ausgesetzten Reststrafen ganz schnell wieder in Einzelhaft zurückverwandelt werden!

Nachdem die BKA-Männer ihre Spitzel in helle Aufregung versetzt hatten, klapperten sie die Kriminalwachen in ihrem Zuständigkeitsbereich ab, ließen sich dort die laufenden Ermittlungen erläutern und die Verhaftungen während der letzten Monate auflisten. Dabei stießen sie auf der Schwäbischen Alb auf einen für sie interessanten Fall. Der Edel-Koch Edgar Steiner war von einem ehemaligen Küchengehilfen, vermutlich aus Ärger über die kurz zuvor ausgesprochene Kündigung, bei der Kripo angeschwärzt worden, Kokain zu konsumieren und zu verkaufen. Die Kripo hatte Steiner daraufhin eine Zeit lang observiert, aber dabei keinen Hinweis auf den Handel mit Drogen feststellen können. Wohl aber kaufte der Koch regelmäßig an einem der Kripo bekannten Dealertreffpunkt Kokain für den Eigenbedarf. Da auch das strafbar ist, hatten die Kripo-Männer ihn hochgenommen und 5 Gramm des weißen Pulvers bei ihm gefunden. Die Menge genügte für eine Haftstrafe, zumal man dem Koch in der Vergangenheit schon zwei Verstöße gegen das Betäubungsmittelgesetz nachgewiesen hatte, bei denen er mit Geldbußen und Sozialstunden davongekommen war. Jetzt sah die Sache für den Nobelkoch natürlich schlechter aus. Die Schwäbische Alb war eine überschaubare Region, und Steiners bürgerliche Klientel würde sich bestimmt von ihm abwenden, wenn die lokale Presse über einen Drogenprozess gegen ihn berichtete. Falls das Gericht ihn sogar zu einer Haftstrafe verurteilte und diese wegen der beiden Vorstrafen nicht zur Bewährung aussetzte, wäre das mit Sicherheit das Ende seines Gourmet-Tempels.

Spesenreduzierung hin, Spesenreduzierung her. Koschwitz und Naumann reservierten einen Tisch im »Schwan« und ließen sich von Edgar Steiner ausgiebig bekochen. Nach dem Menü blieben die BKA-Männer bei Espresso und Trester noch so lange in dem gemütlichen Restaurant sitzen, bis alle anderen Gäste es verlassen hatten. Die Ermittler zeigten Edgar Steiner ihre Dienstausweise und forderten ihn auf, das Personal nach Hause zu schicken, die Türen zu verschließen und sich zu ihnen an den Tisch zu setzen.

Der Koch tat, wie ihm geheißen, und nahm mit mulmigstem Gefühl im Magen am Tisch der BKA-Männer Platz. Sekunden später konnte Edgar sein Glück aber kaum noch fassen, denn Naumann schlug ihm vor, mit ihnen zusammen ein Dreier-Team zu bilden, um Unterweltgrößen zu überführen. Da man ihn aber jederzeit in Haft nehmen könne, stellten die Ermittler klar, müsse er sich als Partner bewähren. Wenn von ihm nichts käme, sei Einzelhaft die zwangsläufige Konsequenz. Das sei sein Risiko. Auf der anderen Seite aber habe er die Chance, in der geschenkten Freiheit nebenher noch »schönere Sümmchen« als Prämien aus der Staatskasse zu entnehmen, wenn er entscheidend dabei behilflich sei, »echte Kaliber« und »schwere Brocken« zu überführen. Steiner spendierte sofort die teuerste Flasche Champagner, die er im Keller hatte, und mit dem feinperligen Prickeln auf der Zunge aktivierten sich seine grauen Zellen. Was ihnen denn am liebsten wäre?, fragte er, um seine Fantasie in die richtige Richtung zu lenken. Politische Terrorristen, egal ob Linke oder Islamisten, sinnierte Koschwitz mit glänzenden Augen, Attentäter jeder Couleur, Eisenbahn- oder Kaufhauskettenerpresser, Geldwäscher ab 100 Millionen per anno, Atomspione, Mehrfachmörder, Rauschgifthändler von 100 Kilo Kokain aufwärts. Nach einer kurzen andächtigen Stille ergänzte Naumann, ein fettes Kartell von Geldfälschern und die dazu gehörende Vertriebsorganisation sei natürlich auch erste Sahne.

Der euphorisierte Edgar versprach eine hundertprozentige Erfolgsquote und bedankte sich für den fairen Deal. Alle zwei Wochen sollten die Ermittler von nun an in den »Schwan« kommen, wo dann nach der kostenlosen Verköstigung vertraulich geplaudert werde.

Drei Tage später, als auch kein Koks mehr im Hause war, musste sich Edgar Steiner eingestehen, dass er den Mund etwas zu voll genommen und eigentlich überhaupt keinen Plan hatte, wie er irgendein »schweres Kaliber« oder »einen dicken Brocken« kontakten sollte. Terroristen oder so was kannte er nur aus der Glotze, aus der BILD-Zeitung und von den Fahndungsfotos im Postamt. Erst ein Mal in seinem Leben hatte er, vor einer Black-Pussy-Bar in Kapstadt, echte Mörder kennengelernt. Am Morgen nach dem gemeinsamen Saufgelage verblutete der Mann, mit dem er die Stunden zuvor gezecht hatte, im Kugelhagel von Straßenräubern. Falschgeld war ihm in fast jedem Hafen angeboten worden, in dem die MS Europa festgemacht hatte. Aber über diesen banalen Hinweis würden die Leute vom BKA vermutlich nur müde lächeln. Geldfälscherei wäre vielleicht ein Weg aus seinem Dilemma. Darüber könnte man viel reden und spekulieren und Strategien entwickeln, wie man an angebliche Hintermänner herankommen könnte oder etwas in der Art. Aber zuerst brauchte Edgar Steiner eine Strategie für sich selbst.

Nachdem sich Koschwitz und Naumann ein weiteres Mal im »Schwan« satt gegessen hatten, erklärte der Gastronom ihnen, untermalt von großen Gesten, er habe den Weg zu einer Geldfälscherbande aufgetan, die in ganz großem Stil multinational agiere und mit ihren Blüten die Bruttosozialprodukte mehrerer osteuropäischer Neu-Republiken steuerten, als wäre diese an Marionettenfäden aufgehängt. Koschwitz und Naumann waren mächtig beeindruckt. Im Laufe der nächsten zwei Stunden diskutierte man sich eine grobe Strategie zusammen. Den dicken Fisch müsse man ködern mit reichlich Geld. Eins Million, 2 Millionen, egal. Die Gangster bekämen das Geld von ihnen ja nur versprochen und nicht ausgehändigt. Die drei Kollaborateure einigten sich darauf, dem Fälscherkartell via Edgar 2 Millionen saubere D-Mark anzubieten gegen die Lieferung von gut gemachten 100-Dollar-Scheinen im Nennwert von 5 Millionen. Sobald der Kontakt zu den Gangstern hergestellt sei, würde man Edgar aus der Sache rausziehen, und wenn sich alles so entwickle wie erhofft, könne sich der Koch über eine Prämie in Höhe von 20.000 Mark freuen, bar und schwarz, Steuergelder, die er nicht versteuern müsste. Und seine BTM-Akte würde über die Schreibtischkante rutschen und zufällig im Schredder landen.

Als man an diesem Abend auseinanderging, war Edgar erfreut über die angenehme Zusammenarbeit mit der Staatsgewalt und entsprechend hoch motiviert, dem BKA eine Handvoll Mega-Geldfälscher zu servieren. Die Frage war nur: Wie kam er an solche Leute heran? Vielleicht sollte er den Henning vom Hyatt in Köln mal anrufen, der kannte doch fast alle Pflanzen im rheinischen Halbschatten. Edgar kramte die Nummer aus seinem Notizkasten und tippte Hennings Handynummer. Der ehemalige Kollege ging auch gleich dran und war freundlich und nett. Über jede Art von Geschäften aber wollten weder der Fleischhändler noch der Koch am Telefon reden.

Am nächsten Montag, dem Ruhetag im »Schwan«, trafen sich Edgar Steiner und Henning in der Gaststätte des Deutzer Bahnhofs, auf Kölns rechter Rheinseite. Edgar fuhr ab auf der Schiene »beste Kumpel aus alten Tagen« und nach einigen Minuten des Vorgeplänkels fragte er Henning, ob er jemanden kenne, der ihm 5 Millionen in Dollar-Blüten besorgen könne. Sein Auftraggeber sei bereit, dafür 2 Millionen saubere D-Märker auf den Tisch zu legen. Henning antwortete, daran müsse etwas faul sein, denn die Quote sei auf dem Markt viel schlechter. Edgar war nun einerseits froh, dass er offenbar mit jemandem am Tisch saß, der wusste, was Sache war, andererseits aber war ihm klar, dass er extrem aufpassen musste, sich ja nicht zu verplappern. Henning rechnete etwas auf einem Bierdeckel herum und schaute dann auf. »Der Dollar kostet banktechnisch im Moment etwa eine Mark und 75 Pfennige, das macht bei 5 Millionen 8,75 Mios. Davon wären die von deinem Mann gebotenen 2 Millionen knapp 23 Prozent. Normal sind maximal 15.«

»Wenn du's sagst, wird's schon stimmen«, gab der sichtlich beeindruckte Edgar etwas kleinlaut zu. »Mit Zahlen hattest du ja immer was weg.«

»Dein seltsamer Interessent wohl eher nicht.«

»Da kann ich jetzt leider nicht viel zu sagen«, murmelte der sonst so redegewandte Koch.

»Was ist denn das für einer?«, fragte Henning.

»Irgendein Bonze oder so.«

»Oder so. Hm.«

»Ja, ich weiß«, kämpfte Edgar, »das klingt jetzt blöd, aber ich kenne den Auftraggeber nicht persönlich. Einer meiner Gäste hat mich angesprochen, ob ich was in der Richtung für seinen besten Freund einstielen könne.«

»Pass auf, Edgar«, bestimmte Henning nach kurzer Überlegung, »du checkst aus, was das für ein Interessent ist, der für falsche Dollars freiwillig das Doppelte vom üblichen Marktpreis zahlen will. Okay? Und wenn du danach immer noch in den Blütenhandel einsteigen willst, treffen wir uns an einem deiner nächsten Ruhetage wieder hier in Köln.«

Edgar nickte. Dann suchte sein Blick den von Henning. »Jetzt mal ehrlich: Hast du jemanden an der Hand, der die Ware liefern könnte? Ich meine, wenn seitens des Auftraggebers so weit alles geklärt wäre?«

Henning erwiderte Edgars Blick mit stoischer Gelassenheit. »Ich mache mir erst Gedanken darüber, wie ich die Kuh vom Eis bekomme, wenn die Kuh auf dem Eis steht, und dann auch nur, wenn ich mir im Klaren darüber bin, an welches Ufer ich sie bringen will.«

Edgar glotzte Henning eine halbe Minute schweigend an und sagte dann: »Logisch.«

Noch in derselben Nacht, gegen 2 Uhr, traf Edgar im Restaurant einer Autobahnraststätte zwischen Heidelberg und Heilbronn die beiden BKA-Männer, und er präsentierte ihnen eine sehr freie Interpretation jenes »irre guten« Gesprächs, das er vor ein paar Stunden mit seinem »mega-wichtigen« Kontaktmann, dessen wahre Identität unbekannt sei, im Deutzer Bahnhof geführt hätte.

Vielleicht war Edgar während des Gesprächs mit Henning verwanzt gewesen, ohne dass er es selbst wusste. Damit hätten die Ermittler unterscheiden können, was der Wahrheit entsprach und was sich der Koch zusammenschwafelte, um seinem verschnupften Ego eine Aura zu verleihen. Die Protokolle, in denen Dinge wie diese festgehalten wurden, wird vermutlich niemand jemals zu Gesicht bekommen. Es sei denn, eine andere Macht würde uns überrollen und, wie nach der DDR mit dem Stasi-Archiv geschehen, die BKA-Akten zu Propagandazwecken für die Überlegenheit ihres siegreichen Systems ausschlachten.

Das sind Spekulationen. Tatsache aber war, dass Koschwitz und Naumann, bevor sie das nächste Mal im »Schwan« aufliefen, sich von ihren Chefs eine Strategie hatten absegnen lassen, durch die sie nun relativ unabhängig agieren konnten und in der Edgar Steiner nur noch eine untergeordnete Rolle spielte.

Koschwitz und Naumann waren heiß wie Frittenfett. Sie wollten den Erfolg, sie brauchten ihn. Auf die Idee mit der SwissKox, den angeblichen Scheichs und den Vorzeige-Dollar-Noten waren sie gekommen, weil laut Edgar Steiner die Fälscherorganisation noch nicht anbeißen wollte. Sie mussten also einen so schmackhaften Köder an den Haken hängen, dass ihn jeder Fisch fressen würde.

Die 2 Millionen echte D-Mark, die der Mann sehen wollte und die sie ihm kommende Woche im »Schwan« zeigen würden, lagen eingeschweißt im Safe. Es waren Blüten, von der Notenbank selbst hergestellt. Mit so was wurden in brisanten Fällen Lösegelder bezahlt. Falls man ihnen in Steiners Restaurant eine Falle stellte und die vorgezeigten Scheine abnähme, würden die Räuber damit nicht glücklich werden. Denn sechs Wochen nachdem man die vakuumdichte Verpackungsfolie von den Notenpaketen entfernt hatte, färbten sich die Scheine knallrot ein. Ganz von allein.

Die 10 Tausender aber, die sie dem Mann als Motivationshydraulik zustecken wollten, waren echt. Echte Steuergelder.

Edgar Steiners Festnetztelefonnummern im Restaurant und bei ihm im Apartment wurden seit Wochen abgehört. Auch sein Handy hatten sie angezapft und mit einem GPS-Chip ausgestattet. Wie die BKA-Männer aus den Abhör- und Ortungsprotokollen ersehen konnten, war der Koch so weit in Ordnung. Mit ihnen spielte er kein doppeltes Spiel. Nur vom Koks konnte Steiner nicht die Finger lassen. Aber was soll's? War ja seine eigene Gesundheit, die er ruinierte. Lange würden sie ihn sowieso nicht mehr brauchen. Die Übergabe hatten sie in etwa vier Monaten anvisiert. Das SEK war informiert.

20.

Der Hersteller der besten Offset-Druckmaschinen hieß Heidelberger Druckmaschinen. Regelmäßig wurden in Heidelberg Wochenendseminare veranstaltet, zu denen Drucker aus der ganzen Welt anreisten, um sich die Kniffe der Hightech-Geräte erläutern zu lassen. Auch ich fuhr eines Samstagmorgens dorthin und ließ mich bis Sonntagabend vollquaken. Aber Schulungen waren nie mein Fall. Schulungen erinnerten mich an meine Schulzeit. Schon damals hatte ich nach zehn Minuten zu gähnen angefangen und mir überlegt, wie ich wach bleiben und die endlos lange Zeit bis zum Schlussgong nach der sechsten Stunde überstehen konnte. Oft zeichnete ich, oder ich dachte mir Kinofilme aus, die ich unter meiner Schädeldeckel projizierte. Wenn es ein Zombie-Film war, spielte das Lehrerkollegium alle Hauptrollen, war es ein Softporno, besetzte ich meistens die frühreife Nina von Blankenberge, die in der Bank vor mir saß. In den Filmen mit Nina übernahm ich dann auch gern mal eine Nebenrolle. Als Gymnastiktrainer oder als smarter Fahrer eines roten Alfa Romeo, zu dem eine kurvenreiche Tramperin mit Laufmaschen in den schwarzen Nylons in den Sportwagen stieg.

Ähnlich erging es mir im Seminar bei Heidelberger Druckmaschinen. Nur leider saß vor mir keine Nina mit Laufmasche. Sondern nur Zombies.

Aber ich unterschieb vor meiner Heimfahrt den Kaufvertrag, und zehn Tage später stand das Luxusteil bei mir im Atelier. Brutto hatte das Gerät 127.000 Mark gekostet. Davon musste ich mir 70.000 von der Bank leihen. Denn mein Geschäftskonto war relativ leer. Die letzten Monate, in denen ich drei feste Angestellte bezahlen musste, obwohl kaum noch was in die Kasse kam, hatten einen ordentlichen Batzen meiner Rücklagen aufgefressen.

Die Mechaniker schlossen das Mörderteil an und drückten mir die Gebrauchsanweisung in die Hand, die dicker war als die Bibel. Ich kannte einen jungen Mann, der bei einer Firma arbeitete, die seit Jahren im Offset-Verfahren druckte. Für 20 Mark die Stunde erklärte er mir die neue Maschine. Nach einer Woche wusste ich, was ich wissen musste.

Für ein bestimmtes 80 Gramm schweres Bankpostpapier hatte ich mich schon entschieden. Es hieß Destination, und ich konnte es ganz offiziell über meinen Papierhändler bestellen.

Meine Sekretärin wollte ich nicht entlassen. Sie besetzte ihren Schreibtisch täglich von 10 bis 16 Uhr. Wenn sie weg war, fing ich an. Der Dollar-Schein hat einen Silberfaden, ein gut sichtbares Wasserzeichen und er ist griffig, das heißt, er ist nicht glatt, er ist leicht erhaben, weil er ein Stahlstich ist, also von einer handgestochenen Stahlplatte abgedruckt wird. Das Papier wird so fest auf die Platte gepresst, dass die feinen Stiche und Linien im Papier feine Erhebungen hinterlassen. Die Manager der Notenbanken behaupteten, dieses Druckplattensystem würde immer noch angewendet, es gab aber genug Gerüchte, dass man mit elektronisch gesteuerten Präzisionsgeräten identische Ergebnisse erzielen könnte und diese neuen Verfahren auch in der Produktion von Geldscheinen eingesetzt würden. Mir war das egal. Und mir war auch egal, dass jeder Schein unter ultraviolettem Licht an bestimmten Stellen leuchtete. Das würde ich nicht hinkriegen, hatte ich den Auftraggebern über Henning ausrichten lassen. Das sei unerheblich, hatten die Schweizer geantwortet, die Araber hätten keine UV-Lampen. Wenn es dem Auftraggeber egal war, dann war es mir erst recht egal.

Das Wasserzeichen war nicht so schwierig, denn es ist ein positives Wasserzeichen, was bedeutet, dass man es als leichte Erhöhung fühlen kann. Negative Wasserzeichen sind schwieriger zu erstellen, dafür muss man das Papier verdünnen. Beziehungsweise, wenn man das Zeichen, um den gewünschten Effekt zu erzielen, wie mit einem festen Stempel in das Papier drückt, dann bekommt es zwar eine gewisse Vertiefung, aber diese drückt sich wieder raus, wenn man die Scheine dann stapelt. Ich experimentierte sieben Nächte lang, dann konnte ich Franklins Gesicht als Wasserzeichen. Ich druckte es im Siebdruckverfahren mit der Farbe des Papiers. Damit war es sichtbar und fühlbar. Auch der Silberstreifen entpuppte sich nicht als Stolperstein. Bei den echten Scheinen ist er ins Papier eingearbeitet, was schon bei der Herstellung des Papiers geschieht. Um das hinzubekommen, hätte ich Vorderseite und Rückseite der Banknote herstellen, den Silberfaden dazwischenlegen und die beiden Papierstücke aneinanderkleben müssen. Das wäre in meinem Atelier mit meinen Maschinen nicht machbar gewesen. Wie das Wasserzeichen druckte ich also den Faden auf das Papier, als erste Schicht sozusagen, dann folgte das Wasserzeichen im Siebdruck, und den Rest schaffte die Präzisionsmaschine aus dem Hause Heidelberger Druckmaschinen.

Kurz vor Weihnachten hatte ich die ersten Dollars fertig. Mit Henning hatte ich ausgemacht, am Telefon das Geschäft mit keinem Wort, auch mit keiner noch so kleinen Andeutung zu erwähnen und erst recht nicht billige Codierungen zu verwenden wie: Wann kommt der Wagen aus der Werkstatt? Oder: Geht's deinem Rücken wieder besser?

Henning hatte jedem von uns drei Boule-Kugeln gekauft, und jeden Dienstag, egal bei welchem Wetter, trafen wir uns an einer bestimmten Stelle am Rautenstrauch-Kanal, um dem französischen Rentnervergnügen nachzugehen. Die Stelle war für unsere Treffen perfekt, denn dort waren wir fast immer allein, und es gab es kein hohes Haus weit und breit, von dem man uns mit Peilmikrofonen hätte belauschen oder mit High-Speed-Kameras aufnehmen können, um anschließend aus unseren Lippenbewegungen unsere Gespräche zu rekonstruieren. Handys waren sowieso tabu. Ich hatte meins einer Nichte geschenkt.

Anlässlich unseres letzten Boule-Termins hatte ich Henning ein Kuvert übergeben, in dem sich meine ersten fünf Dollar-Scheine befanden. Die hatte er im Laufe der Woche in den »Schwan« gebracht, wo die beiden Schweizer sie aus Edgars Hand in Empfang genommen hatten.

Gestern hatte sich Henning mit dem Koch im Deutzer Bahnhof getroffen. Der Aufraggeber sei so weit zufrieden, habe Edgar berichtet, nur das Papier sei etwas zu weiß, und am Wasserzeichen müsse auch noch was getan werden.

»Was soll der Scheiß?«, fragte ich Henning. »Was brauchen die ein noch besseres Wasserzeichen? Wenn sie die Kohle nur zeigen und dann verbrennen wollen?«

»Kann ich dir nicht sagen.«

»Mit der Farbe, das kann ich nachvollziehen. Wenn die Scheine etwas gelblicher sind, haben die mehr Patina.«

»Du machst das schon, Duv.«

»Ich mache und mache und mache. Hast du mal Druck gemacht, dass sie bald mit der längst versprochenen Kohle für die Heidelberger Maschine rüberkommen?«

»Ich hab's Edgar ausgerichtet.«

»Scheiße. Der Kredit für die 70.000 kostet mich an Zinsen 500 im Monat.«

»Bald haben wir es hinter uns.«

»Hoffentlich.«

Das ging danach noch ein paar Wochen hin und her, und dann, nach fünf weiteren Probedrucken, an denen es immer etwas rumzukritteln gab, bekam ich im März 1999 endlich das Go! von den Schweizern, die das oft versprochene Geld für die Druckmaschine immer noch nicht rausgetan hatten. Sie würden den Betrag, großzügig gerundet auf 200.000, bei der Übergabe auf den Packen mit den 2 Millionen drauflegen. Hoch und heilig hatten sie es Henning versprochen.

Im Nachhinein ist mir klar, warum sie meine Blüten zuerst nicht akzeptierten. Sie brauchten die Zeit, um mich zu identifizieren. In den Monaten von Dezember bis März trafen sich Edgar und Henning fünfmal im Deutzer Bahnhof, und dreimal traf sich Henning mit »den Schweizern« in Edgars Restaurant. Mit Sicherheit hatte das BKA schon beim ersten Treffen in Deutz ein paar Beobachter am Start. Seit jenem Tag ließen sie Henning nicht mehr aus den Augen, und sie hörten seine Telefone ab. Sie checkten alle Personen durch, mit denen Henning sich in dieser Zeit traf. Sie waren ihm nachgegangen zum Rautenstrauch-Kanal, wo er jeden Dienstag mit einem großen hageren Mann, der immer eine Baseballkappe trug, mit drei Eisenkugeln das Schweinchen jagte. Sie waren mir nach Hause gefolgt, sie hatten herausgefunden, dass in meinem Atelier anspruchsvolle Kunstdrucke produziert worden waren und dass ich schon ein paarmal mit dem Gesetz in Konflikt geraten war.

Nachdem ich den Auftrag erhalten hatte, die 5 Millionen Dollar herzustellen, fing die Knochenarbeit an. Fünf Millionen sind fünfzigtausend 100-Dollar-Scheine. Auf einen Bogen Bankpostpapier konnte ich zwölf Scheine drucken. Das heißt, ich musste mehr als viertausend Bögen bedrucken, und das in vier verschiedenen Schichten, zwei im Siebdruck, zwei Offset. Und das Ganze natürlich mal zwei, Vorder- und Rückseite. Ich druckte 24 »Modelle«, also Blüten mit acht verschiedenen Registriernummern, und die Banderolen druckte ich auch. Um je fünfhundert Scheine kam eine Banderole. So ein Päckchen waren dann 50.000 Dollar. Von diesen Päckchen musste ich hundert Stück herstellen. Ein Mordsaufwand für Spielgeld, das in zwei Monaten im Ofen landen würde. Aber für 2,2 Millionen Mark konnte man mal ein paar Wochen auf den Schönheitsschlaf vor Mitternacht verzichten.

Als Übergabeort wurde ein Autobahnrastplatz in der Nähe von Heidelberg vereinbart. An einem Donnerstag Anfang Mai um 14 Uhr. Henning sagte, er würde allein kommen, in einem Volvo-Kombi. Aber so ganz schutzlos wollte er die Sache doch nicht angehen. Er nahm vier Mann mit ins Boot, drei von ihnen kannte ich. Sie waren in Ordnung und hatten kaltes Blut. Zwei sollten Hennings Kombi in unauffälligem Abstand in einem unauffälligen Toyota folgen, die anderen zwei ließ Henning am Abend vor dem Termin in einem geliehenen Lkw auf den Rastplatz rollen und in der Nähe der Ausfahrt parken. Sie sollten sich duschen, was essen und sich dann ins Führerhaus zurückziehen, wie die anderen Highway-Cowboys auch, die die Zeit totschlugen, bis die Scheibe im Fahrtenschreiber ihnen wieder erlaubte, den Diesel brummen zu lassen. Henning kaufte drei Prepaid-Handys, für jedes Fahrzeug eins. Falls einem irgendwas auffiel, das auf eine Falle hinweisen könnte, sollten die mobilen Telefone benutzt werden. Nur zu diesem Zweck. Auf keinen Fall für Privatgespräche, erst recht nicht für welche, die den Anlass ihres Ausflugs thematisierten. Wobei Henning den Jungs auch keine genauen Summen und Hintergründe nannte. Jeder sollte einen Tausender für den Job bekommen, bar auf die Hand. Den Rest mussten sie nicht wissen.

Der Sekretärin hatte ich für den besagten Donnerstag frei gegeben. Keine zehn Minuten nachdem Henning mit seinem dunkelblauen Volvo-Kombi in der Belvederestraße vorgefahren war, hatten wir die fünf Umzugskartons verladen. Es war kurz nach neun, als wir uns zunickten, Henning seinen Schwedenpanzer bestieg und den Motor dezent aufrauschen ließ. Ich ging zurück ins Atelier und war froh, dass der Stress nun bald vorbei war. Henning sollte gegen halb drei anrufen und sagen: Entschuldigung, da habe ich mich verwählt, dann würde ich meinen Arbeitsplatz aufräumen und alles schreddern, was an die Dollar-Blüten erinnerte. Heute Abend würde ich Henning auf dem Parkplatz an der Jahnwiese hinter dem Müngersdorfer Stadion treffen, um das Geld aufzuteilen und Goodbye zu sagen.

Gestern hatte ich wieder gelesen, dass zum Jahreswechsel von 2001 auf 2002 in fast ganz Europa dieser komische Euro eingeführt würde. Dann hieße es, für immer Abschied nehmen von der guten alten D-Mark. So richtig vorstellen konnte ich mir das damals nicht. Aber bis Sylvester 01/02 war es ja noch ein bisschen hin. Gut zweieinhalb Jahre. Dann musste umgetauscht werden. Was würde die Bank sagen, wenn ich mit einer Million im Koffer ankäme? Ich würde sagen, ich hätte das Geld in meinen goldenen Jahren als Modedesigner und Kunstdrucker gebunkert. Das glauben wir Ihnen, Herr Kuhl, würde die Bank sagen, aber trotzdem sind wir verpflichtet, diese Aussage Ihrem zuständigen Finanzamt mitzuteilen. Die würden mich dann rückwirkend schätzen, mich mit Bußgeldern bombardieren, und wenn ich Glück hätte, bliebe von der Mio noch ein Drittel übrig. Das wäre schade. Also würde ich das Geld im nächsten Monat ins Auto packen und nach Mallorca rüberschippern. Dort waren die Notare nicht vereidigt, die hatten nur das zu tun, was die betreffenden Parteien von ihnen verlangten. Die Mallorquiner liebten Schwarzgeld, und jede Peseta, die der Steuer vorenthalten wurde, war eine gute Peseta. Ich hatte Manes beauftragt, sich mal nach was Passendem umzuschauen. Finca mit Pool, nicht allzu weit weg vom Meer, am besten mit einer kleinen Werkstatt oder einem Schuppen dabei. Schwarzgeldpreis bis 300.000 Mark, offiziell beim Notar dann für 80.000. Den Rest übergab man nach Verlesung des Vertrags und vor dessen Unterzeichnung auf der Toilette in der Kanzlei. Der Käufer zahlte Grunderwerbssteuer nur auf die offizielle Kaufsumme, und auch nur die trug der Verkäufer in seine Einkommenssteuererklärung ein. Schwarzgeld konnten die einheimischen Verkäufer wunderbar in den Wechselbuden waschen, von denen es auf den Touristenmeilen Hunderte gab. Damals, vor dem Euro.

Eine Minute nach zwei schellte es an der Ateliertür. Ich öffnete und schaute in drei Pistolenläufe, die man mir ins Gesicht streckte. Das ganze Grundstück wimmelte von unterschiedlich gekleideten und ausgestatteten Polizisten, die ganz offensichtlich in höchster Alarmbereitschaft waren. Ein unüberlegter Griff in meine Jackentasche, und ich hätte ein Pfund Blei im Leib, verteilt auf zwanzig Einschlaglöcher.

Ich durfte ein paar Sachen einpacken, die Heizung runterdrehen und meiner Sekretärin eine Notiz schreiben. *Bin leider erst mal weg. Machen Sie bitte weiter wie immer. Mein Bruder Ecki meldet sich bald. Gruß.*

Darunter zeichnete ich mit fünf Strichen eine Taube.

»Wo bringen Sie mich hin?«, fragte ich den in Zivil gekleideten Mann, der seit dem Zugriff nicht mehr von meiner Seite wich.

»Nach Stuttgart«, antwortete er.

»Stammheim?«

Er nickte, und ich sagte: »Ich mag die Schwäbische Küche.«

»Ich nicht«, erwiderte der Polizist, vermutlich einer vom BKA. Wenn die mich direkt in ein anderes Bundesland bringen durften, dann war das abgesprochen mit der Kölner Kripo und der hiesigen Staatsanwaltschaft. In Heilbronn hatten sie wahrscheinlich den Haftbefehl ausgestellt, nach Lieferung der ersten Probedrucke.

Ich schaute mich um. Die beiden »Schweizer«, konnte ich unter den vielen Personen, die mein Atelier bevölkerten, nicht ausmachen. Aber ich hatte die Herren ja nur zweimal ganz kurz gesehen, als sie mit dem Geldkoffer in den »Schwan« gegangen waren, und zwei Stunden später, als sie das Lokal wieder verlassen hatten. Was sollten sie auch hier? Sie hatten bestimmt den Einsatz auf dem Rastplatz geleitet, waren mit dem schwarzen Audi A6 mit Züricher Kennzeichen in die freie Parktasche neben den dunkelblauen Volvo mit Kölner Kennzeichen gerollt, waren ausgestiegen und hatten den Alu-Koffer mit den 2 Millionen aus dem Kofferraum geholt. Als Henning dann die Heckklappe seines Kombis öffnete, hatten sie ihn blitzschnell überwältigt und schon fachgerecht mit Kabelbindern verschnürt, bevor aus allen Ecken und Winkeln des Rastplatzes die Männer vom SEK und vom BKA herbeigeflogen waren. Unsere Lkw-Fahrer und die beiden Jungs im Toyota mussten wahrscheinlich mitansehen, wie sie Henning und dessen Volvo abtransportierten. Hoffentlich hatte keiner in dem Moment die Nerven verloren. Hoffentlich hatte keiner gegen die Absprache verstoßen und sich »für den absoluten Notfall« eine Waffe eingesteckt. Aber die vier Begleiter waren ja eigentlich nur für den Fall mitgekommen, dass die Schweizer echte Gangster gewesen wären, die Henning die Dollar-Blüten ohne Bezahlung hätten abnehmen wollen. Dann hätte der Lkw die Ausfahrt blockiert, und von hinten wäre der Toyota angeschossen gekommen, und so hätten sie das Auto der mutmaßlichen Gangster eingekeilt. Dass die Schweizer keine Gangster, sondern Bullen waren und nun eine Hundertschaft von Mitgliedern diverser Polizeieinheiten auf dem Rastplatz rumwuselte, war nicht wirklich zu erwarten gewesen. Vielleicht stand morgen ein großer Bericht in der Zeitung über den von langer Hand geplanten Zugriff und den tollen Fahndungserfolg des BKA. Vielleicht würde sogar Otto Schily die stolz geblähte Brust ins Fernsehbild schieben. Schließlich standen wieder Landtags- und Kommunalwahlen an.

21.

Im berühmten Knast von Stuttgart-Stammheim bekam ich eine Einzelzelle im Erdgeschoss. Noch vor zwölf Jahren waren im ersten Stock die Topterroristen rumgelaufen. In der Zelle über meiner hatte man Andreas Baader mit einem Loch im Hinterkopf tot aufgefunden.

Auf dem Hofgang flachste ich mit einem verrückten, aber ganz netten Professor aus Heidelberg über dieses Thema.

»Hast du sie letzte Nacht wieder laufen gehört, Professor?«

»Nicht nur das! Die Weiber haben auch wieder gekreischt!«

»Die sind nicht totzukriegen«, sagte ich. »Und so richtig los geht der Spuk erst im Oktober.«

»Ach ja?«

»Am 18. Oktober 1977 hat man sie da oben tot aufgefunden.«

»Ist das schon so lange her?«

»Jedes Jahr im Oktober werden ihre Seelen wieder aktiv«, erklärte ich. »Die Ensslin hat versprochen, diesmal bei mir in der Zelle vorbeizuschauen.«

»Ist nicht wahr!« Der Professor spielte den Enttäuschten. »Bei mir hat leider nur die Meinhof angefragt.«

»Und?«

»Ich hab gesagt, sie soll zwei Türen weiter beim Yussuf klopfen, der würde es sogar mit dem Siphon unter seinem Lokus treiben.«

Der alte Herman the German hatte mitgehört und kommentierte mit seinem Brummbass: »Der Spruch könnte auch vom Baader selbst stammen.«

In den frühen 70ern hatte Doppelmörder Herman mal mit dem späteren Staatsfeind Nummer eins für ein paar Wochen in Frankfurt die Zelle geteilt.

Der Professor kriegte sich kaum noch ein vor Lachen. Er war ein skurriler Kauz, dieser kleinwüchsige Gelehrte, dem man zur Last legte, eine Prostituierte fast erwürgt zu haben. Sein Prozess stand noch aus. Meiner natürlich auch.

Mein Bruder Ecki hatte mich besucht und Ulrich Bauschulte gleich mitgebracht. Der Strafrechtler erzählte, man habe, wie ich mir das schon gedacht hatte, Henning mit meinen Dollar-Blüten bei der Übergabe auf dem Rastplatz in der Nähe von Heidelberg hochgenommen, nur ihn. Eventuelle Komplizen seien nirgendwo erwähnt worden. Henning säße in der JVA Heidelberg. Unsere Prozesse würden getrennt und beide in Heilbronn verhandelt. Die Presse habe das Vorgehen des BKA in unserem Fall überschwänglich gelobt.

Meinen Bruder bat ich, meiner Sekretärin auszurichten, sie solle den Laden erst mal weiterführen und der Bank und dem Finanzamt meinen derzeitigen Aufenthaltsort mitteilen. Außerdem solle er ein paar bestimmte Zeichnungen und meine Uhrensammlung aus der Wohnung holen und in seinem Keller einlagern. Ecki versprach, sich um die Dinge zu kümmern, und ließ mich mit Ulrich Bauschulte aus Köln-Lindenthal allein. Ich erläuterte dem Anwalt im Detail, wie sich alles zugetragen hatte und dass ich ohne die Männer vom BKA niemals auf die Idee gekommen wäre, Falschgeld herzustellen. Zudem hätten offenbar irgendwelche Schweizer Behörden auch mitgespielt, denn die Scheinfirma SwissKox saß in Zürich, und auch den Audi der Ermittler hatte man dort angemeldet.

Der Anwalt machte sich ein paar Notizen, überlegte kurz und sagte dann: »Herr Kuhl, es kann sein, dass Sie zehn Jahre bekommen oder noch mehr, es kann aber auch sein, dass es nur eine harmlose Bewährungsstrafe wird. In Ihrem Fall gibt es einige Aspekte, über die man mit den maßgeblichen Personen und Behörden mal sprechen sollte. So etwas kann gut gehen, muss aber nicht. Es kann genauso gut auch nach hinten losgehen.«

»Machen Sie mal«, sagte ich.

Noch zweimal während der nächsten Wochen kam Anwalt Bauschulte nach Stammheim und machte mir Mut. Hinter den Fassaden gewisser Behörden könne mein Fall einen Flächenbrand auslösen, sagte er, niemandem von dieser ehrenwerten Gesellschaft sei etwas daran gelegen, sich nachhaltig die Finger zu verbrennen.

Der Prozesstermin wurde auf den 20. Oktober 1999 festgelegt. Zwei Tage nach dem Todestag der Terroristen. Also konnte ich am 19. Oktober den Professor beim Hofgang noch damit frotzeln, dass die Nacht mit Gudrun Ensslin in der Zelle kaum zu toppen gewesen sei. Worauf der Chemiker erwiderte, er müsse gleich mal Yussuf fragen, wie's mit Ulrike gelaufen sei. Er selbst habe sich von Andreas befriedigen lassen. Flexibel müsse man sein! Der Junge habe sich auch ganz passabel angestellt. Kein Wunder, denn vor der Karriere als Topterrorist arbeitete Baader schließlich als Fotomodell für Schwulenpornoheftchen. Wie gesagt, Flexibilität sei alles. Und dann bekam der Professor wieder einen seiner gefürchteten Lachanfälle.

Anwalt Bauschulte saß schon an seinem Platz, als mich zwei Beamte in den Gerichtssaal führten. Ein paar Leute von der Presse waren gekommen und auch einige Zuschauer. Der Staatsanwalt war auch schon da, er hatte die Hände über einem Aktendeckel aus altrosafarbener Pappe gefaltet und starrte mit ausdruckslosem Gesicht die Wand an.

Der Vorsitzende Richter war ein netter junger Mann, der es sich mit niemandem verscherzen wollte – weder mit Ulrich Bauschulte, dem bekannten Strafrechtler aus der fernen Rheinmetropole, noch mit dem Bundeskriminalamt und erst recht nicht mit dem Europäischen Gerichtshof für Menschenrechte in Straßburg. Denn den hatte mein Anwalt clevererweise ins Spiel gebracht. Er hatte am Tag vor der Verhandlung den Richter auf ein erst zwei Monate altes Urteil ebenjener Institution hingewiesen, in dem der Begriff Agent provocateur eine tragende Rolle spielte. Der damals betroffene Angeklagte war von einem Geheimdienst nachgewiesenermaßen dazu angestiftet, ja geradezu genötigt worden, einen großen Drogendeal durchzuziehen. Der EGMR hob das gegen den Angeklagten gefällte Urteil auf und verhängte lediglich eine Geldstrafe. In ihrer Begründung bezeichnete die übergeordnete Instanz es als Unrecht, dass Organe der Staatsmacht als Agents provocateurs aufgetreten und einen bis dato noch nicht vorbestraften Bürger zu einer schweren Straftat verleitet hatten.

Eine solche Schmach wollte sich der Richter ersparen, denn so was sieht nicht gut aus in der Vita. Da zudem die Hauptzeugen der Anklage, die beiden BKA-Agenten, die sich uns als Koschwitz und Naumann vorgestellt hatten, aus Gründen des Persönlichkeitsschutzes nicht persönlich vernommen werden durften und mein Anwalt in deren schriftlichen, im Saal verlesenen Aussagen einige Unstimmigkeiten aufdecken konnte, verurteilte mich der Vorsitzende Richter nach nicht allzu langer Verhandlung zu fünfzehn Monaten Haft, auf drei Jahre zur Bewährung ausgesetzt.

Nach viereinhalb Monaten U-Haft in Stuttgart-Stammheim kehrte ich im Herbst des Jahres 1999 als freier Mann nach Köln zurück. Aber damit hatten einige Leute wohl nicht gerechnet. Denn obwohl meine Sekretärin glaubhaft beteuerte, damit nichts zu tun zu haben, fehlte die Hälfte meines Lagerbestandes. Wie ich später eher zufällig erfuhr, hatten sich sowohl mein Untermieter Manni als auch mein Vertreter ausgiebig selbst bedient, weil sie davon ausgegangen waren, dass ich für mindestens fünf Jahre im Knast sitzen würde und die Sachen danach sowieso nichts mehr wert, von anderen geklaut oder vergammelt seien.

Auf 1,6 Millionen Verkaufswert hatte mein Steuerberater den Lagerbestand vor einem halben Jahr taxiert, der Hamburger Kunde hatte mir 400.000 Mark dafür geben wollen, und jetzt lag davon vielleicht gerade noch die Hälfte in den Regalen. Damit aber nicht genug. Das Finanzamt hatte mich geschätzt, weil die Erklärungen für 1996 und 1997 trotz häufiger Mahnungen noch nicht bei ihnen eingegangen waren. Die Einspruchsfrist gegen den Schätzungsbeschluss hatte ich um drei Wochen verpasst, und obwohl der Sachbearbeiter genau wusste, wo ich mich in der betreffenden Zeit aufgehalten hatte, sollte ich 34.000 Mark nachzahlen. Den dicksten Bock aber hatte sich die Sparkasse geleistet. Als drei Monate lang die Kreditraten der 70.000 Mark ausblieben, die ich für die Offset-Maschine aufgenommen hatte, um damit das vom BKA in Auftrag gegebene »Spielgeld« herstellen zu können, ließ der Bankangestellte sofort ein Wertgutachten erstellen und die Sachpfändung vollstrecken. Laut Gutachter war das gerade mal drei Monate alte Luxusteil aus dem Hause Heidelberger Druckmaschinen mit einem Neupreis von 127.000 Mark nur noch 32.000 Mark wert. Der Zwangsvollstrecker kam mit einem Lkw und holte es ab. Die 32.000 wurden von meiner Kreditsumme in Höhe von 60.000 abgezogen, und damit belief sich meine Schuld immer noch auf 28.000 Mark, Tendenz steigend, denn die entsprechenden Raten waren seit der Zwangsvollstreckung auch weiterhin nicht eingegangen.

Mit dem früheren Interessenten aus Hamburg einigte ich mich auf 80.000 Mark. Die Siebdruckmaschine verkaufte ich an den Bananensprayer Thomas Baumgärtel, ich zahlte meine Sekretärin aus, kündigte das dreigeschossige Luxusobjekt in der Belvederestraße und tilgte die Steuerschulden.

Kumpel Manni Müller hatte sich schon vorher mit Hunderten meiner Drucke aus dem Staub gemacht. Meinen sieben Jahre alten Porsche 911 tauschte ein Händler gegen 10.000 Mark und einen drei Jahre alten Ford Transit mit Dieselmotor.

Als ich im Februar 2000, die Ladefläche voll mit allerlei Kleinkram und Büchern, ein paar Lieblingsmöbeln, einer bequemen Campingliege, einer kompakten Siebdruckmaschine und Kartons mit Werkzeug und Farben, meine Heimatstadt am Steuer des weißen Kleintransporters in Richtung Süden verließ, befanden sich 130.000 Mark in dem kleinen Möbeltresor mit Zahlenschloss, den ich an den Fahrzeugboden hatte schweißen lassen.

Meine Bewährung lief noch fast drei Jahre. Es müsste ja wohl zu schaffen sein, diese Zeit straffrei zu überstehen.

Ob ich allerdings so viel Bargeld innerhalb Europas mit mir herumkutschieren durfte, wusste ich gar nicht. Deshalb holte ich die Banknoten vor den beiden Grenzübertritten aus dem Tresor, steckte sie in Plastiktütchen und klebte sie mir mit Lassoband an die Waden. Ich wurde aber weder an der französischen noch an der spanischen Grenze kontrolliert.

Nach dem ganzen Pech der letzten Monate war ich sehr erleichtert, als ich den Transit im Bauch der Fähre verstaut hatte und kurz nach Mitternacht mit einer Flasche San Miguel in der Hand an der Reling stand und zuschaute, wie die Lichter Barcelonas hinter dem schäumenden Kielwasser immer kleiner wurden.

Am nächsten Mittag rollte mein Bully in Porto Colom ein. Der Himmel war blau, und vom Meer her wehte ein milder Wind. Zusammen mit seiner Frau Beatrice hatte Playman Manes im Hafenbereich eine kleine Boutique namens Le Pirat eröffnet. Jeans, Polohemden, Sommerkleidchen, Accessoires, geschmackvollen Modeschmuck boten sie dort an sowie die selbst entworfene Produktlinie, bedruckt mit dem Logo des Ladens. Le Pirat stand auf Badetüchern, Strandtaschen, Stirnbändern, Kopftüchern, Schals und Morgenmänteln. Das Logo des Geschäfts war ein kleiner Piratenkopf, reduziert auf das Wesentliche: Kopftuch, Augenklappe, zwei gekreuzte Knochen.

Ich parkte an der Promenade, setzte mich in ein Café und bestellte einen Cortado und einen Brandy. Es tat gut, hier zu sein. Die Luft, die Landschaft, die Menschen hier würden mir Glück bringen. Tief in meinem Herzen war ich ja schon immer der mediterrane Typ gewesen.

Natürlich hätten es ein paar Millionen sein sollen, mit denen ich hier vor Anker ging, aber Jammern war nicht meine Sache. Nach vorne denken. Ende nächsten Jahres würde ich hier meinen sechzigsten Geburtstag feiern. Im Rückblick erschien es mir in dem Moment mal wieder völlig rätselhaft, wie ich überhaupt so alt hatte werden können. Eigentlich war ich gar kein Pechvogel, eigentlich war ich ein Glückskind. Hier auf der Insel würde ich mir jetzt eine bescheidene Existenz aufbauen, vielleicht auf der Zielgeraden noch eine nette Frau kennenlernen, mit ihr zusammen Spanisch lernen, abends hier am Hafen in den Cafés mit den Mallorquinern herumalbern und danach im fincaeigenen Pool noch ein Nümmerchen schieben. Pharmazeutisch erhärtet, wenn's denn sein müsste.

Ich trank aus, zahlte und ging zur Boutique Le Pirat rüber. Beatrice, die immer noch saugut aussah, stand hinter einem schmalen Kassenbord und schaute überrascht auf, als ich eintrat. »Duv! Das gibt's doch nicht!« Sie kam herbei und gab Küsschen links und rechts. Sie roch wundervoll, mindestens nach Gucci, und durch den dünnen Stoff ihres Kleids spürte ich bei der Umarmung ihre straffe Haut.

»Schön, hier zu sein«, sagte ich, und wie ein trockener Schwamm saugte ich ihren Duft in mich hinein.

»Hat Manes dir nicht erzählt, dass ich komme?«

Sie senkte ihren Blick, löste sich von mir und ging wieder hinter ihren Tresen. »Der Manes wohnt nicht mehr bei mir im Haus.«

»Aha.«

»Vor einem halben Jahr hat er drüben in zweiter Reihe eine Bar aufgemacht.«

»Ich weiß. Ich wäre gern zur Eröffnung gekommen.«

»Das ist nix für den Manes«, sagte Beatrice. »Mit dem Alkohol hat er es ja immer schon gern übertrieben.«

»Auch das weiß ich.« Ich lächelte vor mich hin. Wie lang war das jetzt her, dass ich nach drei Flaschen Wodka vor der Kölner Oper im Salto mortale rückwärts von seiner Kawasaki geflogen war?

»Wenn er morgens drüben seine Bar zugemacht hat, dann war er manchmal so breit, dass er nicht mehr wusste, wo sein Zuhause ist. Er hat vorne auf den Bänken an der Promenade gepennt oder da drüben unter den Fischerbooten am Strand, manchmal sogar hier im Eingang vorm Laden«, sagte Beatrice. »Das ging definitiv zu weit.«

»Kann ich nachvollziehen.«

»Außerdem ist so was tödlich für's Geschäft«, erklärte sich Beatrice weiter. »Ich meine, hier fürs Le Pirat. Den alkoholisierten Gästen in der Bar ist es egal oder sogar ganz recht, wenn der Wirt jede Nacht mitfeiert. Aber die Käuferinnen von hochpreisiger Mode widert diese Abart von nächtlichem Zeitvertreib kolossal an.«

»Verstehe, verstehe«, warf ich hastig ein, bevor ich dann endlich meine Kernfrage stellte: »Was glaubst du, wo ist der Manes jetzt im Moment?«

»Er hat irgendwo da drüben ein Apartment. Ich weiß nicht genau wo.«

»Verstehe, verstehe.«

So ganz fertig mit der Sache war Beatrice noch nicht. Tief hinten in ihren Augen glomm noch ein kleiner Funken. Vielleicht war es Hoffnung, vielleicht auch nur Wehmut. Aber immerhin, es glomm.

»Tut ihm bestimmt ganz gut, dass du ihn besuchst.«

»Ich bin nicht auf Besuch«, sagte ich. »Ich habe meinen Hausstand dabei.«

»Nee, Duv, das ist nicht dein Ernst!«

»Doch.«

Beatrice lächelte mich an. »Dann will ich es mal so sagen: Willkommen im Klub!«

»Hast du's bereut, hierhergekommen zu sein?«

»Nein«, sagte sie. »Es ist nicht immer leicht, aber bereut habe ich es keine Sekunde. Köln ist tote Erde für mich.«

»Für mich auch«, sagte ich. »Wann macht Manes abends seine Bar auf?«

»Hab gehört, so gegen zehn.«

»Und wie heißt der Laden?«

»Rate mal.«

»Playman's?«

»Genau!«

Ich nahm die Klinke der Eingangstür in die Hand. »Dann bis später mal, Trixi.«

»Trixi durfte mich hier nur der Manes nennen«, sagte sie und kam hinter ihrem Tresen hervor. »Und der jetzt auch nicht mehr.«

»Wie heißt du hier?«

»Bea.«

»Auch nicht schlecht.«

Sie drückte mich. »Red mal mit ihm. Vielleicht kriegst du ihn ja wieder halbwegs in die Spur.«

»Ich tue, was ich kann«, versprach ich. »Wie nennt sich denn der Manes hier?«

»Immer noch Manes«, sagte Bea, »aber er betont das anders, und er unterschreibt mit ›Manéz‹.«

»Nicht mehr der ›Maaanes‹, sondern der ›Maness‹, aha.«

»So ähnlich.«

Wir grinsten uns an.

»Und was machst du so in deiner Freizeit, Bea?«

»Wie meinst du das jetzt?«, kokettierte sie zaghaft.

»Bist du wieder liiert?«

Sie zwinkerte mit ihren künstlichen Wimpern und säuselte: »Ich wüsste nicht, was dich das angeht.«

»Schau'n wir mal.«

Nach Beas Schilderung hatte ich mir das Wiedersehen mit »Manéz« dramatischer vorgestellt. Klar, er war etwas dicker als früher, aber seine Haut war angenehm gebräunt und auch den Schalk hatte der Schnaps ihm noch nicht aus dem Blick radiert. Er fiel mir um den Hals, machte uns sofort zwei riesige Wodka Lemon und laberte mich zu vom tollen Leben hier auf der Insel, von all den Leuten, die schon nach Malle ausgewandert seien und von denen die noch kommen wollten, von alten Bekannten und echten Promis, von den neuen Kumpeln, die er hier um sich geschart habe, und natürlich von den »rattenscharfen Bräuten«, die hier an jeder Ecke »rumlungerten« und nur darauf warteten, von Kerlen wie ihm oder mir »so richtig durchgenudelt« zu werden. Was die Sprüche anging, war der neue Manéz nicht anders als der Manes von früher.

Die Bar Playman's war eine etwas piefige Kneipe, die Manes den Erben eines Briten abgekauft hatte, der das Lokal vor acht Jahren unter dem Namen Sailor's Inn eröffnet hatte und der sich hinter dem Tresen jede Nacht dermaßen die Schoten dichtgeholt hatte, dass die Putzfrau eines Morgens hinter der Theke mit dem Feudel gegen seinen toten Körper stieß.

Für 18.000 Mark hatte Manes die 50-Quadratmeter-Immobilie mitsamt Inventar gekauft. Das sei »der totale Schnapp« gewesen.

Ich saß im Playman's auf einem Barhocker und schaute mir die Gäste an, die nach und nach eintrudelten. Ein paar Einheimische, ein paar sogenannte Residenten, sprich versoffene Normal- oder Frührentner aus England, Deutschland oder Holland, aber kein einziger Tourist. Die kämen erst ab Mai wieder, sagte Manes, der jeden Gast herzlich begrüßte und den alle Gäste ganz offensichtlich als Wirt schätzten und als Mensch mochten.

»Der Aki kommt manchmal auf einen Chivas vorbei«, sagte er, als er mal wieder eine Minute Zeit für mich hatte, weil alle Gläser gefüllt auf dem aus dunkler Eiche gehauenen Tresen standen.

»*Der* Aki?«, hakte ich ungläubig nach.

»Karl-Heinz Ackfeld, klar«, sagte Manes. »›Carlos‹ nennt er sich hier.«

»Weißt du, wo er wohnt?«

»Der hat irgendwo in der Pampa eine große Finca, ein geiles Teil.«

»Das denke ich mir«, sagte ich. »Im Mittelmaß hat Aki sich noch nie zu Hause gefühlt.«

»Der Carlos ist ein ganz Großer. Immer noch.«

»Kannst du morgen mal mit mir zu ihm fahren?«

»Genau weiß ich nicht, wo der wohnt«, sagte Manes. »Das ist

hier kompliziert mit den ganzen *caminos* und so weiter. Bei dem Steinhaufen links, dann bei dem Müllcontainer rechts, dann über den Schotterweg, und da, wo das Hundeskelett am Baum hängt, da musst du scharf bremsen, weil da geht es zwischen zwei Pinien … vergiss es, Alter. Kriegst du noch 'ne Befüllung?«

»Mach fertig.«

Er kam wieder mit zwei monstergroßen Longdrinks, und wir ließen die Gläser klingen.

»Wenn der Carlos will, dass du weißt, wo er wohnt«, orakelte Manes, »dann wird er dir den Weg schon selbst erklären.«

»Guter Tipp«, erwiderte ich. »Dann rufe ich ihn morgen früh gleich an.«

»Tu das«, sagte Manes und nahm einen guten Schluck. Erst nachdem er das Glas wieder von den Lippen genommen hatte, prägte sich langsam ein Fragezeichen in seine teigige Gesichtsmasse. »Hast du seine Nummer?«

»Nee, natürlich nicht.«

»Aha.«

Eine blonde Frau kam rein, nicht mehr ganz taufrisch, aber groß, braun gebrannt und üppig. Offen lächelte sie in die überschaubare Runde, die sich nach und nach auf den Hockern vor der Theke komplettiert hatte. Auf dem letzten noch freien Hocker nahm sie Platz, zündete sich eine Zigarette an und begrüßte Manes herzlich, und der Wirt schenkte ihr einen randvollen Baileys auf Eis ein. Ich erhöhte die Schlagzahl.

Als mein Glas wieder leer war und ich es hin und her schwenkte, um darauf hinzuweisen, dass es gerne wieder gefüllt werden würde, kam Manes an und erklärte ungefragt: »Geiles Gerät.«

»Was meinst du jetzt?«

»Duv, alter Ficker! Willst du mich verarschen, oder was?« Manes holte lachend aus und platzierte einen mächtigen Schwinger auf meinem linken Oberarm. »Meinst du, ich bin blind? Ich hab doch gleich gemerkt, wie das Thekenbrett hier in deinem Bereich mächtig Druck von unten bekommen hat, als die Nadja reingekommen ist.«

»Hast recht, Playman«, gab ich grinsend zu. »Kennst du die Dame?«

Manes kam mit seinem Mund in die Nähe meiner rechten Ohrmuschel und raunte: »Halbschwedin, geschieden, gut zugerittenes Vollblut aus dem Gestüt ›Blondieren geht über studieren‹.«

Da konnte ich nicht mehr. Ich platzte vor Lachen. Ich lachte und lachte und lachte. Ich lachte mir den »Schwan« auf der Schwäbischen Alb und die Stadtsparkasse Köln aus der Seele, das Finanzamt und all die Typen, die noch nie irgendeine Vision gehabt und sich immer nur bei mir eingeschleimt hatten, um aus meinen Ideen Kapital zu schlagen. Immer hatte sich alles nur ums Geld gedreht. Kohle, Kohle, Kohle. Wie erbärmlich. Warum nannte man Geld überhaupt *Kohle*? Kohle war in der Erde verrottetes Holz, das man in den Ofen steckte, um im Winter nicht zu erfrieren. Dafür war Kohle da. Und nicht, um deswegen Kriege zu führen, Existenzen zu vernichten und Nachbarn zu rufmorden, weil die gerade ihr Auto verkauft hatten, damit die drei Kinder nicht in Lumpen zur Schule gehen mussten. Ich lachte, bis mir die Luft ausging. Danach schleppte ich mich keuchend zum Klo, kniete nieder vor der Schüssel und kotzte es hinein, das ganz große Ganze.

Als ich zurück zur Theke kam, war der Platz leer, an dem eben noch Nadja, die »Halbschwedin«, gesessen hatte.

»Manes«, sagte ich, »ich bin kaputt, ich leg mich ab in meinen Transit. Mach mir die Rechnung.«

Er ging zu dem großen Holzbrett, auf dem er Zitronen schnitt und Rechnungen schrieb, krakelte etwas auf einen Zettel, schenkte dann noch zwei Schnapsgläser voll und kam zurück. Das eine kastanienbraun gefüllte reichte er mir, das andere hob er in die Höhe und nickte mir zu. Wir stießen an und kippten synchron. Meine Eingeweide vibrierten unwillig, aber sie fanden sich mit der erneuten Attacke ab. Manes warf sein Glas ins Spülbecken und streckte mir den Zettel entgegen. Ich griff mit der Linken nach den Geldscheinen in meiner Jeans und nahm Manes mit der Rechten den Papierfetzen aus der Hand. Ich las, was darauf stand, schaute Manes fragend an und zitierte dann konzentriert: »Sechs Millionen, neunhundertvierundvierzigtausend, dreihundertsiebenundvierzig, sechzig.«

Ich schaute Manes ratlos an. »Peseten oder was?«

»Die Telefonnummer von Nadja.«

»Hä?«

»Als du eben auf 'm Pott warst, hat sie mich beauftragt, dir ihre Nummer zukommen zu lassen.«

»Wie romantisch.«

Manes blinzelte mit seinem rechten Augendeckel. »So sind sie, die Bräute!«

Ich steckte den Zettel ein und rutschte vom Hocker.

»Sehen wir uns morgen?«

»Um elf bei Gomilla.«

»Hä?«

»Die Bäckerei mit den Tischen vor der Tür, links am Ende vom Hafen. Der *con leche* ist da okay.«

Ich nickte. »Dann bis morgen auf einen Milchkaffee bei Gomilla.«

»Hasta mañana.«

»Hasta gleichfalls.«

Als ich fast die Ausgangstür erreicht hatte, winkte mich Manes noch mal zurück an seinen Tresen und sagte: »Der Carlos kommt jeden Tag gegen zwölf bei der Gomilla vorbei und holt da seine Baras ab.«

Die lange Reise, der ganze Stress und der Schnaps im Playman's hatten meine geistige Schaltzentrale weitgehend ausgeschaltet, als ich erstaunt nachfragte: »Macht der Aki hier in Waffen?«

»Hast du zu viel oder zu wenig getrunken?« Manes glotzte mich an, als wäre ich ein Hammel mit drei Köpfen. »Was schwafelst du von Waffen? Brot schießt nicht.«

»Du hast doch eben selbst gesagt, der Carlos holt sich bei der Gomilla die Beras ab«, erklärte ich den Grund meiner Verwirrung. »Beras sind Berettas, mit denen kann man schießen.«

Manes schüttelte grinsend seinen fast kahlen Schädel. »Baras sind Brote, die kann man essen. Und jetzt haust du dich am besten aufs Ohr, Paloma.«

»Aye aye, Sir.«

22.

Nach der Nacht auf meiner Campingliege hatte ich mich erholt. Um neun war ich aufgewacht und erst mal schwimmen gegangen. Das Wasser war zwar recht frisch, aber gerade das tat mir gut. Als ich danach mit dem Handtuch auf den Schultern leicht fröstelnd in die Morgensonne blinzelte und das Salzwasser auf meinen Lippen schmeckte, fühlte ich mich schon fast angekommen in einem neuen Leben.

Ich zog mir ein frisches Hemd und einen helle Leinenhose an und setzte mich zu Gomilla. Dort gab es tatsächlich guten *café con leche* und leckere *bocadillos*.

Manes kam nicht um 11 Uhr, wie er angekündigt hatte, aber gegen zwölf Uhr fuhr »Carlos« Ackfeld im Chirokee Chief vor. Er kaufte zwei Baras und wollte wieder in seinen Jeep steigen, als ich ihn ansprach. Der bullige Häuptling der Großstadtindianer war überrascht und froh, mir in die Augen zu schauen. Er bot an, dass ich bei ihm auf der *hazienda* bleiben könne, bis ich was Vernünftiges gefunden hätte.

Eine halbe Stunde später stellte ich meinen Transit vor einer perfekt restaurierten Bruchsteinhütte ab. Sie war eines der vier auf dem riesigen Grundstück verstreuten Häuschen, die Aki seinen Gästen zur Verfügung stellen konnte. Er selbst bewohnte ein altes Herrenhaus mit acht Schlafzimmern und vier Bädern, mit einem riesigen Pool, einem Palmengarten und vier scharfen Wachhunden.

Mein Gästehäuschen war ein großer Raum mit französischem Bett, mit Sitz- und Kochecke, mit Dusche und Klo. Hier konnte man es aushalten. Mit Aki saß ich oft auf dessen Terrasse, und wir redeten über Gott und die Welt. Ich hatte Nadja angerufen und wollte sie die nächsten Abende mal zum Essen in mein Häuschen einladen. Das wollte Aki aber nicht. Er selbst empfing auch nie Besuch, und er hatte kein Festnetztelefon. Aki bat mich, mit niemandem über ihn zu sprechen, und er sagte, wenn ich meine Druckmaschine an den Start gebracht hätte, würde er drei große Dome im Warhol-Stil in Auftrag geben. Als Mietzins sozusagen. Damit war ich einverstanden.

Da Nadja zwar geschieden war, nach ihrer Scheidung aber in die Finca eines anderen Mannes gezogen war, den sie zwar nicht leiden konnte, dem sie aber keine Miete zahlen musste, stieg sie am Hafen zu mir in den Transit, und wir fuhren in lauschige Pinienwälder oder zu versteckten Buchten.

Nach etwa zehn Wochen hatte ich eine eigene Bleibe gefunden und verließ Akis einsam gelegenes Gästehäuschen. In einem Neubaugebiet am Ortsrand bezog ich ein Haus in Nachbarschaft vieler Deutscher, Holländer, Briten und ein paar Skandinavier. Ich unterschrieb einen Jahresvertrag. Die Miete betrug monatlich 800 Mark.

Von nun an bewohnte ich ein vor vier Jahren im mediterranen Stil erbautes Ferienhaus mit drei Schlafzimmern, zwei Bädern, einer nicht einsehbaren Terrasse, einem kleinen Pool und einer Doppelgarage. Vom Besitzer, einem Lufthansapiloten, erhielt ich die Erlaubnis, zwei Fenster in die Garage einzubauen und mir die Immobilie auch in anderer Hinsicht meinen Wünschen entsprechend umzugestalten und einzurichten.

Als ich damit fertig war, zählte ich das Geld, das mir geblieben war, und verstaute es im Wandtresor. Es waren noch 85.000 Mark. Das war nicht nichts, aber es war auch nicht genug, um damit hier länger als maximal zwei Jahre auf mittelmäßigem Niveau zu existieren. Aber ich war ja auch nicht nur zum Faulenzen gekommen. Ich hatte eine kleine Siebdruckmaschine und alles andere mitgebracht, was ich brauchte, um hier in bescheidenem Rahmen Kunstdrucke zu produzieren. In der ehemaligen Doppelgarage richtete ich mein Atelier ein.

Auf Mallorca, hinter Magalluf, gibt es auch eine staatliche Spielbank, das »Casino Paladium«. Von Porto Colom aus brauchte ich mit meinem Transit eine gute Stunde bis zu den Roulettekesseln. Es war eine unangenehme Strecke, fast nur kleine Landstraßen und am Schluss eine Schotterpiste durch Pinienwälder. Gleich auf der Rückfahrt nach meinem ersten Besuch verschrammte mir in einer unübersichtlichen Kurve ein entgegenkommender Lkw die komplette rechte Fahrzeugseite. Horror. Ein Schaden von mindestens 3000 Mark. Aber da ich was getrunken hatte und der Lkw-Fahrer noch mehr, beließen wir es bei einem Schulterzucken. Das wäre nicht so schlimm gewesen, wenn ich vorher nicht auch noch sang- und klanglos 1500 Mark verloren hätte. Ich war ja nie abergläubisch, aber ein gutes Omen für den Neustart einer erfolgreichen Karriere als Profispieler war das nicht.

Aber ein echter Spieljunge ließ sich nicht so leicht unterkriegen. Ich war nun mal ein Playboy, und Playboys müssen spielen. Sie spielen mit Geld, mit Sportwagen, mit Booten, mit Pferden, mit Sportgeräten und Waffen, mit dem Leben von Hirschen, Wildschweinen, Flugenten und großen Fischen, mit Drogen, mit ihren physischen und psychischen Grenzen und mit Frauen. Playboys sind Jungs, die sich erfolgreich vor regelmäßiger Arbeit drücken, entweder weil sie geerbt haben, oder weil sie clever und mutig genug sind, größere Geldmengen auszugeben, die sie, auf welche Art und Weise auch immer, von anderen Menschen bekommen, genommen, gewonnen oder geliehen haben. Männer, die sich erfolgreich vor regelmäßiger Arbeit drücken, sind oft Männer, die nicht erwachsen werden wollen, die am liebsten ihr Leben lang Jungs bleiben würden. Große und kleine Jungs denken sich Streiche aus, kleine Jungs, wie sie hübsche Lehrerinnen ärgern können, große Jungs, wie sie hübsche Lehrerinnen ins Bett bekommen. Alle Jungs, egal ob groß oder klein, spielen gern mit großen und kleinen Bällen, mit Kugeln, Knöpfen, Karten, Würfeln und Figuren, die sie verschieben oder umhauen können.

Im Campi auf der Hohe Straße, der Nummer eins unter den Bohème-Cafés in den 60ern und 70ern, trafen sich täglich die angesagten Künstler, Schauspieler, Redakteure und Autoren zum italienischen Eisbecher, zum Plausch mit Padrone Gigi über Neuigkeiten aus der Jazz-Szene, zum Espresso und zum Schach. Blitzschach um Geld. Jedem Spieler standen insgesamt zehn Minuten Spielzeit zu. Nach jedem Zug haute man auf die Schachuhr: die eigene Zeit stoppte und die des Gegners lief. In den normalen Kneipen wurde gewürfelt oder Skat gespielt, an den Wänden hing der Geldautomat Goldene Sieben, in der Ecke stand der Flipper Shangri-La. Poker und Black Jack spielte man in den Klubs rund um den Friesenplatz.

Nach der aufregenden Zeit in den Zocker-Klubs, die mich im Kielwasser von Franz Pesch Anfang der 60er fast ruiniert hatte, musste ein paar Jahre später, als sich die Kassen langsam wieder füllten, eine neue Herausforderung her. Man konnte, wenn sonst nichts anstand, ab und zu mal eine Partie Billard in einem der gepflegten Salons am Ring spielen, okay, aber Kegeln in den Kellern von irgendwelchen gutbürgerlichen Gaststätten kam für uns nicht infrage. Wir brauchten etwas, das in den gehobenen Kreisen angesagt war. Denn zu denen glaubten wir kölschen Playboys dazuzugehören. Wir fühlten uns wie die Könige der Nacht, und wir führten uns dementsprechend auf. Wir fuhren in offenen Sportwagen oder riesigen Limousinen über den Ring, und wo wir uns trafen, da flossen Whisky und Sekt, da war was los, da liefen die schärfsten Bräute auf.

Vielen ging unsere großkotzige Art natürlich mächtig auf den Keks. Dem Barbesitzer Gandhi zum Beispiel, der uns als »arrogante Millionärsclique« abkanzelte und vor der Tür seiner angesagten Diskothek Panoptikum unterm Regenschirm stehen ließ. Uns war es egal. Wir konnten unser Geld auch an anderen Theken bei anderen Wirten verplempern. Im J2 in der Altstadt zum Beispiel. Der Laden gehörte Hans-Joachim Virnich, dem früheren Verteidiger des Kölner Eishockey-Clubs, den alle »Canera« nannten und der neben seinen Bars J2 und »Der Clan« auch noch ein Autohaus mit Generalvertretungen für Peugeot und Triumph betrieb. Der Canera war damals ganz oben, und er war einer von uns. Wir orientierten uns am internationalen Jetset, wir wollten die gleichen Zerstreuungen genießen wie der internationale Geldadel.

In den Klatschspalten der Boulevardblätter erschienen damals regelmäßig Berichte über Prominente, die es chic fanden, sich in den Casinos an der Côte d'Azur blicken zu lassen, die Herren im Smoking, die Damen mit Nerzstola und dicken Klunkern um den Hals. Immer wieder machten Meldungen die Runde über angebliche Millionengewinne oder über Ölscheichs, die ihrem Privatjet entstiegen seien, um innerhalb von ein paar Stunden mal eben eine halbe Million Dollar zu verspielen.

Auch in der jungen Bundesrepublik wurde es während der Zeit des Wirtschaftswunders modern, beim klassischen Roulette ein paar Scheine in den staatlich kontrollierten Spielcasinos von Baden-Baden oder Bad Neuenahr zu riskieren.

Im dunklen Anzug und weißen Hemd, eine Krawatte in der Tasche, stieg Kalli Möller, Mister Zehnprozent, eines Abends am Rudolfplatz zu mir in den Porsche, und ich gab Gas. Um 9 Uhr rollten wir in das beschauliche Eifelstädtchen ein und stoppten auf dem Parkplatz der berühmten Spielbank Bad Neuenahr. Wir schlugen die Kragen unserer Hemden hoch und klappten sie über den festgezurrten Krawatten wieder runter. Die weißen Kieselsteine knirschten unter den Sohlen unserer blank gewienerten Slipper auf dem Weg, der uns zum prunkvollen Eingang des Geldvernichtungstempels führte. Da nahte ein Rolls-Royce mit ovalem Nummernschild, wie es alle Fahrzeuge hatten, die im diplomatischen Dienst unterwegs waren. Das silberfarbene Gefährt hielt direkt vor dem Eingang. Ein graulivrierter Chauffeur mit Goldbrokat am Mützenschirm stieg aus, öffnete den hinteren Schlag, und ein Herr mit schlohweißem Haar stieg aus, hastete die sechs Schritte zum Portal hinauf und verschwand im Casino.

»Verdammte Hacke«, sagte Mister Zehnprozent, »war das nicht der Schah?«

»Der Schah von Persien?«

»Genau der«, präzisierte mein Begleiter, »der mit der Soraya.«

»Nee«, sagte ich, »das war der nicht.«

»Ich meine aber doch.«

»Wenn er es war«, sagte ich, »dann sehen wir ihn ja gleich, und du kannst ihn um ein Autogramm bitten.«

»Geht klar«, erwiderte Kalli, »ich hol mir ein Autogramm von dem und wische dir damit dein verfurztes Arschloch ab.«

Ob nun wirklich Mohammad Reza Pahlavi an jenem Abend dem Silver Cloud entstiegen war, konnten wir leider nicht überprüfen, denn als wir das hell erleuchtete Foyer betraten, fragte uns ein höflicher Herr in perfekt sitzendem Frack: »Sind Sie in unserem Hause bereits registriert?«

Wahrheitsgemäß antworteten wir mit synchronem Kopfschütteln, worauf der Empfangschef uns bat, ihm ins Büro zu folgen. Ein großer Tresen teilte den Raum, dahinter saßen an Schreibtischen vier Herren in dunklen Anzügen, mit weißen Hemden und den gleichen weinroten Krawatten. Einer von ihnen erhob sich, als wir in den Raum geleitet wurden, und empfing uns mit einem etwas hochnäsigen Lächeln.

»Die Herren möchten sich legitimieren?«

»So ist es«, antwortete der Foyerist und ließ uns am Tresen zurück.

»Sie sind nicht im Umkreis von 50 Kilometern gemeldet?«, fragte der Mann.

»Von wo?«, fragte Mister Zehnprozent. Und ich schickte meinen Ellenbogen zu seinen unteren Rippen als stumme Ansage, dass er das Sprechen von nun an mir überlassen solle.

Ich legte meinen Personalausweis auf die Theke, und Kalli tat dasselbe mit seinem. »Wir kommen aus Köln«, sagte ich.

»Zwanzig Minuten haben wir gebraucht mit dem Porsche«, gab Kalli ungefragt zum Besten, schaukelte mit der rechten Hand kurz seine Eier und grinste breit.

»Das interessiert uns nicht«, sagte der Casino-Mann nüchtern, schaute auf unsere Ausweise und las unsere Meldeadressen, die sich beide in der City von Köln befanden. »Stadtgrenze Köln bis Stadtgrenze Bad Neuenahr sind exakt 56 Kilometer. Also geht das schon mal in Ordnung. Dann hätte ich bitte gerne Ihre Verdienstbescheinigungen beziehungsweise Ihre letzten Steuererklärungen und die Unbedenklichkeitsbescheinigungen Ihrer zuständigen Finanzämter.«

Jetzt hatte es Kalli tatsächlich für Sekunden die Sprache verschlagen.

»Das müssen Sie so sehen«, erklärte ich mit Verschwörermiene, aber den ersten Schweißtröpfchen auf der Oberlippe, »wir sind *Söhne*, wenn Sie verstehen, was ich meine.«

»Ich bin auch Sohn«, schnöselte der Mann. »So gesehen sind alle Männer die Söhne ihrer Mütter, wenn Sie verstehen, was ich meine, Herr … eh … Kuhl.« Er hatte einen kurzen Blick auf meinen Personalausweis geworfen, der vor uns auf dem Tresen lag.

»Unsere Väter finanzieren meinen Kollegen und mich«, präzisierte ich mit noch einem Funken Hoffnung in der Stimme, »deshalb müssen wir nicht arbeiten und haben auch keine Bescheinigungen.«

Mister Zehnprozent zog schweigend ein Bündel 100-Mark-Scheine aus der Tasche und ließ den Mann hinter dem Tresen gegen dessen Willen daran schnuppern.

»Wir sind nicht bestechlich«, sagte der Casino-Mann leicht angewidert.

»Mein Begleiter wollte Sie nicht bestechen«, rückte ich gerade, »er wollte nur demonstrieren, dass wir gut bei Kasse sind.«

»Bargeld lacht, haha«, versuchte Kalli verlorenes Terrain zurückzugewinnen. Aber er hatte bei dem Casino-Mann total verkackt und wurde keines Blickes mehr gewürdigt.

»Wenn Ihre Väter Sie aushalten, wie Sie behaupten«, sagte der Mann mit der weinroten Krawatte, »dann verfügen Sie doch sicherlich über Belege der regelmäßigen Geldeingänge.«

»Was Schriftliches gibt's nicht, bei uns geht alles schwarz ab«, erklärte Kalli, dem jetzt alles egal war, »schwarz wie im Negerarsch.«

»Dürfte ich Sie dann bitten, unser Haus zu verlassen?«

»Klar darfst du, du schwanzloser Sesselpuper«, ließ Mister Zehnprozent Dampf ab, nahm seinen Ausweis vom Tresen und stampfte aus dem Raum.

Dreiunddreißig Minuten später saßen wir bei einer Flasche Chivas Regal in der Bar Tabu, in den Räumen, die später den kultigen Lover's Club und danach das Gipsy's beherbergen sollten.

»Die können mich mal kreuzweise«, sagte Mister Zehnprozent nach dem dritten Glas. »Auf das ganze schwule Gehopse in dem Casino, da bin ich nicht mehr bockig drauf.«

»Aber ich sage dir«, gab ich zu bedenken, »da ist eine Kohle auf den Tischen unterwegs, da träumst du nur von.«

»Mich kriegen keine tausend nackten Bräute mehr rein in den Schwuchtelbunker, das schwöre ich bei meinem linken Ei«, zog Kalli seinen persönlichen Schlussstrich.

Am nächsten Tag kaufte ich bei Spielwaren Feldhaus auf der Schildergasse ein Roulettespiel und verbrachte die nächsten Nächte auf meiner Couch, vor mir der Drehkessel mit der kleinen weißen Kugel, ein Bänkchen mit verschiedenfarbigen Chips und das grüne Filztuch mit dem Spielplan darauf. Ich trank russischen Wodka im Wechsel mit schwarzem Kaffee und notierte mir jede gefallene Zahl.

Nach einer Woche hatte ich ein System. Aber noch keinen Passierschein für die geheiligten Hallen der staatlichen Casinos. Ich überredete meinen Hausarzt, mit mir nach Bad Neuenahr zu fahren und mich als seinen Assistenzarzt auszugeben. Das tat er auch. Aber man glaubte ihm nicht. Also ging er allein rein, verspielte 200 Mark und stieg nach einer halben Stunde wieder zu mir in den Porsche. »Viele schöne Frauen waren da«, sagte er, »behangen mit Gold und Klunkern wie die Weihnachtsbäume. Ansonsten bleibt Tennis mein Hobby, und wenn ich Geld verbrennen will, gehe ich mit meiner Sprechstundenhilfe gepflegt essen zum Blatzheim in die Bastei.«

Weil ich keinerlei Interesse oder Eignung an den Tag gelegt hatte, irgendwann mal seine Firma zu übernehmen, war mein Vater so sauer auf mich, dass er sich weigerte, meinen von ihm als »leichtfüßig« bezeichneten Lebenswandel materiell oder ideell zu unterstützen. Andererseits aber hatte auch er keine Lust, als mittelständischer Fabrikant von Sauerkraut- und Fenchelsäften zu enden. 1965 verkaufte er deshalb die Firma Fiora und wandte sich seiner, nach eigener und alleiniger Ansicht, wahren Bestimmung zu. Er wurde »Verleger« und zog mit Mutter, »wegen der guten Luft« nach Heisterbacherrott ins Siebengebirge. Dort verlegte er Kalender mit ländlichen Motiven und nahm Kontakt zu allerlei Vereinen auf, für die er die ehrenvolle Aufgabe übernahm, Festschriften, Jahrbücher und Monatshefte zu publizieren. Das brachte ihm sehr bald im gesamten Landkreis die Anerkennung ein, die er sich davon versprochen hatte. Die Tatsache, dass er bei jeder seiner Veröffentlichungen kräftig draufzahlte, störte ihn nicht.

Sein ganzer Stolz und Bestseller, von dem er pro Ausgabe achttausend Exemplare à 90 Pfennige verkaufte, war ein Hochglanzheftchen, das sechsmal im Jahr erschien, es hieß *Der Brand* und war das Sprachrohr der Vereinigung aller Freiwilligen Feuerwehren Deutschlands.

Als mein Vater 1969 starb, schrieb der Dorfschullehrer, der unter verschiedenen Pseudonymen fast alle Texte für die Publikationen meines Vaters verfasst hatte, in der letzten *Brand*-Ausgabe einen rührenden Nachruf auf Franz Kuhl, den »mehrfachen Millionär aus Köln«, der als »großzügiger Sponsor« und »visionärer Verleger« so wunderbare Magazine wie Herr und Hund, Singen im Verein, Korn und Kimme und eben Der Brand auf dem Markt platziert habe.

Nach etlichen fehlgeschlagenen Versuchen, mit ausgeklügelten Storys und manipulierten Papieren in die staatlichen Casinos reinzukommen, brachte mich der schwülstige Nachruf in *Der Brand* auf eine Idee.

Rausgeputzt mit schwarzem Anzug und schwarzer Krawatte wurde ich wieder mal in der Registratur der Spielbank Bad Neuenahr vorstellig und legte den Nachruf bescheiden neben meinen Personalausweis auf die Theke. Der Herr hinter dem Tresen las den Text und zitierte vernehmbar: »Franz Kuhl, der mehrfache Millionär aus Köln.«

»Ja«, sagte ich mit gedämpfter Stimme, »Franz Kuhl war mein Vater, und ich bin sein einziger leiblicher Sohn. Sie verstehen, was ich damit sagen will?«

Der Casino-Wärter verzog sein Gesicht und näselte leicht angeekelt: »Vermutlich, dass eine Erbschaft ins Haus steht.«

Ich blickte in die Grimasse meines Gegenübers und dachte: Das war's jetzt mal wieder.

Aber da erhob sich ein Kollege vom Schreibtisch und suchte wohlwollend meinen Blick. »Habe ich richtig gehört? Franz Kuhl war Ihr Vater? Der Verleger Franz Kuhl?«

»Genau, dessen Sohn bin ich.«

»Ich bin Mitglied der Freiwilligen Feuerwehr von Hillesheim«, sagte er. »Im vorletzten Heft vom *Brand* hat Ihr Vater einen Artikel über unsere Ortsgruppe veröffentlicht, mit wunderbaren Fotos.«

Er legte mir ein Formular vor und deutete auf die Stelle, an der ich unterschreiben sollte.

Damit war ich bundesweit in allen staatlichen Casinos als Spieler zugelassen.

Zum Nachruf sollte noch angemerkt sein, dass wir nach Vaters Tod feststellten, dass der »mehrfache Millionär aus Köln« seiner Frau und uns fünf Kindern nur sein Häuschen an der Sieg und eine Lebensversicherung in Höhe von 60.000 Mark hinterlassen hatte. Ob er das Geld, das er fünf Jahre zuvor für den Verkauf seiner Firma bekommen hatte, auf einem anonymen Konto in der Schweiz, dessen Existenz und Zugangscode er uns verschwiegen hatte, auf ewig versenkt oder es tatsächlich mit seinem Verlag und seiner Vereinsmeierei durchgebracht hatte, blieb ein Geheimnis, das Franz Kuhl mit ins Grab genommen hatte.

Was ich in den ruinösen Jahren an der Seite von Franz Pesch in den Spielklubs gelernt hatte, war, dass beim professionellen Spielen ohne Selbstkontrolle und eiserne Disziplin gar nichts ging. Und Alkohol war sowieso tabu.

Ich hatte mein System tausendfach auf meinem Couchtisch erprobt und über jedes Testspiel Buch geführt. Ich stand mehrere Tausender im Plus. Das war natürlich völlig unwichtig, aber es gab mir ein gewisses Selbstbewusstsein an dem Abend, an dem ich dann endlich zum ersten Mal den großen Spielsaal von Bad Neuenahr betrat. An zwölf Tischen wurde klassisches Roulette gespielt.

Von der ersten Sekunde an mochte ich die Atmosphäre. Die schweren Teppiche auf dem Boden, die einen lautlos schweben ließen, die abgedunkelten monströsen Kronleuchter aus geschliffenen Kristallen an der Decke, die elegant gekleideten Gäste, die sich um die Spieltische verteilten, von denen niemand ein lautes Wort aussprach, außer den Croupiers, wenn sie in perfektem Salon-Französisch ihre stereotypen Sätze von sich gaben.

Es war natürlich auch eine Art Schaulaufen, die Damen führten ihre teure Garderobe und ihren Schmuck vor, und die Herren zeigten Haltung bei beträchtlichen finanziellen Verlusten.

Ich ging von Tisch zu Tisch und beobachtete die Menschen, versuchte sie einzuschätzen. Einigen sah man an, dass sie dem Spiel verfallen waren, anderen, dass sie nur deshalb spielten, weil der Herr Doktor von nebenan es auch ab und zu mal tat. Es gab aber auch welche, die hatten einen Plan. Welche wie mich.

Ich ging zur Kasse und kaufte Chips für 500 Mark. Ich zog mein Notizblöckchen aus der Tasche, wanderte von Tisch zu Tisch und notierte mir die Zahlen. Manchmal juckte es mich, schon früher einzusteigen als geplant. Aber ich pfiff mich immer wieder zurück. Wenn ich gleich am ersten Abend inkonsequent wäre, dann könnte ich es ganz bleiben lassen. Dafür hatte ich nicht drei Jahre abgewartet, bis ich diese geheiligten Hallen überhaupt betreten durfte.

Das Problem an dem Abend war, dass es sehr lange dauerte, bis die von mir gewünschte Situation endlich eintraf. Mein System basierte auf dem Setzen eines bestimmten Dutzends. Es gibt beim Roulette sechsunddreißig Zahlen, also drei Dutzend. 1–12, 13–24 und 25–36. Ich wollte erst setzen, wenn an einem Tisch eines der drei Dutzend achtmal hintereinander nicht gekommen war. Auf dieses Dutzend würde ich dann setzen, und wenn es dann immer noch nicht käme, meinen Einsatz verdoppeln. Ich würde mit 10 Mark beginnen, dann 20, 40, 80 und 160. Rechnete man die achtmal mit, bei denen ich nicht setzte, hatte ich nun insgesamt dreizehn Chancen, dass eine Zahl dieses Dutzends fiel. Da man bei einem Treffer seinen Einsatz plus den doppelten Einsatz erhielt, war es am besten, aber auch am spannendsten, wenn das richtige Dutzend erst beim dreizehnten Mal kam. In dem Fall hätte ich dann 160 Mark gesetzt (plus die vorher verlorenen 10 + 20 + 40 + 80 = 150 Mark) und bekäme 480 (160 + 320) ausgezahlt, mein Gewinn wären damit 170 Mark. Wenn das Dutzend früher käme, wäre der Gewinn entsprechend geringer, und ich müsste schneller wieder aufstehen und die anderen Tische beobachten, um da neu einzusteigen, wo eines der Dutzende achtmal nicht gefallen war.

Wenn ich Chips im Wert von 800 Mark in der Tasche hätte, also die gekauften 500 plus einen Gewinn von 300, würde ich sofort das Casino verlassen und nach Hause fahren. Auch das war ein fester Bestandteil meines Plans.

Am ersten Abend dauerte es fast zwei Stunden, bis an Tisch zwei endlich das letzte Dutzend achtmal hintereinander nicht gekommen war. Ich setzte den 10-Mark-Chip auf das entsprechende Feld und es fiel die 33. Der Croupier legte zwei Chips auf meinen, und das war's erst mal. Jetzt hieß es wieder wandern, notieren, warten. Zwanzig Minuten später war es dann wieder an Tisch zwei so weit. Achtmal hintereinander war keine der Zahlen von 13 bis 24 gekommen. Ich setzte meinen Zehner auf das mittlere Dutzend. Es kam die 5, ich setzte 20, die 27 kam, ich setzte 40, die 7 kam. Mein Adrenalinspiegel stieg spürbar an, als ich 80 setzte. Es kam die 18. Ich hatte gewonnen. 160 minus 70 (= 10 + 20 + 40), netto 90 Mark. Mit den 20 aus dem ersten Spiel war ich jetzt bei 110. In knapp zweieinhalb Stunden. Es war Arbeit, keine harte, aber man brauchte Konzentration und Disziplin.

Nach einigen Gewinnen bei 20 oder 40 an wechselnden Tischen war gegen 11 Uhr mein Einsatz auf das mittlere Dutzend an Tisch eins auf 80 angewachsen. Es kam die 31. Okay, dachte ich, ich setze jetzt meine Limitsumme von 160, es kommt die 5, und mein System ist zum Teufel, und ich habe den ganzen Abend hier für lau verbracht und die tausend Stunden auf meinem Sofa sowieso. So kann's gehen!

Aber es konnte auch anders gehen. Und es kam anders. Es kam nämlich die 18. Der Croupier schob mir mit seinem Rechen meinen Einsatz plus drei Hunderter und zwei Zehner zu. Allein bei diesem Spiel hatte ich 170 Mark gewonnen. Ich steckte meine Chips in die Sakkotasche, setzte mich an die Bar, trank einen Espresso und rauchte eine Zigarette. Es hatte geklappt. Ich fühlte eine angenehme Ruhe in mir.

An der Kasse leerte ich meine Taschen und bekam für meine Chips 880 Mark ausgezahlt. Der Gewinn im letzten Spiel hatte mir mehr eingebracht, als ich gewinnen musste, um nach Hause fahren zu dürfen.

Von diesem Tag an fuhr ich jeden Freitag nach Bad Neuenahr. Ich analysierte nach jeder Fahrt anhand meiner notierten Listen die Spiele und trug jeden Gewinn sorgfältig in ein ledergebundenes kleines Tagebuch ein.

Nach einem Monat erhöhte ich meinen Grundeinsatz erst auf 50, nach drei Monaten dann auf 100 Mark. Und mein Heimfahrtticket auf 1000. Das konnte ich mir bei 100 Mark Grundeinsatz sehr schnell verdient haben. 100, 200, dann stockte ich auf 500 auf und verdoppelte dann wieder: 1000, 2000. Schluss. Kam beim ersten Spiel mein Dutzend erst mit der vierten Zahl, hatte ich gleich 1200 Mark gewonnen, kam es erst mit der fünften, sogar 2200 Mark. In beiden Fällen musste ich sofort wieder nach Hause fahren.

In Belgien und Holland machten grenznah Casinos auf, bei denen man nur den Personalausweis vorlegen musste. Davon wurde eine Kopie gemacht, und das war's. Auch die Kleiderordnung war dort nicht so streng wie in Deutschland. In den holländischen und belgischen Seebädern, die sich damals zu beliebten Urlauberzielen entwickelten, kamen die Gäste sogar mit Shorts und Badeschlappen rein. Hauptsache, sie gingen ohne ihre Devisen wieder raus. Ich probierte alle Casinos aus, ich gewann mit meinem System überall, auch beim Wintersport in Österreich oder der Schweiz. Ebenso in den Casinos, die ich bei meinen Aufenthalten bei den Formel-1-Rennen in Monte Carlo oder beim Großen Preis von Portugal in Estoril besuchte, holte ich mir die teuren Reisespesen von den Spielbanken wieder zurück. Natürlich gab es auch mal schlechte Tage, an denen zwanzigmal hintereinander das von mir gesetzte Dutzend nicht kam. Dann verlor ich die 3100 Mark, die ich mitgebracht hatte. Aber unterm Strich war ich weit vorn.

Mein Job wurde enorm vereinfacht, als die Casinos über den Spieltischen elektronische Tafeln anbrachten, auf denen die letzten zwanzig gefallenen Zahlen gelistet wurden. Ich brauchte nicht mehr umherzuwandern und mir Notizen zu machen. Ich checkte die Listen und blieb dort stehen, wo eine Serie schon fünf- oder sechsmal gehalten hatte. Beim neunten Mal stieg ich dann ein.

Als 1976 die Spielbank von Aachen aufmachte, fuhr ich meistens dorthin. Es gab ein gutes Restaurant und im Keller einen guten Klub.

In einer der ersten großen Saunalandschaften des Landes, in der Nähe von Kerpen, gründeten vier Freunde und ich den Saunaklub »Hot Dogs«. Jeden Freitag trafen wir uns dort, um den Dreck der Woche rauszuschwitzen, zu entspannen, zu labern, zu flachsen und um neue Kraft für künftige Missetaten zu schöpfen. Natürlich redeten wir auch über Spielbanken und Roulette und darüber, dass Kerpen von Köln aus gesehen auf der Hälfte der Strecke nach Aachen liegt und dass ich so gut wie immer gewinne. Sie haben es nicht geglaubt, bis sie irgendwann mal mitgefahren sind und sich hinter mich stellten. Ab jenem Freitag wurde das Saunaritual um die Weiterfahrt nach Aachen erweitert. Jeder gab mir einen Hunderter, und ich spielte mein System mit 20er-Einsatz. Meist dauerte es nicht länger als eine halbe Stunde, dann setzte ich mich zu den Jungs, die im Restaurant warteten, um in meinem Beisein dann das Essen zu bestellen. Wenn es ans bezahlen ging, hatte sich der Spruch eingebürgert: *Das geht mal wieder alles auf den Herrn Kurdirektor.* Und später die Longdrinks unten in der Disco auch.

Wenn man regelmäßig die selben Spielbanken besucht, kennt man bald die Croupiers. Mit einem von ihnen, einem alten Hasen, freundete ich mich ein wenig an, und wir tranken ab und zu, wenn er Feierabend hatte, an der Bar ein paar Drinks zusammen. Ich sagte ihm, ich würde fast immer gewinnen, und denke, dass ich so weitermachen werde bis zur Rente.

Da lächelte er und antwortete: »Ein paar Jahre kann es noch gut gehen, aber irgendwann brichst auch du ein, wie alle. Und bevor du es kapiert hast, sitzt du schon tief in den Schulden.«

»Glaube ich nicht«, sagte ich, »wenn ich merke, dass es nicht mehr läuft, höre ich sofort auf.«

»Du merkst es ja erst, wenn es schon zu spät ist. Weil du es nicht wahrhaben willst.«

»Wir werden sehen. Prost.«

Wir stießen an. Der Croupier nahm einen kräftigen Schluck und zuckte mit den Schultern. »Meinetwegen kannst du als Erster in die Geschichte eingehen, der keinen Einbruch erlitten hat.«

»Warum nicht?«

»Ich würde es dir gönnen. Ein paar Typen wie dich können wir durchfüttern. Wir leben von den anderen 99 Prozent, die nicht aufhören können. Die mit 300 reinkommen, und wenn sie 300 im Plus sind, nicht nach Hause gehen, sondern 500 haben wollen, und wenn sie 500 haben, wollen sie 1000, dann 2000. Und irgendwann verlieren sie. Dann gehen sie zum Geldautomaten und ziehen sich ihre letzten Kröten, um noch an den Automaten im Foyer weiterspielen zu können. Von den Typen leben wir.«

Ostersonntag 1986, ein Jahr nach der Eröffnung, fuhr ich ins Casino Hohensyburg und ließ im Ruhrpott stattliche 7500 Mark liegen. Das ärgerte mich so sehr, dass ich am Ostermontag zurückkam und wieder 7500 Mark verlor. Irgendwer, der Osterhase oder Jesus oder sonst wer hatte wohl etwas dagegen, dass ich an den Festtagen im Casino tätig war, anstatt am Kaffeetisch zu sitzen, umringt von meinen Lieben. Aber ich hatte keine Lieben, die mich hätten umringen können. Ich hatte Geliebte, aber das war was anderes. Die wollten nicht mit mir am Kaffeetisch sitzen, und fürs Eiersuchen brauchten die auch keinen halben Tag.

Fast dreißig Jahre hatte ich gespielt, die ersten fünfzehn regelmäßig und konsequent, mit Buchführung und Analysen, die zweiten fünfzehn nur noch ab und zu aus Jux und Dollerei. Unterm Strich blieb grob geschätzt ein Plus von etwa 200.000 Euro. Aber behalten hatte ich davon natürlich nichts. Außer vielen Erfahrungen und den Erinnerungen an einen ausgesprochen spannenden Zeitvertreib. Jetzt auf Mallorca sollte klassisches Roulette ein Zubrot sein, um meinen Lebensabend zu fetten.

Drei Monate lang fuhr ich jede Woche einmal nach Magaluf ins Casino Paladium. Das brachte mir zwar unterm Strich einen geringen Gewinn ein, aber wegen einiger Verkehrsunfälle auch einen ziemlich ramponierten Ford Transit. Ich ließ die Zockerei bleiben und genoss den Sommer.

Ein paar Häuser neben meinem hatte sich Juliane König eingekauft. Sie war eine attraktive Frau, die in Köln und Umgebung sehr erfolgreich eine Boutiquenkette aufgebaut hatte und sie immer noch leitete. Frau König hatte zum Abendessen auf ihre Terrasse eingeladen, und bei Hummerkrabben *a la plancha* und kühlem Weißwein gestand sie mir, die ersten fetten Umsätze hätte ihr Unternehmen mit den Schnitten gemacht, die sie ungefragt von meinen Kollektionen abgekupfert hatte.

Die PICCIONE war aus meinem Nest in die Welt hinausgeflogen und hatte ihre goldenen Haufen woanders fallen lassen. So ist es mir oft ergangen. Fette Umsätze dort, magere Aussichten hier – in genau diesem Moment, in dieser lauen Sommernacht auf Juliane Königs Terrasse zwischen Nadja und Bea, eine saftige Gamba im Mund und in der Hand ein Glas mit perfekt gekühltem Weißwein von Jaume Mesquidas Weingut in Porreres, konnte es mir nicht besser gehen. Nirgendwo auf der Welt. Und nirgendwo jenseits dieser Welt.

23.

Der Sommer ging zu Ende, die Tage wurden kürzer und die Luft feucht. Unangenehm feucht. Kein Hemd trocknete noch auf der Leine, die Terrassenmöbel blieben nass trotz stündlichem Abwischen, und sogar das Bettzeug fühlte sich rund um die Uhr klamm an.

In den reinen Touristenorten wurden die Türen der Geschäfte, der Hotels, Gaststätten und Diskotheken verriegelt und die Schlagläden zugeschraubt.

Bei uns in Porto Colom wohnten genügend Einheimische und Residenten, um die Infrastruktur halbwegs aufrechtzuerhalten. Die meisten Lokale und Geschäfte blieben das ganze Jahr über geöffnet.

Nadja ging nach Schweden zurück, weil ihre alleinstehende Mutter einen Schlaganfall erlitten hatte und Betreuung brauchte.

Ich begann in meinem Atelier mit der Arbeit. Für Aki machte ich die bestellten Kölner Dome und bereitete gerade eine neue Edition vor, als der große Regen kam. Tagelang prasselte es wie unter den Niagarafällen. Entfesselte Rinnsale durchpflügten und unterhöhlten unsere Siedlung, spülten die Gartenerde hinunter bis zum Meer, das sich im Küstenbereich braun einfärbte. Das als Sommerhaus konzipierte Haus, in dem ich lebte, war auf diese Wassermassen nicht vorbereitet. Überall regnete es durch, die Wände zogen Feuchtigkeit, Schimmel begann zu sprießen, der Boden meines Ateliers stand zentimetertief unter Wasser.

Aus meinem normalen Raucherhusten wurde ein chronischer Reizhusten, und bald taten mir alle Knochen so weh, dass ich kaum noch vom Stuhl hochkam, geschweige aus dem Bett.

Als ich an einem ganz finsteren Abend ins Playman's wollte, um mich bei Manes äußerlich und innerlich etwas aufzuwärmen, war die Tür verrammelt. Das war nicht das erste Mal, dass Manes die Bar unangekündigt geschlossen ließ, weil er schräg gegenüber in seinem Apartment saß und eine Flasche Brandy nach der anderen wegzog. Ich klopfte an seine Wohnungstür. Er öffnete nicht, obwohl ich hörte, dass er da war. Er konnte mir nicht öffnen, er konnte niemandem öffnen. Niemand durfte ihn in diesem Zustand zu Gesicht bekommen. Vermutlich erkannte er sich selbst nicht mehr, wenn er in den Spiegel schaute. Eigentlich musste Manes sein Leben ändern, was zwangsläufig das Ende seiner Kneipe gewesen wäre. Viele Residenten tranken zu viel, aber die meisten waren Rentner und hatten ihren Weg gefunden, mit dem regelmäßigen Alkoholkonsum zu leben. Aber Manes war bei seiner Frau aus der Finca rausgeflogen, er bekam keine Rente und hatte nichts als eine piefige Bar, in der nur Säufer verkehrten.

In seinem Apartment tat es einen lauten Knall, als wäre ein Schrank umgefallen.

»Manes, mach auf!«, rief ich und trommelte gegen die Tür. »Ich bin's, die Duv!« Ein glucksendes Gelächter drang aus der Wohnung, und dann hörte ich Manes' Stimme im lallenden Sprechgesang immer wieder *»Oh la paloma blanca, aim notta pöööt inde skei«* intonieren. Immer wieder, wie eine Endlosschleife im Tonstudio. Länger als fünf Minuten hielt ich es nicht aus. Ich ging runter zum Hafen und trank an der Theke bei Toni drei Wodka Lemon. Den ganzen Abend über war ich Tonis einziger Gast. Was machte ich hier bloß, verdammte Hacke? War das der Garten Eden?

Draußen setzte wieder der Regen ein. Ich fuhr zu Beas Finca. In der Einfahrt stand ein bulliger Landrover mit spanischem Kennzeichen. Er gehörte einem mallorquinischen Bauunternehmer und

Großgrundbesitzer, dessen Ehefrau und beide Töchter ich im Warhol-Stil porträtiert hatte. Oben in Beas Schlafzimmer stand das Fenster auf. Ich hörte Bea keuchen und den Baulöwen grunzen.

Mühsam schleppte ich mich durch den Winter. Als die Tage ab Mitte März aber endlich wieder heller und wärmer wurden, regenerierte ich im Laufe einer Woche. Ich brachte mein Atelier auf Vordermann und produzierte eine mediterrane Edition. Strandmotive, Fischerboote, Obst, Blumen, Kakteen, Geckos, Ziegen, Esel, Hummerkrabben, alles im Warhol-Stil. Eine Galerie für Gebrauchskunst in Palma nahm die Drucke in ihr Sortiment auf. Ich tingelte von Felanitx über Pollença und Sóller, über Valldemossa, Deià und Banyalbufar nach Andratx und fand ein paar weitere Läden oder Lädchen, die meine Werke in Kommission nahmen.

Es lief ein bisschen, aber längst nicht gut genug, um davon leben zu können. Ich nahm wieder meine früheren Bestseller Einstein, Picasso, Indianer, Marilyn, Elvis und James Dean ins Programm.

Ein findiger Schlaumeier vertrieb meine Bilder über das in Mode gekommene Internet.

Bald tropften aus verschiedenen Quellen regelmäßig ein paar Peseten in meinen Auffangeimer, aber es war mühsam. Ich war anderes gewöhnt. Zum Glück hatte ich meine Rücklagen noch nicht ganz verbraucht.

Der Sommer war schön. Ab und zu fuhr ich mit Aki nach Palma, um ein wenig Stadtluft zu schnuppern. Dort lag in der Königlichen Marina auch seine 52 Fuß lange »Swan«. Aber leider war ich nicht geboren für Klüver, Kiel und Krängung. Das bedauerte Aki sehr. Aber in der Hinsicht konnte ich nicht über meinen Schatten springen. Ein Matrose an der Vorschot, der nur kotzend über der Reling hängt, bringt selbst den freundlichsten Kapitän zur Verzweiflung. Das wollten wir uns gegenseitig ersparen. Aber Aki kannte ein paar Jachtbesitzer, die ihre Schiffe gern vercharterten. Ich solle mich mal umhören, vielleicht könne ich ja ab und zu mal was in der Hinsicht vermitteln, gegen 10 Prozent. Das war nett gemeint. Aber für einen Mann, der freiwillig niemals ein Bootsdeck bestieg, war das Promoten von Ausflügen auf luxuriösen Leihschiffen definitiv nicht der richtige Job. Leider ging auch meinem Siebdruckgeschäft langsam die Luft aus, bevor es überhaupt richtig losgegangen war. Die Initialzündung, die mich und meine Werke auf einen Schlag ganz hoch in die Gunst einer solventen Käuferschicht katapultiert hätte, war ausgeblieben.

Ende Juli hing mir auf der Insel so ziemlich alles ziemlich weit zum Hals raus. Manes, der zwischendurch immer wieder halbwegs klarsichtige Phasen hatte, befürchtete nicht zu Unrecht, ich könne bald das Handtuch werfen und zurück aufs Festland gehen. Deshalb erspähte er für mich eine verwitwete Britin mit angeblichen Pfund-Millionen auf dem Konto und einem tatsächlich fürstlichen Anwesen auf einem Hügel in der Nähe von Ca's Concos. Aber nach einem Tässchen Darjeeling-Tee um *five o'clock* lehnte ich dankend ab. Auf meine alten Tage noch den Gigolo machen, das war nicht mein Ding. Selbst für 10 Millionen britische Pfund und ein von innen verriegelbares eigenes Schlafgemach würde ich mir keine notgeile Kerkerkugel an die Fessel schmieden. Sollte sich die Dame ihren *Toy Boy* in der Fischerkneipe unten beim Steg suchen oder im Internet.

Mich hielt so gut wie nichts mehr auf der Insel, und die Vorstellung, noch mal einen Winter wie den vergangenen zu erleben, machte mir die Entscheidung leichter. Den letzten Impuls erhielt ich aus Köln von meinem Neffen Axel, mit dem ich ab und zu am Telefon plauderte. Er erzählte, seine Freundin sei schwanger, und er würde mit ihr in eine größere Wohnung ziehen. Seine gemütliche Andertbalb-Zimmer-Wohnung in Nippes müsse er deshalb aufgeben. Schade eigentlich, denn die ruhige und helle Bude koste warm nur 260 Mark Miete. Ich bat Axel, mir die Telefonnummer des Vermieters zu diktieren.

Ich kündigte das Haus in der Siedlung und räumte aus, was ich reingestellt hatte. Einiges davon verschenkte oder verkaufte ich, anderes fuhr ich zur Mülldeponie, den Rest verstaute ich in meinem optisch extrem heruntergekommenen Transit, dessen Dieselmotor aber immer noch tuckerte wie beim Stapellauf. Während ich meine Hemden von den Bügeln nahm und in einen Karton faltete, lief der Fernseher. Das über Satellit auf meinen Bildschirm gelangende Gesicht von Ulrich Wickert zeigte blankes Entsetzen, denn in New York war soeben ein vollbesetzter Passagierjet in einen der beiden Türme des World Trade Centers gekracht.

Noch in derselben Nacht rangierte ich meinen treuen Transporter in die Fähre der *Transmediterranea.*

Natürlich war der Herbst in Köln auch kein Honigschlecken, aber ich durfte nicht meckern. Ich hatte in diesem Jahr schon gewaltig viel Sonne getankt.

Die von Axel übernommene Wohnung war als Startbasis ganz okay. Galerist Hohmann hatte noch eine Menge Drucke von mir in Kommission und in der Zwischenzeit auch einige davon verkauft. Aber sein Laden lief nicht mehr so gut wie früher, und er bat darum, mich in Raten auszuzahlen. 1000 Mark alle zwei Wochen. Was sollte ich machen? Mir fiel wieder ein, dass Tom Schreiber, der Modehändler aus Düsseldorf, damals die letzte Rechnung über die Lieferung von dreißig Lederjacken mit Louis-Vuitton-Veredlung nicht beglichen hatte. Das war zwar längst verjährt, aber unter Geschäftsfreunden musste dies ja nicht unbedingt etwas bedeuten. Tatsächlich erreichte ich ihn nach aufwendiger Recherche unter einer vierzehnstelligen Telefonnummer. Er freute sich, meine Stimme zu hören, und erklärte, natürlich bekäme ich die ausstehenden 6000 Mark von ihm, bar auf die Hand. Aber ich müsse sie mir bei ihm abholen. Ich solle ihm sagen, wann genau ich auf Tahiti landen würde, dann käme er mit seiner Cessna rüber und nähme mich mit auf seine Insel. Ich könne auch eine Braut mitbringen, oder auch zwei. Platz sei vorhanden ohne Ende.

Ich klapperte die fünf Galeristen ab, die früher mit mir gute Umsätze gemacht hatten, und besprach mit ihnen, was man zurzeit verkaufen könnte. Der Warhol-Stil sei vorbei, ich solle es mit Collagen probieren, mit plakativen Motiven auf großer Leinwand. Originale für 1000 bis 1500 Mark das Stück.

Ein Gebrauchtwagenhändler an der Äußeren Kanalstraße nahm meinen Transit für 1.200 Mark in Zahlung, und ich legte noch 4000 drauf, um anschließend in einem elf Jahre alten Mercedes-Kombi vom Hof zu dieseln.

Vom restlichen Geld, das ich aus Mallorca wieder mit zurückgebracht hatte, mietete ich an der Donatusstraße zwischen Pulheim und Widdersdorf eine schöne Halle an, in der ich meine Werkstatt einrichtete.

Aber es lief nur schleppend an. Als Silvester dann auch noch der Euro die gute alte D-Mark ablöste, schaute ich mit äußerst gemischten Gefühlen den Raketen hinterher, die am dunklen Himmel explodierten.

Als ich mal wieder beim Hohmann meine jetzt 500 Euro abholte, saßen nebenan im Cento ein paar Jungs zusammen, die mich freudig begrüßten und zu sich an den Tisch baten. Freddy Hackmann, Armin Röser, Frank Wiggerl und Tarek, ein Albaner, der früher mal bei mir als Fahrer und Aushilfsdrucker gearbeitet hatte. Wir flachsten herum, wir redeten über die guten alten Zeiten und über die schlechten neuen. Ich erzählte von Mallorca, vom Knast in Stammheim und dass mich die BKA-Aktion alles in allem gut eine Million Mark gekostet hatte.

»Die Dollars, die du damals gedruckt hast«, fragte Röser scheinheilig, »waren die gut?«

»Nein«, sagte ich, »im normalen Tagesgeschäft hätten die keine Chance gehabt.«

»Wüsstest du denn jetzt, wie man richtig gute Dollars macht?«, legte er vorsichtig nach.

»Mit solchen Gedanken belästige ich meine Hirnmasse nicht«, erwiderte ich, stand auf und zahlte meine beiden Espressos.

Zwei Tage später stand Tarek bei mir in der Werkstatt und tat sehr interessiert an den Bildern, die ich gerade herstellte. Als ich ihm einen Kaffee machte und wir uns auf meiner Besetzungscouch niedergelassen hatten, zog er seine Aufenthaltsgenehmigung aus der Westentasche und sagte: »Für hundert Stück davon zahle ich 10.000 Euro.«

»Quatsch nicht«, sagte ich. »Damit will ich nichts zu tun haben.«

»15.000?«

»Was soll das?« Der Mann machte mich aggressiv. »Außerdem habe ich keine Offset-Maschine.«

»Was kostet die?«

»Meine letzte hat 127.000 Mark gekostet.«

»Ungefähr 65.000 Euro«, sinnierte Tarek.

Ich nickte. »Für das Geld bekäme man was Anständiges.«

Zwei Wochen später hörte ich, wie ein Lkw vor meiner Werkstatt vorfuhr. Als ich rausging, um nachsehen, stieg Tarek auf der Beifahrerseite aus. Der Fahrer hatte eine Baseballkappe tief ins Gesicht gezogen und blieb hinter der geschlossenen Tür auf seinem Sitz. Tarek kletterte auf die Ladefläche und schlug die Plane hoch. Darauf stand eine Offset-Maschine. Nicht neu, nicht richtig alt, nicht aus dem Hause Heidelberger Druckmaschinen, sondern von einem englischen Hersteller.

»Kannst du haben«, sagte Tarek.

»Wie viel?«

»25.000.«

»Hab ich nicht.«

»500 Euro, fünfzig Monate lang.«

Ich hatte schon ab und zu mit dem Gedanken gespielt, mir wieder eine Offset-Maschine zuzulegen, um Grafiken, Kataloge, Broschüren oder eigene Kalender drucken zu können. Und Tareks Angebot war nicht schlecht.

»Hör zu«, sagte ich, »ich kaufe nicht die Katze im Sack. Wir können die Maschine bei mir in die Werkstatt stellen und gemeinsam durchchecken. Wenn alles funktioniert, sind wir im Geschäft.«

»Okay.«

Monat für Monat kam Tarek die Raten abholen. Irgendwie kriegte ich die Kohle immer zusammen, aber gelohnt hatte sich der Deal ganz und gar nicht, denn die Maschine fungierte in meiner Werkstatt nur als klobiger Staubfänger.

Als ich im Februar 2003 mal wieder total geputzt war und Tarek bat, die fällige Rate einen Monat zu stunden, sagte er mit bedrohlich tief hängenden Mundwinkeln, die Maschine gehöre Männern aus dem Kosovo und die hätten keine Lust auf Typen, die nicht zahlten.

»Dann sollen sie kommen«, erwiderte ich, »und ihren Schrotthaufen zurücknehmen.«

»Das geht leider nicht«, sagte Tarek mit großem Bedauern in der Stimme, »du hast einen Vertrag gemacht, sozusagen, und der muss erfüllt werden.«

»Das ist eine Drohung, richtig?«

»Könnte man sagen.«

»Du Ratte drohst mir damit, dass deine Zigeuner kommen und mir die Eier abschneiden, habe ich das richtig verstanden?«

»Beruhige dich, Duv«, sagte er. »Ich denke nur, es ist blöd, dass da eine Maschine steht, die nicht benutzt wird, die aber viel Geld bringen könnte, verstehst du?«

»Ich mache keine Blüten mehr.«

»Ganz schön dumm. Damit wären wir nämlich in einem Jahr satt im grünen Bereich.«

»Ich kann dieses Geschwafel nicht mehr hören!«

»Damals die Dollars waren super! Wirft die Maschine an und mach wieder welche!«

»Die Dollars waren beschissen«, sagte ich, »die wären überall aufgefallen.«

»Weißt du denn heute, wie man sie besser machen könnte?«

»Klar habe ich mir Gedanken zu dem Thema gemacht.«

»Also, ran an die Arbeit!«

»Schnauze! Davon will ich nichts mehr hören!«

»Okay.« Tarek nickte einsichtig. »Dann blieben noch TÜV-Berichte und Kfz-Zulassungen, Aufenthaltsgenehmigungen und Diplomzeugnisse, Bankzertifikate und Aktien, Versicherungspolicen und so weiter.«

»Schnauze, hab ich gesagt!«

»Sag ja, und jeden Monat hast du Miete und Rate drin, für die Werkstatt und die Maschine.«

»Nein.«

»Briefmarken?«

»Briefmarken sind schwierig.«

»Schwieriger als Dollars?«

»Weiß ich nicht. Für Briefmarken braucht man eine spezielle Farbe, die unter dem Infrarotlicht leuchtet.«

»Kann ich besorgen.«

»Woher?«

»Aus Kroatien.«

»Aha.«

»Überleg es dir.« Er holte das Portemonnaie aus der Tasche, klappte es auf und zog hinter dem Sichtfensterchen eine Briefmarke der Deutschen Bundespost hervor. Es war eine 55-Cent-Sondermarke mit Hildegard Knef darauf.

»Schau sie dir an und sag, ob du die hinkriegst.«

Ich schaute mir die Marke an.

»Gesetzt den Fall, ich würde sagen, dass ich's versuche, dann setzt du die Raten aus?«

»Solange du an der Marke arbeitest, zahlst du nichts für die Maschine, logisch.«

»Komm morgen vorbei«, sagte ich, »dann weiß ich mehr.«

Als Tarek weg war, schaute ich mir die Hilde unter der Lupe genauer an. Es war der feinste Stahlstich, den ich jemals gesehen hatte. Dagegen war selbst der Euro grob. Aber es kitzelte mich schon, der Angelegenheit etwas intensiver auf den Grund zu gehen. Mein sportlicher Ehrgeiz war erwacht.

Es dauerte Wochen bis ich ein erstes Muster fertig hatte. Aber das war eigentlich egal, denn die Farbe aus Kroatien war noch nicht eingetroffen. Tarek beteuerte, »der Belgier« habe versprochen, spätestens nächste Woche zu liefern.

Die Post brachte eine Sonderserie mit Städteansichten heraus, gestaltet in einem recht groben Stich. Für die Muster aller Motive dieser Serie brauchte ich nicht mal ein Zehntel der Zeit, die mich meine Bemühungen um die Hilde gekostet hatten.

Tarek hatte im Cento natürlich den Mund nicht halten können und den Jungs am Idiotentisch von den tollen Mustern erzählt, die ich gemacht hätte. Sofort gingen die Fingerchen in die Höhe. Die Idee gefiel den halbseidenen Glücksrittern. Alle wollten sie irgendwie mitmischen. Briefmarken waren nicht so heiß wie Geldscheine. Briefmarken machten nur *eine* Reise und landeten danach im Papierkorb – oder im Sammelalbum von irgendwelchen Spinnern, die auch noch stolz darauf wären, wenn sie eine Fälschung ergattert hätten.

Wiggerl kam in der übernächsten Woche mit der Meldung rüber, er habe »hundertprozentig« einen Kunden an der Hand, der würde sofort für eine Million Marken abnehmen, wenn sie gut gemacht seien und er sie für die Hälfte vom Nennwert bekäme. Als ich zweifelnd nachfragte, was das denn für ein Vogel sein solle, schaute Wiggerl mich entrüstet an und polterte, der Mann habe einen gigantisch großen Vertrieb und verschicke auf dem Postweg täglich Waren im Wert von »mehreren Hunderttausendern«.

Da die Farbe aber immer noch nicht da war und die Maschine immer noch in der Ecke einstaubte, behauptete Tarek eines Tages, er müsse den Männern aus dem Kosovo jetzt wieder regelmäßig die Raten rüberreichen. Das Problem wurde dann auch im Cento angesprochen, und ich sagte, ich sei zu geputzt, um das brachliegende Teil weiterhin zu finanzieren, ich würde es in einem Fachblatt zum Verkauf anbieten. Da bekäme ich vielleicht genau so viel, wie ich dem Kosovo noch schulde. Das fanden alle saublöd von mir, denn jeder hatte irgendwie gehofft, an den Briefmarken die dicke Kohle zu verdienen. Der Röser bot an, für das nächste halbe Jahr die Raten für die Offset-Maschine zu übernehmen. Vor unser aller Augen reichte er Tarek die Hand und besiegelte damit sein Versprechen.

Es dauerte weitere vier Monate, bis die Farbe endlich eintraf. Tarek betrat mit seinem »Belgier« mein Atelier und stellte zwei 2,5-Liter-Blecheimer auf den Boden. Die Beschriftung konnte ich nicht lesen. Vermutlich war es Kroatisch. Ich zeigte dem Belgier die Muster und erklärte ihm, was es kosten würde, die Marken in großer Auflage herzustellen. Die Summe war realistisch, aber der Belgier tat richtig schockiert, und auch Tarek schleimte in dasselbe Horn. Das Ende vom Lied war, dass Tarek mir für ein Jahr die Raten erließ, die ab dem nächsten Monat wieder fällig gewesen wären. Dafür bekamen er und sein Belgier die Muster von mir, und sie konnten mit ihren Farbtöpfen wieder abziehen. Ich hatte damit das eine Problem von der einen Backe, aber an der anderen pappte nun ein neues. Erst als der Belgier und der Albaner weg waren, machte ich mir ernsthaft Gedanken über Tareks seltsam schleimiges Getue. Plötzlich war mir klar, was da ablief. Röser hatte die sechs Raten für die Druckmaschine bezahlt und wollte dafür Provision, Wiggerl hatte den tollen Abnehmer aufgetan und wollte dafür Provision, und ich hatte die Muster gemacht und würde als Drucker die größte Provision einstecken, und außerdem könnte niemand kontrollieren, wie viele Marken ich tatsächlich herstellen würde. Selbstredend wollte der Belgier auch seinen Anteil für die mühsame Beschaffung der raren Farbe, und Tarek, der Drahtzieher sozusagen, würde neben mir das größte Stück vom Kuchen beanspruchen. Die beiden aber hielten nichts von zu komplizierter Bruchrechnung, sie wollten ganz einfach nur durch zwei teilen, wir anderen würden von den Gewinnen nichts mehr sehen.

Die Jungs im Cento kriegten sich kaum ein. Ich sei der größte Blödmann weltweit, und dem Tarek, der natürlich nicht mehr erschien, der linken Sau, der müsse man das Arschloch zunähen, damit ihm die Scheiße aus dem Maul rauskomme. Röser wollte sofort die sechs Raten wiederhaben, die er in das Projekt gesteckt hätte, Wiggerl schämte sich vor dem Kunden, dem er den Mund wässrig gemacht hatte, und Freddy, der sich jetzt auch noch mit ins Boot schwang, kündigte an, sich selbst auf die Suche nach *ein paar läppschen Eimerchen dieser verfickten Farbe* zu machen, damit wir, sprich ich, auch ohne den Tarek und seinen *frittenfressenden Kinderschänder* wie geplant Briefmarken produzieren könnten.

Daraus wurde natürlich nichts. Aber mir war es ganz recht so, denn dieser ganze Verein nervte mich enorm, und ich wollte endlich wieder den Kopf frei haben für die Bilder, die ich für meine Galeristen herstellen sollte.

Da die D-Mark weg war vom Markt, viele Menschen sie sich aber zurücksehnten, machte ich Collagen aus stark vergrößerten DM-Scheinen, bekannten Bauwerken und historischen Begebenheiten aus der D-Mark-Epoche und Porträts von Prominenten, die sich während dieser Zeit profiliert hatten. Die Sachen kamen gut an. Davon druckte ich dann auch eine Serie mit der Offset-Maschine.

24.

Ende 2004, kurz vor Weihnachten, stand Tarek wieder bei mir im Atelier. Er zeigte mir die Briefmarken, die er nach meinen Mustern mit »dem Drucker von dem Belgier« gemacht hatte. Sie sahen verdammt scheiße aus.

»Wie viele habt ihr davon verkauft?«, fragte ich.

»Nicht viele. Die kamen fast nie durch.«

»Wundert mich nicht«, sagte ich, »die brauchst du gar nicht unters Infrarotlicht zu schieben, die zieht jeder Briefträger aus dem Verkehr.«

»Sorry«, sagte er. »War ein Fehler.«

»Nur, um mir das zu sagen, bist du doch nicht vorbeigekommen, alte Schweinebacke.«

»Ich bin gekommen, weil ab diesen Monat wieder die Raten fällig werden«, sagte er.

»Red keinen Quatsch.«

»Das ist kein Quatsch«, erwiderte er und rechnete mir vor: »Fünfzig Monate lang musst du 500 Euro zahlen. Ein Jahr habe ich übernommen, ein halbes der Röser, davor hast du vierzehn gezahlt.«

»Du bist ja verdammt gut im Nachtreten.«

»Es sind noch achtzehn Raten offen«, sagte er. »Du kannst mir die 9000 natürlich auch sofort auf die Hand legen.«

»Klar! Das mache ich!«, schrie ich ihn an. »Wie willst du's haben? In Tausendern oder Fünfzigern? Alles kein Problem! Liegt stapelweise in meinem Safe! Was glaubst du, wer ich bin? Ich habe seit drei Monaten meine Miete hier nicht bezahlen können! Wenn meine

Brüder mir nicht ausgeholfen hätten, säße ich im Igluzelt von Tchibo auf dem Campingplatz, verstehst du das?«

»Das verstehe ich«, sagte Tarek. »Aber gerade deshalb verstehe ich das andere nicht.«

»Was ist *das andere*?«

»Du bist ein super Drucker und hast gute Ideen …«

Sofort fiel ich ihm ins Wort: »Das Thema ist durch!«

»Hör mir doch wenigstens mal zu!«, flehte er mich mit seinen rabenschwarzen Kulleraugen an. »Nur eine Minute!«

»Ich schaue auf die Uhr.«

»Ich war ein paar Monate lang in meiner Heimat«, sagte er. »Da läuft alles nur mit Dollars. Ich kenne da einen superfrischen Geschäftsmann, der würde gute Scheine sofort für eins zu fünf nehmen, hundert pro.«

»Welche Menge?«

»Acht bis zehn Millionen.«

»Zwei echte für zehn Falsche.«

»So ist es.«

»Das sind 20 Prozent. Üblich wären zwölf bis 15.«

»Da unten gibt es keinen, der anbietet. Keiner weiß, was falsche Dollars sonst kosten. Das interessiert auch keinen.«

»Wie gut kennst du den Mann?«

»Sehr gut«, antwortete Tarek. »Er ist mit meiner Cousine verheiratet.«

Ich steckte mir eine Zigarette an und dachte nach. Natürlich hatte ich bei der Herstellung meiner ersten Blüten wertvolle Erfahrungen gemacht, natürlich hatte ich mir in den langen Nächten in Stammheim überlegt, was ich besser hätte machen können. Natürlich bekam ich jedes Mal eine leichte Gänsehaut, wenn ich einen echten Dollar-Schein in der Hand hielt und mit der Fingerkuppe über die leicht raue Oberfläche strich. Aber, so blöd sich das auch anhörte, ich konnte es mir finanziell nicht leisten, diese Gedanken konsequent zu Ende zu denken.

»Hör zu, Tarek«, sagte ich, »auch wenn die Maschine hier ein Rasenmäher ist gegen das Präzisionsteil aus Heidelberg, das jetzt irgendwo in der Stadtsparkasse steht, könnte man damit vielleicht was halbwegs Vernünftiges zustande kriegen. Aber ich habe nicht die Kohle dafür.«

»Gerade deshalb sollst du sie doch selbst machen!«

»Sehr witzig.«

»Sorry, der Witz musste einfach raus.«

»Ich habe gelacht.«

»Was kosten 8 Millionen Dollar bei dir?«

»Das kann ich nicht sagen«, erklärte ich, »es sind ja nicht nur die Materialkosten. Es ist sauviel Arbeit, und wenn ich an so was dran bin, dann liege ich an der Kette, dann kann ich nebenher nichts anderes mehr machen.«

»Du bekommst deine Arbeitszeit bezahlt.«

»Von wem?«

»Ich finde einen Weg.«

»Ohne Moos nichts los.«

»Wie viel brauchst du für Material und so weiter, damit du sofort loslegen kannst?«

Ich zuckte mit den Schultern. »Genau kann ich das nicht sagen. Aber unter fünf Mille als Anzahlung tue ich keinen Handschlag.«

»Das heißt: Wenn ich dir morgen fünf Mille in die Hand zähle, dann fängst du an?«

Am nächsten Abend drückte Tarek mir 5000 Euro in die Hand, und ich begab mich in den Tunnel.

Während der nächsten Monate vergaß ich die Zeit. Ich recherchierte und experimentierte, ich fummelte und bastelte, ich improvisierte und implodierte, ich zweifelte und verzweifelte. Aber ich war besessen. Jetzt wollte ich es wissen. Jetzt wollte ich es allen zeigen. Wenn schon falsch, dann richtig. Jetzt wollte ich die besten Dollars machen, die je ein Fälscher gemacht hatte.

Nachdem ich bei meinem Papierhändler hundert Musterbücher gewälzt hatte, musste ich feststellen, dass sich kein in Deutschland angebotenes Papier für den perfekten Dollar eignete, denn sie waren alle zu perfekt. Sie waren chemisch behandelt, geglättelt, gewalzt, gewässert, kurz: Sie waren nicht natürlich genug. Als ich Tarek das mitteilte, machte er sich auf die Suche. Nach ein paar Wochen wurde er in Prag fündig. Dort gab es eine steinalte Papierfabrik, die nach einem hundert Jahre alten Rezept das von mir benötigte völlig unbehandelte »Bio«-Papier noch herstellte.

Wie ich beim Auspacken der angelieferten Palette aber feststellte, hatten die Bögen mehrere Wasserzeichen. Ich musste die Noten also dazwischen anordnen. Ein zweites Problem der Anordnung war, dass das Papier in einer Richtung reißfester war als in der anderen. Die Folge dieser beiden Umstände waren riesige Verschnittmengen und nur zwölf mögliche Scheine pro Bogen.

Die Wasserzeichen druckte ich mit durchsichtigem Lack im Siebdruckverfahren auf. Tausende Blätter jagte ich durch die Maschine, bis sie so waren, wie ich sie mir vorgestellt hatte.

Die sichtbaren Farben hinzukriegen, war nicht schwer, dabei halfen hochauflösende Scanner. Aber Dollars sind mit einem durchsichtigen, fluoreszierenden Streifen bedruckt, den man nur unter der UV-Lampe erkennt. Jede Bank und jedes große Geschäft hat mittlerweile ein UV-Gerät, um die Echtheit sofort überprüfen zu können. Es gab eine neue Verordnung, dass jeder, der den dafür erforderlichen Lack bestellte, gegenüber dem LKA Auskunft geben musste, wozu er verwendet werden sollte. Auf dem Schwarzmarkt musste man für einen Viertelliter dieser Farbe 5000 Euro hinblättern, viel zu viel für uns. Tarek sagte, er würde einen Freund, der eine große Diskothek hätte, beauftragen, die Farbe zu bestellen und zu behaupten, er würde damit sein Lokal-Logo auf weiße T-Shirts drucken, das dann nur bei speziellem Flackerlicht auf der Tanzfläche sichtbar würde. Die Idee war nicht schlecht, aber auch gefährlich. Denn für ein paar Millionen Dollars brauchte man eine so große Menge, dass man damit für jeden Kölner Bürger ein T-Shirt mit unsichtbarem Disco-Logo hätte bedrucken können. Leicht zu bekommen und unverdächtig dagegen waren eingefärbte Leuchtfarben. Bei deren Herstellung musste ja irgendwie dieser Leuchteffekt beigemischt werden. Farbtöne entstanden aus Pigmenten, aus farbigem Staub, der eingerührt wurde. Also müsste auch das leuchtende Element als Pulver eingerührt werden. Tatsächlich stellten wir fest, dass die Firma Honeywell diese UV-Leuchtpigmente vertrieb. Tarek ließ die von uns benötigte Menge an eine Scheinadresse in Holland liefern.

Jetzt kam das Problem der Erhabenheit an die Reihe. Der Dollar ist ein Stahlstich, man fühlt ihn, er ist kein glattes Stück Papier. Diesen Effekt konnte ich halbwegs akzeptabel im Siebdruckverfahren erzeugen. Wenn man die Bögen aber am nächsten Tag aus dem Trockenschrank nahm, war der Farbabdruck leicht eingefallen. Ich begann mit den neu auf dem Markt platzierten UV-Farben zu experimentieren. Diese Farben waren umstritten, weil sie krebserregend waren und stark ätzten. Tatsächlich spritzten mir ein paar Tropfen beim Quirlen auf die Hand, und sofort wurde mein blanker Knochen sichtbar. Das Besondere an diesen UV-Farben ist, dass sie blitzartig trocknen, wenn sie von UV-Strahlen beschienen werden. Ich konstruierte spezielle Siebe für UV-Klarlack, ließ die Probebögen durch meine Maschine laufen und bestrahlte sie mit einer UV-Lampe. Paff, war die Farbe trocken. Perfekt. Ich konnte diesen Vorgang nun so oft wiederholen, bis die Oberfläche so erhaben war, wie sie sein sollte.

Es hatte fast ein Jahr gedauert, bis ich endlich meinen Dollar-Schein fühlen konnte, in der Hosentasche, in stockfinsterer Nacht, mit verbundenen Augen. Ich war fix und fertig. Und ich war stolz. Und total pleite. Tarek hatte zwar ab und zu mal etwas Geld rangebracht, aber das reichte nur so gerade für die Materialien und ein bisschen fettarme Margarine auf Aldi-Schwarzbrot.

Ich wollte die 8 Millionen für Tareks Verwandtschaft herstellen und anschließend Schluss machen. Ich hatte richtig Sehnsucht danach, mich wieder intensiv um meine Kunst zu kümmern, zumal es in den letzten Wochen einige interessante Anfragen gegeben hatte.

Aber erst mal musste frisches Geld her. Ohne Mehl kann der Bäcker kein Brot backen. Ohne Euros keine Dollars. Ich holte mir beim Hohmann meine fünf Scheine ab und trank im Cento einen Espresso. Tarek und der Belgier setzten sich zu mir an den Tisch. Ich sagte, ich könne ohne Geld nicht weitermachen. Der Belgier erwiderte, ich solle mir darüber keine Gedanken machen, er habe mit Tarek in Brüssel eine Gruppe potenter Geldgeber aufgetan.

Die Produktionsphase begann. Jetzt war Tarek rund um die Uhr dabei. Wenn ich gegen 3 Uhr früh nach Hause fuhr, legte er sich aufs Sofa, und da lag er auch noch, wenn ich am nächsten Morgen mit einer Tüte Brötchen auflief.

Wir konnten natürlich nicht Tausende von Bögen per Hand mit einer UV-Lampe bestrahlen, also kauften wir für 2500 Euro einen UV-Trockner. Tarek legte die Bögen auf ein Transportband, das sie dann durch den UV-Kanal trug und dahinter auf einen Stapel fallen ließ. Das Gerät aber war unheimlich lahm, und oft blieb ein Bogen darin stecken und verbrannte. Danach mussten wir das Teil komplett auseinanderschrauben und reinigen. Wir kratzten wieder von überallher Geld zusammen, um für 6500 Euro einen zwar gebrauchten aber soliden besseren UV-Trockner zu kaufen.

Die Produktion lief an. Es gab immer wieder Schwierigkeiten. Die Druckmaschine musste mehrfach justiert werden, mal stimmten die Farben plötzlich nicht, mal flog die Sicherung raus, mal dies, mal jenes. Aber irgendwie ging es voran. Aber es sammelten sich auch stapelweise An- und Fehldrucke, die entsorgt werden mussten. Ich stellte ein altes 300-Liter-Blechfass in den Hof, bohrte ein paar Löcher rein, damit es ordentlich zog, stopfte es voll mit Papierbögen, schüttete Benzin drüber und zündete es an. Eine riesige Flamme schoss in den Himmel, es dampfte und stank. Es konnte nicht lange dauern, dann würde irgendwer aus der Umgebung die Feuerwehr anrufen. Wir zogen das lodernde Fass durch das Rolltor halb in die Werkstatt, aber da bollerte es gewaltig, Ruß flog durch die Luft und landete auf unseren Dollarstapeln und Maschinen.

Am nächsten Tag brachte Tarek einen Schredder für 19,99 Euro mit in die Werkstatt und setzte sich damit in die Ecke. Das Teil schaffte pro Stunde hundert Bögen.

Ich besorgte ein besseres Gerät, an dem nun Tarek die folgenden Tage verbrachte. Die geschredderten Streifen stopften wir in Müllsäcke, klebten sie mit festem Packband zu und fuhren sie zur städtischen Müllkippe nach Ossendorf.

Jede Woche brachte einer von uns beiden vier oder fünf Säcke zur Deponie. In den letzten Wochen druckte nur noch Tarek, und ich kümmerte mich um die Aufträge, die allmählich wieder von den Galeristen eintrudelten.

Anfang des Jahres waren 9 Millionen fertig, das heißt sechs richtig gute und 3 mit leichten Mängeln im Farbverlauf. Tarek nahm fünf Muster der besten Exemplare an sich und brach damit nach Albanien auf. Sein Handy ließ er zu Hause, um sicherzugehen, dass man ihn nicht orten konnte. In spätestens zwei Wochen wollte er wieder zurück sein.

Ich war froh, dass nun alles vorüber war. Ich mietete in Bickendorf einen Container und lagerte die Dollars dort ein. Da mir das Schreddern zu langsam ging, schnitt ich die fehlerhaft bedruckten Bögen einfach mit der Papierschneidemaschine in etwa drei Zentimeter breite Streifen, stopfte sie in Müllsäcke und fuhr sie nach und nach zur Müllkippe. Ich verkaufte die nun ziemlich abgenudelte Offset-Maschine für 10.000 Euro an einen befreundeten Drucker, die Druckplatten, Filme und Spezialsiebe zerhackte und vernichtete ich. Nach zehn Tagen erinnerte nichts mehr in der Werkstatt an die fast dreizehn Monate lang andauernde Dollar-Blüten-Produktion. Es sah jetzt wieder eher wie ein Atelier aus, denn ich versuchte mich an größeren Formaten. 2 mal 1 Meter, leicht überlebensgroße Stars aus der großen Zeit Hollywoods. Es ging mir gut von der Hand, und ich war mit den Ergebnissen zufrieden. Ein Kunsthändler aus Rotterdam kam und kaufte einen Stapel alter Drucke im Warhol-Stil, eine Frau aus Paris, die mich mal auf der dortigen Kunstmesse ausgestellt hatte, war begeistert von meinen D-Mark-Collagen und ermutigte mich, dasselbe Prinzip auf französische Franc-Scheine anzuwenden.

Drei Wochen später kam Tarek wieder. Er erzählte, Sinan, der Mann seiner Cousine sei spurlos verschwunden, die Verwandten befürchten, die Mafia habe ihn liquidiert. Nachdem er diesen Schock verdaut hatte, sei er überall herumgefahren und habe sich umgehört.

Aber in Albanien, Griechenland, Zypern und der Türkei sei der Dollar out. Wenn er falsche Euro-Scheine hätte anbieten können, wären Deals für 100 Millionen drin gewesen. Dollar-Blüten aber seien nur noch in der Ukraine, Kasachstan und Georgien angesagt, und bis dahin reichten seine Kontakte nicht, dahin müssten vielleicht mal der Belgier oder die Sponsoren aus Brüssel die Fühler ausstrecken.

»Ich könnte dir die Fresse einschlagen«, sagte ich. »Wegen deiner Sprüche habe ich dreizehn Monate nur Kitt gefressen, und jetzt kommst du mit so einem Gesülze rüber!«

»Tut mir leid«, versuchte Tarek sich zu rechtfertigen. »Wer geht denn davon aus, dass die Mafia den Sinan tötet?«

»Du hättest wissen müssen, dass da kein Hahn mehr nach Dollar-Blüten kräht! Und ohne garantierten Abnehmer hätte ich niemals die ganze Scheiße durchgezogen!«

»Ich frage mal den Belgier, der hat Superkontakte nach Frankreich und Luxemburg, da geht bestimmt was.«

»Ich kann das ganze Geschwätz nicht mehr hören!«, knurrte ich.

25.

Ein im ganzen Rheinland bekannter Galerist, der mit mir als »Warhol von Köln« seinerzeit gute Umsätze gemacht hatte, eröffnete in erstklassiger Lage ein zweites Geschäft, größer als seine etablierte Galerie. Von dort wollte er »richtig angreifen«, 800 Quadratmeter voll mit neuer und alter Kunst, dekorativer und sperriger, preiswerter und teurer, für jeden Geschmack, für jedes Alter und für jeden Geldbeutel etwas. Die Idee war, ein Kunstkaufhaus zu etablieren. Kunst? Was für Kunst? Egal welche, »Kunst kauft man bei Eckelkamp! Wo denn sonst?«

Ich war einer der Künstler, die er bei der Eröffnung des neuen Geschäfts ausstellte. In eine hübsche Nische hängte der Galerist vier meiner D-Mark-Collagen.

Bei der festlichen Vernissage lief alles an Promis und Neureichen auf, was die Region zu bieten hatte. Im vorderen Bereich des Kunstkaufhauses, auch für normale Passanten durch die riesigen Schaufenster gut sichtbar, waren zwölf 2 mal 1 Meter große Ganzkörperbilder bekannter männlicher Schauspielgrößen ausgestellt, Acryl auf Leinwand, von Jürgen Flohr fotorealistisch in traditioneller Technik gemalt. Schade eigentlich, denn an einer Serie ganz ähnlicher Bilder arbeitete ich gerade in Widdersdorf. Diese Arbeiten brauchte ich Eckelkamp jetzt gar nicht mehr zu zeigen. Mund abputzen. Musste ich mir eben etwas anderes einfallen lassen, um das Rheingold aus den Säcken der betuchten Klientel zu saugen.

Die Star-Gemälde von De Niro, Brando, Kinski, Clooney, Pitt und Konsorten bot der Galerist für 9000 Euro pro Stück an. Als ich den Laden um kurz vor Mitternacht verließ, klebten an allen Bildern rote Pünktchen. Alle zwölf verkauft. Zwölfmal neun Mille an einem Abend. In diese Kategorie musste ich rein.

Aber mit ganz leeren Taschen verließ ich die Turbo-Galerie nicht, denn auch auf einem meiner DM-Bilder klebte das von allen Künstlern so gern gesehene rote Pünktchen. Eine attraktive, recht exotisch aussehende Frau hatte das Bild gekauft und mich außerdem gebeten, ihr meine Visitenkarte zu überlassen. Sie sagte, ihr gefielen meine Bilder sehr, und sie würde gerne mal sehen, was ich sonst noch so im Atelier vorzuzeigen hätte.

Ein Anfang war gemacht. Die Collage aus Kennedys Berlin-Rede, der Gedächtniskirche, Stacheldraht auf der Mauer und dem vergrößerten 100-Mark-Schein war der aparten Kundin die 3000 Euro wert, die Eckelkamp dafür veranschlagt hatte. 50 Prozent davon für ihn, 50 für mich.

Zwei Tage später rief die Dame an, und drei Stunden nach dem Telefonat parkte sie ihr dunkles BMW-Cabrio vor meinem Atelier in Widdersdorf. Sie trat ein, stellte sich als Naima Jefferson vor und war von allem begeistert, was ich ihr zeigte, von meinen neuen Bildern, den älteren Drucken, den ganz frühen Zeichnungen, und ganz besonders angetan hatten es ihr die D-Mark-Collagen, von denen sie ja nur die vier kannte, die bei Eckelkamp ausgestellt waren. Wir plauderten angeregt. Die Chemie stimmte. Sie sei die Tochter einer Inderin und eines Briten, erzählte sie, in Mumbai aufgewachsen und dort von einem deutschen Kindermädchen betreut worden. Deshalb spreche sie neben Hindi und Englisch auch Deutsch, was sich als glückliche Fügung herausgestellt hätte, denn ihre Eltern seien mit ihr, damals zwölf Jahre alt, im Auftrag einer IT-Company nach Düsseldorf gezogen. Sie habe in London und San Francisco studiert und sei seit acht Jahren als freiberufliche Beraterin für die indische Aussenhandelskommission tätig. Ihrem Schwager, dem Leiter der Zentrale einer indischen Bank, habe sie ein Handyfoto von dem erworbenen Kennedy-D-Mark-Bild zugemailt. Er sei so begeistert gewesen, dass er ihr eine Aufnahme seines Bankgebäudes zurückgemailt habe mit der Bitte, mich zu fragen, ob ich daraus unter Verwendung eines Zehn-Rupien-Scheins nicht ein ähnliches Werk für sein Chefbüro kreieren könne.

Naima reichte mir den Abzug eines Fotos, das einen pompösen Bau in Mumbai zeigte. Natürlich könne ich den Auftrag ausführen, versicherte ich und fragte, ob ich vielleicht noch Blumenmotive und Elefanten oder Rinder einarbeiten solle. Ein Elefant sei toll, jubelte sie, und eine schöne Blume, vielleicht eine Lotosblüte? Alles kein Problem, sagte ich, ging zum Rechner und scannte das Foto ihres Schwagers ein. Als ich ihre Frage bejahte, ob das Mumbai-Bild so viel koste wie ihr Kennedy-Bild bei Eckelkamp, war Naima Jefferson sehr glücklich. Ihr Schwager würde sich bestimmt riesig darüber freuen, und vielleicht kämen ja dann auch weitere Aufträge aus Indien.

»Warten wir erst mal ab, wie Ihrem Schwager das bestellte Bild gefällt«, sagte ich lächelnd.

»Wann, denken Sie, sind sie mit dem Werk fertig?«

Ich konnte ja schlecht sagen: Morgen Abend. Dann hätte sie gedacht, ich schüttele die Kunst aus dem Ärmel und haue meine Bilder lieblos und unambitioniert auf die Leinwand. Also legte ich meine Stirn in Falten und schaute visionär zur hohen Decke meines Ateliers empor, um zu suggerieren, dass ich abzuschätzen versuchte, wann mich wieder die Muse aufsuchen und küssen würde.

»In zwei Wochen müsste ich es geschafft haben«, sagte ich.

»So schnell?«, erwiderte sie hocherfreut. »Das ist ja wunderbar!«

Sie ergriff meine Hand, schaute mich beseelt an und sagte: »Wie schön, dass wir uns kennengelernt haben, Herr Kuhl.«

Als sie meine Hand wieder losließ, lagen darin unter einer 10-Rupien-Note fünfzehn 100-Euro-Scheine, die ich erstaunt anschaute, worauf Frau Jefferson mit leicht verunsichertem Blick nachfragte, ob Anzahlungen bei Künstlern nicht üblich seien.

»Üblich nicht unbedingt«, antwortete ich lächelnd, »aber durchaus gern gesehen.«

Kaum war die bezaubernde Naima in ihrem BMW abgerauscht – der Geruch ihres süßlichen Parfüms liebkoste noch zärtlich meine Nasenhöhlen, und ihre Euros noch meine Handfläche –, da fuhr wieder jemand vor. Den Sound des klapprigen Opels kannte ich zur Genüge. Kurz darauf stand Tarek im Raum. Er lächelte devot und schleimte herum, er wäre nur mal eben vorbeigekommen, um sich zu erkundigen, wie es mir so gehe.

»Danke der Nachfrage«, sagte ich, »mir geht's gut.«

Ich hatte null Bock, mich mit ihm und seiner chronisch pulsierenden kriminellen Ader auseinanderzusetzen. »Lass mich allein. Ich muss arbeiten.«

So leicht aber ließ er sich nicht abwimmeln. »Ich habe einen russischen Kapitän aufgetan, der für 5 Millionen falsche Dollars eine halbe Million echte Euro bezahlt. Sein Schiff läuft nächste Woche in Bremerhaven ein.«

»Scheiß auf die Dollars.«

Tarek durchleuchtete mit seinem gierigen Rattenblick alle Ecken des Raums und fragte: »Wo sind die Scheine überhaupt?«

»In Sicherheit.«

Tarek schaute mich an und überlegte, ob er protestieren und herumlamentieren sollte. Aber er verzichtete darauf. Ich glaube, er kannte mich gut genug. Er wusste, dass ich ihn mit der Stahlbürste frisiert hätte.

»Tschüss dann«, sagte ich.

Tarek griff in seine Tasche und reichte mir fünf 50-Euroscheine.

»Wofür?«, fragte ich launisch. »Für den ganzen Scheiß, den du mir eingebrockt hast, sind 250 ein bisschen wenig.«

»Blüten, in Neapel gemacht.« Damit drehte er sich um, verließ das Atelier, zog die Eisentür hinter sich ins Schloss und ließ mich mit den Scheinen in der Hand zurück.

Ich ging zum Schreibtisch, griff zur Lupe und schaute mir die Euros allein schon aus professioneller Neugier etwas genauer an. Sie waren ganz gut gemacht. Aber ich hätte sie besser hinbekommen.

Ich legte die Scheine in die Schublade, setzte mich vor den Rechner und suchte im Internet nach brauchbaren Fotos von Elefanten und Lotosblüten.

Nach zwei Wochen rief Naima Jefferson an und fragte, ob das Bild fertig sei. Natürlich, antwortete ich, ich pflege meine Versprechen immer einzuhalten. Worauf die charmante Dame von der Handelskommission vorschlug, das Werk übermorgen gegen 16 Uhr abzuholen. Damit war ich sehr einverstanden, denn wir hatten schon den Dritten des Monats und die Miete war noch nicht überwiesen, weil mir dazu 600 Euro fehlten.

Am übernächsten Mittag zog ich mir ein elegantes Hemd an, rasierte mich und sprühte einen Hauch von Calvin Kleins *Eternity* an meine Wangen. Schließlich wollte ich ja bei meiner Kundin ein bisschen Eindruck schinden, und von einem Ehemann oder einem Sack voller Kinder hatte Naima Jefferson nicht gesprochen. Vielleicht ging da ja was.

Das Bild war sehr schön geworden, ich hatte gelbe, orange und rote Töne eingesetzt, auch vermischt und ineinander verlaufen lassen. Den Rupienschein hatte ich auf dem Vorplatz des Bankgebäudes platziert, der Elefant schaute von der rechten Seite ins Bild, und der Himmel hing voller Lotosblüten. Ich stellte das Werk auf die schönste meiner Staffellagen und postierte es mit der Rückseite zur Tür, sodass ich eine gespannte Naima zum Werk geleiten konnte. Ich hatte einen kleinen Käsekuchen besorgt, Kaffee war da, Zucker und Milch, und zwei Flaschen Prosecco standen für besondere Anlässe immer im Kühlschrank bereit.

Um Viertel nach drei rief Frau Jefferson an und weinte fast vor Bedauern, aber der indische Botschafter habe angerufen und sie sofort in die Hauptstadt zitiert. Sie sei schon auf der Autobahn nach Berlin, aber eine Bekannte würde das Bild wie verabredet um 16 Uhr bei mir abholen. Das mit dem Geld gehe natürlich klar, wie vereinbart.

»Da kann man nichts machen«, sagte ich, »wenn das Vaterland ruft, muss man gehorchen. Dann vielleicht bis später mal. Das Bild ist übrigens gut gelungen.«

»Das glaube ich Ihnen, Herr Kuhl! Ich bin auch so gespannt darauf«, sagte sie. »Susanne wird es mir aushändigen, wenn ich nächste Woche wieder in Neuss bin.«

»Dann wünsche ich Ihnen viel Erfolg in der Hauptstadt.«

»Danke schön«, sagte Naima Jefferson. »Auf Wiedersehn, Herr Kuhl.« Damit klickte sie das Gespräch weg.

Okay, sagte ich mir, eigentlich hatte sie ja auch nicht in mein Beuteschema »blond und üppig« gepasst. Und außerdem war sie bestimmt nicht älter als fünfunddreißig, und ich hätte mit meinen fünfundsechzig Lenzen bequem ihr Vater sein können. Aber diesbezüglich in Illusionen zu schwelgen, machte auch so schon Spaß. Außerdem hatte sie den Namen Susanne erwähnt. Wer weiß? Vielleicht verbarg sich ja hinter diesem Namen ein scharfes Geschoss vom Kaliber »blond und üppig«.

Um kurz nach drei fuhr ein silbergrauer VW-Golf vor und ihm entstieg Susanne Wagental. Sie war jünger als Naima, so um die dreißig, schlank, sportlich, natürlich. Sie trug Jeans, Bowlingschuhe und einen knappen hellbraunen Lederblouson über einem rund ausgeschnittenen weißen T-Shirt. Sie hatte aschblonde, relativ kurz geschnittene Haare und war kaum geschminkt. Das Attraktivste an ihr waren ihre umwerfend blauen Augen, mit denen sie wach und klug in die Welt sah. Susanne Wagental war mir auf Anhieb sympathisch. Erotische Gelüste weckte sie in mir nicht, wohl aber das spontane Bedürfnis, sie näher kennenzulernen. Sie wirkte, wie man so schön sagt, wie jemand, mit dem man Pferde stehlen konnte.

Ich stand in der geöffneten Werkstatttür.

»Bin ich hier richtig bei dem Künstler Jürgen Kuhl?« Eine Bügeltasche über der Schulter, kam sie mit leichten Schritten auf mich zu und streckte mir ihre Hand entgegen. Sie roch so frisch, als würde sie für Apfel-Shampoo Werbung machen.

»Goldrichtig«, bestätigte ich und umfasste ihre Hand. Ihr Griff war fest, die Haut trocken. »Kommen Sie herein.«

»Mein Name ist Susanne Wagental, Frau Jefferson hat mich gebeten …«

»Ich weiß«, unterbrach ich sie. »Das Bild steht bereit, Sie können es mitnehmen.«

Sie kam ins Atelier, schaute sich erst etwas verhalten um, erblickte dann aber eine meiner D-Mark-Collagen, ging darauf zu und betrachtete das Bild eingehend.

»Das sind also die Sachen, die sie so machen«, sagte sie angetan.

»Die D-Mark-Collagen sind eine Serie von vielen«, erklärte ich, »es würde Tage dauern, Ihnen alles zu zeigen, was ich sonst noch gemacht habe.«

»Ihre Sachen gefallen mir sehr gut. Ehrlich«, sagte sie. »Wissen

Sie, mit so moderner Kunst kann ich oft nicht viel anfangen, aber Ihre Sachen, die sagen mir was und die kann man sich an die Wand hängen, die kann man verschenken, die sehen einfach gut aus.«

»Danke für die Blumen«, sagte ich bescheiden lächelnd. »Wenn ich Sie dann bitten dürfte, mir unauffällig zu folgen?«

»Gerne.«

Ich ging vor ihr her zu der Staffelei, auf der das Auftragsbild für Naima Jefferson stand. Susanne schaute es an und sagte begeistert: »Toll, Herr Kuhl, ganz toll. Sie sind ja ein echter Meister ihres Fachs.«

»Mit all den Jahren«, sagte ich, »bekommt man ein Gespür dafür.«

Susanne zog einen Briefumschlag aus ihrer Tasche und überreichte ihn mir.

»Dieses Kuvert soll ich Ihnen von Frau Jefferson geben.«

»Vielen Dank.«

»Öffnen Sie und zählen Sie nach.«

»Das ist nicht nötig«, sagte ich und steckte das Kuvert in die Brusttasche meines Hemds. Wir blickten uns in die Augen. Es hatte nicht den Anschein, als wolle sie sofort das Bild einpacken und abdüsen.

»Ich habe etwas Kuchen besorgt«, sagte ich, »und wollte die Übergabe mit Frau Jefferson eigentlich mit einem Tässchen Kaffee abrunden. Hätten Sie Lust, Ihre Bekannte auch in dieser Funktion zu vertreten?«

»Sehr gern!«, sagte sie und strahlte.

In der Ecke, wo Kühlschrank und Kaffeeautomat standen, hatte ich zwei Barhocker an ein Stehtischchen gestellt. Ich machte Kaffee, schnitt den Kuchen an, und wir plauderten angeregt.

Ich fragte sie, woher sie Frau Jefferson kenne, und sie antwortete, diese indische Kommission, für die Naima tätig sei, veranstalte oft

Präsentationen und Empfänge, und die würde sie, Susanne, abwickeln. Sie sei Eventmanagerin, angestellt bei einer Essener Firma namens Niagara.

»Das hört sich interessant an«, sagte ich. »Partys habe ich immer gern gefeiert.«

»Wenn Sie mal wieder eine geben wollen, rufen Sie mich an!«, sagte sie und legte eine ihrer Visitenkarten auf den Tisch. »Wir kümmern uns um alles, Räumlichkeiten, Deko, Gastronomie, Programm, Musik, Shuttle, Stargäste, und wenn's sein soll auch um die Einladungen und die Promotion.«

»Das hört sich toll an, aber dafür bin ich nicht die Zielgruppe«, sagte ich. »Vor zwanzig Jahren hatte ich Kohle ohne Ende, heutzutage bin ich froh, wenn der Schornstein halbwegs raucht. Ich lasse mich gern auf Partys einladen, aber selbst welche zu geben, kann ich mir zurzeit nicht leisten.«

Susanne nickte mitfühlend. »Von der Kunst zu leben ist bestimmt nicht so einfach. Machen Sie denn keine Sachen nebenher?«

»Wie meinen Sie das?«

»Zum Beispiel Layouts, Logos, grafische Arbeiten und so weiter.«

»Das könnte ich schon, aber solche Aufträge gibt mir niemand. Damit gehen die Leute zu Werbeagenturen.«

»Die liefern aber oft auch unheimlichen Mist ab«, sagte sie. »Da stimmen die Farben nicht, da sind Tippfehler drin, da werden Termine nicht eingehalten. Was wir uns mit den Agenturen herumärgern, das glauben Sie nicht, Herr Kuhl!«

»Wenn Sie mal konkret was in dieser Richtung zu tun haben«, bot ich achselzuckend an, »können Sie mich ruhig darauf ansprechen.«

Sie überlegte einen Moment, dann tippte sie sich an die Stirn und zog ein Blatt aus ihrer Tasche.

»Haben Sie schon mal Eintrittskarten entworfen?«, fragte sie.

»Nein«, antwortete ich, »aber das dürfte nicht so schwer sein. Ich habe alle gängigen Grafikprogramme drüben im Rechner.«

»Es müsste schon was Spezielles, was Wertiges sein«, sagte sie, »dieser Kunde ist eine Marke für sich.«

»Je wertiger, desto besser«, sagte ich. »Für was wären die Eintrittskarten denn gedacht?«

»Ich mache im Moment einiges in Riga, da ist eine interessante Szene entstanden.«

»Gibt's da auch so viele Neureiche wie in Russland?«

»Lettland ist speziell«, erklärte sie, »aber auch da gibt es eine neue Klasse, die es gerne krachen lässt.«

»Und was machen Sie für die Letten?«

»Ich organisiere im besten Hotel von Riga einen absoluten First-Class-Event.«

»Und dafür fehlen Ihnen noch die Eintrittskarten.«

Susanne nickte. »Ich hatte welche in Auftrag gegeben bei einer Düsseldorfer Agentur, aber die gefielen mir nicht.«

»Was für eine Schrift schreibt man in Lettland? Alle Sprachen habe ich nicht im Programm.«

»Die Einladung machen wir auf Englisch, da besteht der Kunde sogar drauf. Den Text habe ich hier.«

Sie reichte mir das Blatt. Ich überflog den Text und stoppte bei der letzten Zeile, die lautete: *Entrancefee 250 US-Dollar.*

»250 Dollar Eintritt für eine Party ist ja nicht gerade geschenkt«, sagte ich.

»Die wollen es nicht billiger«, erwiderte die Eventmanagerin knapp.

Ich dachte einen Moment darüber nach und sagte dann: »Vielleicht könnte man die Eintrittskarte wie einen großen aufklappbaren 100-Dollar-Schein gestalten, mit ein paar Lurexfäden drin, im Prägedruck auf handgeschöpfter Bütte.«

Susanne überlegte kurz und nickte dann: »Hört sich interessant an. Ein golden verzierter Dollar-Schein zum Aufklappen. Dem Kunden gefällt das bestimmt.«

»Das könnte ich Ihnen machen«, sagte ich.

»Sie könnten den Dollar so aussehen lassen wie einen echten?«

»Kein Problem«, sagte ich lächelnd.

»Dann drucken Sie mir doch gleich eine Million mit!«, scherzte sie und schob sich ein Stück Käsekuchen in den Mund.

Wir lachten.

Vier Tage darauf rief Frau Jefferson an und bedankte sich überschwänglich für das wunderbare Bild, das sie ihrem Schwager zum Geburtstag schenken werde.

Drei Wochen später besuchte mich Susanne Wagental wieder in meinem Atelier. Sie brachte Hefegebäck mit, und ich machte Milchkaffee. Die tausend Einladungen für die Millionärsparty hatte ich entworfen und auf Bütte drucken lassen. Susanne war begeistert vom Look und von der Qualität des Drucks. Die Dollars sähen ja so verblüffend perfekt aus, woher ich das nur könne, ulkte sie.

Ich sei eben ein Naturtalent, flachste ich zurück.

Als es ans Bezahlen ging, zwinkerte sie mir komplizenhaft zu und fragte, ob nicht die Hälfte auch schwarz gehe, und ob ich bitte auf die Rechnung fünfhundert Einladungen anstatt tausend schreiben könne. Das sei steuerlich besser.

»Klar kann ich das machen«, sagte ich lächelnd, »ich bin dem Staat nichts schuldig, im Gegenteil.«

»Wie meinen Sie das?«

»Man hat mich mal ziemlich reingelegt mit einer Sache.«

»Um was ging's?«, fragte sie teilnahmsvoll.

»Das ist eine lange Geschichte«, würgte ich das Thema schnell wieder ab. »Das erzähle ich Ihnen irgendwann einmal. Wenn wir ganz viel Zeit haben.«

»Bei einem Gläschen Wein«, schlug sie vor.

»Warum nicht?«, charmierte ich. »In drei Jahren?«

»Einverstanden!« Sie lachte. »Sollen wir gleich einen Termin machen?«

»Lieber nicht.«

Sie nahm eine der Einladungen und klappte sie auf. »Wirklich sehr schön haben Sie die gemacht.«

»Kommen dorthin wirklich tausend Gäste?«, fragte ich.

»Beim letzten Mal waren es siebenhundert, und die waren total begeistert«, antwortete sie. »Ich gehe mal davon aus, dass die ordentlich Mundpropaganda gemacht haben für den kommenden Termin.«

»Sind Sie mit Niagara auch am Umsatz beteiligt?«

»Ja sicher, 10 Prozent an allem.«

»Wenn jeder der tausend Gäste schon mal 250 Dollar Eintritt zahlt, sammelt sich da ja einiges in der Abendkasse.«

Sie nickte. »Zu diesem Event reisen auch etliche trinkfeste und partygeile Russen an. Da gehen an den Bars die Dollars so schnell über die Theke, das glauben Sie nicht.«

»Jaja, in der Kante da oben, da zählt der Dollar noch was«, sinnierte ich leicht melancholisch.

»Logisch«, bestätigte sie. »Da läuft alles nur mit Dollars.«

»Interessant.«

»Finden Sie?« Sie schaute mich an, als erwarte sie, dass ich nun erklärte, warum ich die Bedeutung des Dollars in Lettland für »interessant« hielt.

»Da kann man bestimmt gute Geschäfte machen«, blubberte ich, um wieder dickeres Eis unter die Kufen zu bekommen.

»Das kann man laut sagen!«, schwärmte sie. »Da liegen die Millionen auf der Straße. Alles läuft bar und cash ab, mit Koffern voller Dollars.«

»Ich bin zu alt, um nach Riga zu fliegen und die Scheine von der Straße zu saugen«, sagte ich lächelnd.

»Letztens hat mich ein Russe ganz cool in einer Hotelbar gefragt, ob ich nicht gefälschte Dollar-Noten für ihn besorgen könne, er würde sofort 5 Millionen kaufen.«

»Aha«, sagte ich und senkte den Blick in meine Kaffeetasse.

»Aber Sie sind ja Künstler und kein Krimineller, Herr Kuhl«, stellte sie ironisch frustriert fest, »Sie wissen ja bestimmt nicht, wie ich an ein paar Millionen Dollar-Blüten kommen könnte.«

Jetzt traten mir doch ein paar Schweißperlen auf die Stirn.

»Ich könnte mich mal in Druckerkreisen umhören«, sagte ich mit von Skrupeln umwickelten Stimmbändern. »Versprechen kann ich natürlich nichts.«

Als Susanne Wagental an diesem Nachmittag mein Atelier verlassen hatte, schaute ich ihrem VW-Golf sehr nachdenklich hinterher. Das Kennzeichen war E-SW 345. E-ssen S-usanne W-agental. Das Ruhrpottklientel einer flotten Eventmanagerin findet so was bestimmt putzig.

Ich fuhr ins Cento und beauftragte Freddy, das Kennzeichen checken zu lassen. Nur so.

26.

Galerist Eckelkamp hatte für eine weitere meiner D-Mark-Collagen einen Käufer gefunden. Damit waren die Mieten der beiden kommenden Monate in der Scheune. Ich konnte wieder durchatmen und mich öffnen für neue Ideen.

Nachdem ich mit Eckelkamp abgerechnet hatte und die beiden nicht verkauften Bilder in meinem acht Jahre alten Mercedes-Kombi verstaut waren, lud der Galerist mich zu seinem Lieblingsjapaner ein. Dort fragte er mich, ob ich eine Idee hätte, wie wir beide in naher Zukunft sechsstellig Umsatz machen könnten. Ich nickte.

»Bei Ihrer Vernissage fuhren einige Leute mit sehr ausgefallenen Autos vor«, erklärte ich, »das heißt, unter Ihren Kunden gibt es einige Autoverrückte.«

»Das kann man wohl sagen!«

»Einer kam sogar in einer Cobra Shelby.«

»Das war Holger Krautmacher aus Mönchengladbach«, sagte Eckelkamp, schwieg einen Moment und nickte dann bedächtig mit dem Kopf. »Gefällt mir, die Idee, etwas mit Autos zu machen, aber es müsste natürlich etwas ganz Außergewöhnliches sein.«

»Das habe ich mir auch gedacht«, sagte ich. »Siebdruck mit Lack auf Edelstahlplatten, 3 mal 2 Meter.«

Der Galerist starrte mich an, und ich sah, wie sich seine Pupillen langsam vergrößerten. »Das hört sich gut an, Kuhl, aber kriegen Sie das hin im Siebdruck? In der Größe?«

»Robert Rauschenberg hat ebenfalls mit riesengroßen Sieben gearbeitet. Warum soll ich das nicht auch können?«

Eckelkamp ließ die Idee ein wenig unter seiner Schädeldecke zirkulieren und fragte dann: »Was würde so eine Arbeit an Werkzeugen und Material kosten?«

»Schwer zu sagen«, erwiderte ich, »die Siebe müsste ich herstellen lassen, das heißt, der Prototyp wäre erheblich teurer als die Nachfolger.«

»Passen Sie auf, Kuhl!« Eckelkamp hatte Feuer gefangen, er begann wild zu gestikulieren. »Morgen biete ich dem Krautmacher an, er könne so ein Bild zum EK bekommen, sagen wir für 9000. Wenn er zusagt, okay. Wenn ihm das zu teuer ist, dann handeln wir, und ich lege den Rest drauf. Also: Sie machen einen Termin, fotografieren die Cobra, machen das erste Edelstahlbild und bekommen dafür im Voraus 5000. Weil ich es Krautmacher zum EK gebe, muss er es drei Wochen in meinem Schaufenster stehen lassen. Und dann regnet es Aufträge für Sie, noch und nöcher. Kuhl, schlagen Sie ein!«

Er war aufgesprungen und streckte mir die Hand entgegen. Ich schlug ein. Als wir wieder saßen, brachte uns der Kellner rohen Fisch. Bevor wir zugriffen, fragte ich: »Für wie viel, meinen Sie, können Sie die Autoporträts verkaufen?«

»Wenn sie richtig gut gemacht sind, und davon gehe ich aus, nehmen wir erst mal, eh, sagen wir 16.000, und wenn dann abzusehen ist, dass es läuft, erhöhen wir erst auf 18.000 und enden dann, wenn es genügend Interessenten gibt, bei 20.000.«

»Das ist realistisch?«

»Absolut, Kuhl, absolut.«

Holger Krautmacher war Architekt und Bauunternehmer und wohnte in der Nähe von Mönchengladbach in einem alten Wasserschlösschen. Aus einer Scheune hatte er eine beheizbare Garage für seine sechs Autos gemacht. Dort logierten ein Range Rover, ein Porsche Carrera, ein S-Klasse-Mercedes, ein Mini Cooper classic, ein Renault R4 und die feuerrote Cobra Shelby. Den R4 bezeichnete der Architekt als seine »erste Liebe«, die ihn durchs ganze Studium begleitet hätte, die Cobra aber sei seine »große Liebe«, die er sich an dem Tag geleistet habe, als sein Kontostand zum ersten Mal siebenstellig wurde. Dieses Fahrzeug, erklärte der stolze Besitzer, sei ein Nachbau des Klassikers Shelby AC Cobra von 1964, seine rare Replika sei Baujahr 1992 und ausgestattet mit einem V8-Motor von Mercedes.

Die großen Siebe ließ ich anfertigen und zusammen mit drei 2 mal 1 Meter großen Edelstahlplatten ins Atelier liefern. Aus einem Stück ließ sich das Autoporträt nicht herstellen, 2 mal 1 Meter war die maximale Fläche, die ich im Siebdruck bearbeiten konnte. Also mussten drei Platten dieser Größe, die man auf der Rückseite aneinanderschrauben konnte, das Gesamtbild ergeben. Damit vereinfachte sich der Transport enorm, denn diese Triptychen konnte ich in meinem Mercedes-Kombi selbst zum Kunden bringen.

Bei einem Espresso im Cento bat ich Exjockey Freddy, mir die nächsten Tage zur Hand zu gehen. Die Farben mussten blitzschnell aufgetragen und durch die Siebe gedrückt werden, das konnte ich bei diesen riesigen Flächen allein nicht schaffen. Als ich das Café betrat, saß Freddy mit Tarek und dem Belgier am Tisch.

»Geht was mit den Dollars?«, fragte Tarek gierig.

»Ich dachte, da kümmert ihr euch drum!«, erwiderte ich ebenso schlagartig wie genervt.

»Hab ja nur mal gefragt«, zog sich der Albaner in sein Schneckenhaus zurück.

»Ich werde die nächsten Tage nach Kasachstan fliegen«, großkotzte dafür der Belgier, »ich habe da eine 1A-Adresse in Alma Ata.«

»Mach das«, sagte ich.

Dass ich eine Eventmanagerin aus Essen kennengelernt hatte, die für einen Russen liebend gern ein paar falsche Dollar-Millionen kaufen würde, erwähnte ich nicht in dieser Runde.

Auch Freddy weihte ich nicht ein, als er wenig später neben mir im Wagen saß. Während ich den Kombi im einsetzenden Berufsverkehr in Richtung Widdersdorf aus der City bugsierte, erzählte er mir, »sein Mann bei den Bullen« habe die Kfz-Nummer gecheckt, die ich ihm letztens zugesteckt hätte. Mein Beifahrer kramte einen eingerollten Zettel aus der Hosentasche. »VW-Golf, silbergrau, Baujahr 2008, angemeldet auf Niagara Promotion, Ruhrtalstraße 451 b, 45239 Essen«, las er vor. »Zufrieden?«

»So weit, ja.«

Er legte den Zettel neben uns in die Mittelkonsole. »Was ist denn mit der Kiste? Hat der Fahrer dich angebeult und die Flatter gemacht?«

»Nee. Der silberne Golf stand neben mir vor der roten Ampel«, erklärte ich, »und da saß 'ne Braut am Steuer, die ich gerne nageln würde.«

»Alter Schwede!«, lachte Freddy. »Hört das denn gar nicht mehr auf bei dir, Opa?««

»Irgendwann muss ich doch mal die blauen Tablettchen ausprobieren, die ihr mir zum letzten Geburtstag geschenkt habt!«

Drei Tage arbeiteten wir wie besessen, dann war das Porträt der feuerroten Shelby AC Cobra fertig, 3 mal 2 Meter groß, Siebdruck auf Edelstahl. Was mir so gut wie noch nie passiert war, passierte mir nun. Ich war echt gerührt, mir kamen fast die Tränen, als wir das monströse Bild zusammengeschraubt und als Ganzes an die Wand gelehnt und ein paar Schritte Abstand genommen hatten, um den Gesamteindruck auf uns wirken zu lassen. Es sah richtig, richtig geil aus.

Das Telefon schellte. Ich hob ab, und Susanne Wagentals Stimme drang in meine Gehörgange. Sie war bester Laune und sagte, sie müsse die Tage mal kurz bei mir vorbeischauen, denn sie habe etwas für mich. Okay, antwortete ich, mir würde es zum Beispiel am nächsten Tag um 16 Uhr gut passen.

Mit Freddy fuhr ich in die Stadt, und wir begossen meine erste stählerne AC Cobra in angemessener Quantität.

Am nächsten Vormittag fotografierte ich meine Cobra ausgiebig und lud das beste Foto als Bildschirmschoner auf meinen Rechner. Gegen Mittag packte ich mit Freddy die drei bedruckten Stahlplatten in meinen Transit und brachte das Werk zum Galeristen nach Düsseldorf.

Susanne Wagental stieg pünktlich um vier aus ihrem silbernen Firmen-Golf und überreichte mir eine Flasche besten Krimsekts. Der Auftraggeber in Riga sei von meiner Eintrittskarte total begeistert gewesen, berichtete sie, und das Fest mit mehr als tausend Gästen für alle Beteiligten ein Mega-Erfolg.

»Herzlichen Glückwunsch!«, sagte ich und zeigte ihr meine Cobra auf dem Monitor. Sie war hin und weg, sie konnte nicht glauben, dass ich ein nach ihrer Einschätzung so »geniales Bild« geschaffen hatte.

Da Susanne zwei Stücke Obstkuchen mitgebracht hatte, sorgte ich wieder für den Kaffee. Wir scherzten ein wenig herum, dann sagte sie, halb ironisch, halb mit dem Schicksal hadernd: »Dieser Russe war auch da, er hat mich wieder auf Dollar-Blüten angesprochen. Wenn ich doch nur 6 Millionen davon hätte! Dafür würde er mir 1,5 Millionen Euro geben.«

»Das ist eine ganz schöne Stange Geld, in der Tat«, sagte ich. »Aber Sie würden das Geld doch niemals über die Grenze kriegen.«

»Das wäre das geringste Problem«, erklärte sie, »wir fliegen für unsere Events riesige Container rüber, darin könnte man problemlos ein paar Dollars verstecken.«

Puhh. Nur wenige Kilometer von hier entfernt lagerten 8 Millionen Dollar. 6 Millionen davon würde Susannes Russe abnehmen. Fast zwei Jahre hatte ich mich mit der Produktion und den ganzen Idioten herumgeschlagen, und jetzt könnte alles doch noch in ein Happyend münden?

Es hörte sich simpel an. Abwickeln und Ende. Susanne bekam 6 Millionen, den Rest würde ich irgendwo in der Pampa in ein Loch werfen, ein paar Liter Salzsäure drüberschütten und Erde draufwerfen. Ich würde den Container kündigen und vergessen, dass ich mich zwemal in meinem Leben dazu hatte überreden lassen, Falschgeld herzustellen.

»Die Provision käme mir sehr gelegen«, sagte Susanne, »meine Mutter braucht eine aufwendige Spezialbehandlung, aber so etwas zahlt die Kasse nicht.«

»Was ist denn mit Ihrem Vater?«

»Der ist leider tot«, sagte sie, »ein Autounfall. Schon vor acht Jahren.«

»Geschwister haben Sie nicht?«

»Nein.«

»Dann lastet die ganze Verantwortung auf Ihnen.«

»Ja«, sagte sie, »das macht nichts, aber meine finanziellen Möglichkeiten sind begrenzt.«

»Nach unserem letzten Gespräch«, begann ich nach kurzer Besinnung, »habe ich mich mal umgehört. Ich kenne einen Drucker, der ist so ein bisschen krumm …«

Damit hatte Susanne kein Problem. »Kommt in den besten Familien vor.«

»Der hat auch mal wegen Drogen und Betrügereien und so weiter gesessen. Er sagte, es gäbe da jemanden in Polen, der gute Dollars macht.«

»Echt! Das wäre ja wunderbar, wenn wir an den rankämen!« Susannes Augen strahlten wieder. »Hat der Mann denn schon über Geld gesprochen?«

»Er meinte, er könne die Dollars weitergeben für zwanzig zu eins, in Euro. Ich weiß natürlich nicht, wie das alles abgewickelt werden könnte. Ich kann nur das wiedergeben, was der Mann gesagt hat.«

»Das ist doch logisch«, sagte sie, »Sie sind ja nicht kriminell.«

»Und Sie auch nicht.«

»Ich? Wieso ich?«

»6 Millionen Dollar-Blüten in Riga zu verkaufen, ist kein Kindergeburtstag bei McDonald's.«

»Ach so, das meinen Sie?!« Sie lachte auf. »Das geht alles ratzfatz über die Bühne. Übergabe am Flugplatz und fertig.«

»So easy?«

»Der Russe meint ja«, sagte Susanne. »Die Bullen und der Zoll seien geschmiert, kein Problem.«

»Sie sind also echt interessiert?«, bohrte ich behutsam nach.

»Aber sicher! Brennend!«, bekräftigte sie. »Wenn es wirklich klappen würde, dann bekommen Sie natürlich eine ordentliche Schnitte ab. Sagen wir 50.000 Euro?«

»Sie haben gewonnen«, sagte ich. »Ich versuche heute Abend, mit dem Drucker zu sprechen.«

Sie stand auf, umarmte mich und gab Küsschen links und rechts.

»Sie sind ein Engel, Herr Kuhl!«

»Immer ruhig mit den jungen Pferden«, trat ich auf die Euphoriebremse. »noch weiß ich nicht, ob der Drucker die Wahrheit sagt oder ob sein Kontakt nach Polen eine Finte ist.«

»Aber es gibt jetzt wenigstens ein bisschen Hoffnung!«, schwärmte sie. »Das ist doch schon mal was.«

Sie setzte sich wieder auf den Hocker und blickte mir tief in die Augen. »Einen Probeschein müsste ich dem Russen natürlich zeigen, wenn ich das nächste Mal in Riga bin.«

»Wann geht's los?«

»Eigentlich wollte ich schon übermorgen fliegen.«

Ich schaute ihr fest in die Augen. Ich sah kein Flattern, keine Lüge, keine Hinterlist. Ich sah in klare, strahlend blaue Augen, die mich um einen ganz großen Gefallen baten.

Ich stand auf, ging zum Schreibtisch und kam mit einem Kuvert wieder, das ich ihr aushändigte. Sie nahm es in die Hände, öffnete es und zog daraus fünf meiner Blüten hervor.

»Das sind aber jetzt echte, oder?«, sagte sie, nachdem sie sich die Scheine angeschaut hatte.

»Nein«, erwiderte ich, »die hat mir dieser Drucker gegeben. Das sind die Blüten aus Polen, von denen er angeblich beliebige Mengen besorgen kann.«

»Sie sind einmalig, Herr Kuhl! Ich weiß gar nicht, wie ich Ihnen danken soll.«

»Schon gut«, sagte ich lächelnd. »Grüßen Sie Ihre gnädige Frau Mutter von mir, unbekannterweise.«

Eine Woche darauf rief Eckelkamp aus Düsseldorf an. Er sagte, er verstehe nicht, warum ich mir die AC Cobra noch nicht in seiner Galerie angeschaut habe, die sei nämlich *der* Hingucker schlechthin. Morgen gegen 15 Uhr, wenn mir der Termin passe, solle ich unbedingt kommen, da stünden ein paar »interessante Gespräche« an.

Als ich zum vereinbarten Zeitpunkt auf die Galerie zuspazierte, standen bestimmt zwanzig Leute vor dem Schaufenster und glotzten ins Innere. Das tat ich auch und war wieder gerührt. Eckelkamp hatte meine rote Cobra gigantisch gehängt und professionell ausgeleuchtet. Das Bild sah irre gut aus. Wie ich ihren Kommentaren entnahm, empfanden die Passanten dies genauso.

In der Galerie warteten in der Sitzgruppe hinter einem Paravent der Galerist und zwei teuer gekleidete Herren mit grauen Schläfen. Sie wollten bei mir Triptychen aus Edelstahl in Auftrag geben, eins von einem Ferrari 250 GTO, Baujahr 1964, und eins von einem Mercedes Double Phaeton von 1905. Der Ferrari stand in Neuss in einer Garage, der Mercedes im elsässischen Mulhouse in der Collection Schlumpf. Die Preise hatte Eckelkamp schon ausgerufen. 16.000 pro Bild, davon die Hälfte für ihn und die andere für mich.

Auf der Rückfahrt fuhr ich gleich in Neuss vorbei und machte die Fotos vom schönsten Ferrari, den die Italiener jemals gebaut haben. Zurück im Atelier überschlug ich die realistischen Kosten. Mehr als 2000 Euro kostete mich so ein Edelstahlporträt nicht, inklusiv einem oder zwei fleißigen Helfern. Es sah sehr gut aus. Zumal mir Eckelkamp bei der Verabschiedung zugeraunt hatte, es lägen weitere sechs bis sieben hoch interessante Anfragen vor.

Ich war ja mein Leben lang ein Zocker gewesen. Ich wusste, dass es Läufe gab und dass es Seuche gab. Die Kunst war, es zu erkennen, wann die Seuche anfing und wann sie endete. Man musste lernen, einen Lauf zu erkennen, und ihn, wenn er endlich da war, optimal nutzen. Ich hatte verdammt viel Seuche hinter mir, und jetzt hatte ich Lauf. Eindeutig. Ich denke heute, solche Gedanken hatten mich blind gemacht in Bezug auf Susanne Wagental. Dennoch war ich nach unserem letzten Treffen nach Essen zur Agentur Niagara gefahren. Es war eine saubere große Firma, untergebracht auf einer großzügig bemessenen und teuer eingerichteten Büroetage in guter Lage. Die nette Dame am Empfang sagte mir, Frau Wagental sei leider nicht im Haus, sie sei gerade geschäftlich in Lettland unterwegs.

27.

Ich fuhr ins Elsass und besuchte die grandiose Collection Schlumpf. Ich machte Fotos von dem über hundert Jahre alten Mercedes Phaeton, den der Kunde porträtiert haben wollte, und noch von etlichen Bugattis, Jaguars, Lamborghinis, Maseratis, Aston Martins und so weiter. Mehr als tausend Fotos machte ich. Falls ein Kunde unschlüssig war, mit welchem Fahrzeug er seine Wand behängen wollte, konnte ich ihn anhand meines Archivs nun bestens beraten.

Zwei Wochen später waren der Ferrari und der Phaeton fertig, und Eckelkamp schickte mich nach Hamburg, Berlin und Potsdam. Als ich wiederkam, hatte ich mit Freddy fünf weitere Edelstahlplatten zu bearbeiten. Es kam wieder gut Kohle rein, und die ganzen tollen Autos, die ich in letzter Zeit gesehen und fotografiert hatte, weckten in mir die Lust, vielleicht doch noch mal mein Lieblingsfahrzeug, einen Porsche 911, zu besitzen. Es musste ja kein Neuwagen sein. Acht Jahre alt, erste Hand, unfallfrei, wenig bewegt von einer Industriellengattin, für 30.000 Euro. So was schwebte mir vor. Vielleicht konnte ich mir den Wunsch ja im nächsten Jahr erfüllen.

Susanne Wagental meldete sich an und saß wenig später bei mir auf dem Hocker. Sie brachte gute Neuigkeiten aus Riga mit. Der Kunde hatte die Blüten geprüft und hundertprozentig akzeptiert. Mehr noch, er scherzte, die seien ja besser als die von der US-Notenbank. Um mal die Übergabelogistik und so weiter durchzuspielen, habe er jetzt aber erst mal nur 250.000 Dollar bestellt. Ich würde ihr und ihrer kranken Mutter einen großen Gefallen tun, wenn ich über den Polen oder diesen Drucker die Scheine besorgen könne.

»Was wäre denn der Preis dafür?«, fragte ich. »Ich habe keine Ahnung von so was. Der Drucker hat irgendwas gesagt von eins zu zwanzig, echte Euros gegen falsche Dollars. Aber wie gesagt, da kann ich nichts zu sagen.«

»Passen Sie auf, lieber Herr Kuhl! Fragen Sie diesen Kontaktmann doch einfach, was ihm so vorschwebt, dann schlagen Sie für sich auf diese Summe 10 Prozent als Vermittlungsprovision drauf. Diese Summe nennen Sie mir, und ich überlege, ob ich damit leben kann, okay?«

»Das können wir so machen, ja.« Ich war beeindruckt von dem Elan, mit dem Susannchen die Sache nun vorantrieb.

»Das Problem ist nur«, gab sie zu bedenken, »nächste Woche muss ich wieder rüber, und da gehen zwei Container Equipment mit, da könnte ich das Geld prima zupacken.«

»Nächste Woche?« Ich wog gespielt ab. »Vielleicht schafft der Drucker das ja so schnell.«

»Den Preis müsste ich aber vorher schon wissen.«

»Den weiß ich spätestens übermorgen.«

»Ich rufe Sie an.«

»Das könnte gefährlich sein«, gab ich zu bedenken.

»Sie meinen, man hört Ihr Telefon ab? Die Polizei, oder wer? Glaub ich nicht!«

»Man weiß nie. Ich habe schon Herden von Pferden vor Apotheken kotzen gesehen.«

»Gebranntes Kind sucht das Feuer«, returnierte sie.

»Nee danke. Ich suche nur noch Feuer, wenn ich eine Zigarette zwischen den Lippen habe«, sagte ich.

»Aber wie sprechen wir es ab, wenn nicht übers Telefon?«

Ich dachte einen Moment nach. Schließlich hatte ich es ja selbst in der Hand. Ich allein verfügte über die Millionen, ich bestimmte den Preis für die Blüten, und ich musste mir von niemandem das Okay abholen.

»Ich gehe mal davon aus«, sagte ich in bewusst verhaltener Tonlage, »dass es eine Prozentzahl zwischen 10 und 15 sein wird.«

»Ihre eigenen Prozente eingerechnet?«

»Keine Sorge, ich komme schon nicht zu kurz«, beruhigte ich sie. Gesetzt den Fall, Sie akzeptieren den Preis, dann bestelle ich 250.000 bei dem Drucker. Aber nur wenn er bis Sonntag liefert, korrekt?«

»Wenn der Mann sich ohne Vorkasse darauf einlässt, gerne.«

»Am Montag holen und bezahlen Sie dann die Ware. Sagen wir um 14 Uhr?«

»Liebend gern!«

»Danach fahre ich zum Drucker und reiche ihm das Geld weiter.«

»Wird dieser Pole dem Drucker denn die Blüten sozusagen in Kommission geben?«

»Wenn nicht, haben die Brüder eben Pech gehabt.«

»Hoffen wir, dass er Ihnen vertraut.«

»Mein Ruf ist tadellos«, sagte ich und grinste dabei mörderisch charmant, worauf Susanne augenblicklich vom Hocker rutschte, einen Kuss auf meiner linken Wange platzierte und hauchte: »Das glaube ich Ihnen aufs Wort, Herr Kuhl.«

Das war nicht so ein französisches Luftgeschnaxerl, das war ein saftig sanftes Bussi, ein echter Kuss. Nett. Vielleicht sollte ich ja doch mal mein Beuteschema an den Pranger stellen. Statt »blond und üppig« testweise umsatteln auf »blond und sportlich«?

Als Susannchen weg war an diesem Nachmittag, zog ich mir ein Blatt Papier unter den Kuli und krakelte Zahlen. 12 bis 15 Prozent war die Quote, die im Raum stand, wenn irgendwo Blüten angeboten wurden. Der Dollar stand bei etwa 1,40 Euro. Wenn Susanne also

250.000 Dollar wollte, müsste sie dafür bei einem Kurs von 12 Prozent 30.000 Dollar bezahlen, bei einem Kurs von 15 Prozent 37.500. Diese Summen entsprachen 21.428 beziehungsweise 26.785 Euro. Ich beschloss, Susanne Wagental die ersehnten 250.000 Dollar zum Einführungspreis von 21.600 Euro anzubieten, also zu einer Quote von ungefähr 12 Prozent. Ich schrieb ihr eine SMS, und sie antwortete postwendend mit den beiden Buchstaben *o* und *k*.

Freddy und ich fuhren auf den Parkplatz des McDonald's Ecke Venloer Straße und Äußere Kanalstraße. Von dort ging ich zu Fuß in Richtung Container. Freddy folgte mir in Sichtweite und checkte die Lage. Dreißig Meter vor der Einfahrt zu dem Lagerhof wartete ich, ließ ihn überholen und schlenderte dann weiter. Freddy verschwand in der Einfahrt, und ich hielt die Umgebung im Blick. Nach fünf Minuten kam Freddy wieder, in der Hand eine Plastiktüte von Penny. Ich folgte ihm bis zum Wagen und öffnete den Kofferraum. Freddy stellte die Tüte auf die Ladefläche, und ich schlug die Klappe zu.

Wir gingen in den amerikanischen Gourmet-Tempel und bestellten Big Macs mit Kaffee.

Am Montag fuhr Susanne um kurz nach zwei vor. Sie überreichte mir 21.600 Euro und ich ihr die Tüte von Penny. Sie war kurz angebunden, deshalb verzichteten wir auf Kaffee und Kuchen. Mir war das sehr recht, denn ich hatte viel zu tun mit den bestellten Autoporträts.

Ich hatte einen Lauf. Dachte ich. Aber eigentlich fing mit dieser Übergabe an Susanne die ganz große Seuche an. Ich wusste es nur noch nicht. Ich hatte drei Könige auf der Hand und setzte wild drauflos. Ich konnte ja nicht ahnen, dass ein anderer Spieler am Tisch drei

Asse auf der Hand hatte und ich das Spiel auf keinen Fall gewinnen konnte.

Es dauerte drei Wochen, bis Susanne das nächste Mal zu mir ins Atelier kam. Sie erzählte, in Riga habe alles problemlos geklappt, der Kunde sei hin und weg gewesen von der Qualität der Blüten und wolle nun 6 Millionen. Ich versprach den Drucker zu fragen, ob der Pole eine solche Menge liefern könne. Als Preis sollte sie 550.000 Euro veranschlagen, das seien knapp 13 Prozent. Für die Übergabe vereinbarten wir gleich einen konkreten Termin, den 23. Mai, also Mittwoch in zwei Wochen. Fünf Tage vorher würde Susanne sich noch mal melden und fragen, was die Dome kosteten. Darauf würde ich dann antworten: Die kleinen gibt's schon für 100 Euro. Das war der Losungssatz dafür, dass alles wie vereinbart ablaufen könne. Würde ich antworten: die Dome sind leider ausverkauft, dann wäre etwas schiefgelaufen, und sie müsste noch mal persönlich ins Atelier kommen. Auf jeden Fall wollte Susanne zwei Tage vor der Übergabe reinschauen und die Kartons abliefern, in die ich die Blüten des Polen packen sollte.

Eckelkamp bestellte mich zu sich. Als ich in seiner Galerie eintraf, war auch Holger Krautmacher anwesend. Der Architekt sagte, er habe den Auftrag bekommen, bei einem Hotelneubau in Dubai für die Innendekoration des riesigen Eingangsfoyers zu sorgen. Da müsse ein richtiger Kracher hin. Er habe an ein paar meiner Autoporträts gedacht, da viele Scheichs ja bekanntermaßen große Autofans seien.

Autos in einem Hotelfoyer? Das gefiel mir nicht. Da würden besser Kamele passen, oder Palmen. Oder? Ich hatte es! »Falken«, sagte ich, »die Scheichs sind verrückt nach Falken. Wir hängen riesige Siebdrucke mit verschiedenen Motiven zum Thema Falken. Und dafür nehmen wir keine Edelstahlplatte, sondern Kupfer. Falken im Siebdruck auf Kupfer.«

Krautmacher und Eckelkamp starrten mich an, als säße ihnen der Erfinder der Glühbirne gegenüber.

»Kuhl«, flüsterte der Galerist irgendwann voll Hochachtung, »Sie sind ein Genie.«

Solche Sprüche ertrug ich nicht und lenkte sofort ab. »Was könnte ich für fünf Kupferarbeiten, 3 mal 2 Meter nehmen?«

»Kämen Sie mit einer Millionen Dollar hin?«, fragte der Architekt vorsichtig.

»Ich denke schon.«

»Wir müssen natürlich mal zusammen runterfliegen und uns die Location vor Ort anschauen.«

Ich nickte. »Am besten wäre, ich würde dann gleich Fotos in der berühmten Falknerei von diesem Wüstenkönig machen.«

»Das dürfte zu organisieren sein«, sagte Krautmacher und zückte seinen Planer. »Wie sähe es mit dem 22. Mai aus? Das wäre ein Dienstag.«

»Der 22.? Das geht leider nicht, ich habe am 23. noch einen wichtigen Termin.«

»Okay.« Der Architekt blätterte weiter. »Dann ginge es bei mir erst wieder am 28., Pfingstmontag wäre das.«

»Wunderbar.«

»Am Montag hin und am Donnerstag wieder zurück. Kann ich die Flüge buchen?«

»Gerne.«

»Und wenn Sie dann wieder zurück sind, Kuhl«, bracht Eckelkamp sich ins Gespräch ein, »dann besprechen wir Ihren großen Auftritt beim Sommerevent auf meinem Gutshof.«

»Haben Sie da etwas vor mit mir?«

»Aber sicher Kuhl! Das wird Ihr Durchbruch. RTL macht ein Special darüber, moderiert von Verona Pooth. Wir verteilen auf dem Gelände riesige Staffeleien, stellen Ihre Autoporträts darauf und darunter die dazugehörigen Fahrzeuge. Das Ganze wird perfekt illuminiert und mit Leuchtfeuern und Fackeln dekoriert. Danach sind Sie durch, Kuhl. Dann können wir 30.000 für jede Ihrer Edelstahlkarossen nehmen.«

Noch mal zum Thema »Lauf«. Jetzt hatte ich sogar einen Royal Flush auf der Hand, vom Ass runter bis zur Zehn in Herz. Ich konnte so gut wie nicht mehr verlieren. In einem Jahr bin ich Millionär und berühmt. Es gab rein rechnerisch nur noch ein Blatt, das höher war: Ein Royal Flush vom Ass runter in Pik. Und den hielt leider Susanne Wagental in der Hand.

Wie ich später erfuhr, hatte der Staatsanwalt den Haftbefehl schon am Tag der ersten Übergabe unterschrieben.

Von den 21.600 Euro steckte ich 17.000 in ein Kuvert und schob es bei meinem Bruder Ecki in den Briefkasten. Natürlich hatte ich Respekt vor dem 23. Mai. Vorsorglich packte ich das Nötigste in eine kleine Sporttasche.

Was dann an jenem sonnigen Frühsommertag in Widdersdorf geschah, ist bekannt. Ein Alptraum. Die fünfzig Männer von den Sonderkommandos und im Präsidium der brüllende Trabold vom BKA. Da war mir erst so richtig klar geworden, wie alles gelaufen war.

Einer der Säcke mit den geschredderten Andrucken war vor etwa einem Jahr auf der Kippe in Ossendorf geplatzt. Die Kripo fand unter den ganzen Schnipseln auch ein zerrissenes Briefkuvert, das die AXA-Versicherung an mich adressiert hatte. Da war den Herrschaften von der Kripo und dem sofort informierten BKA klar: Jürgen Kuhl! Den kennen wir doch! Ein Wiederholungstäter! Sie bezogen gegenüber von meinem Atelier einen Ausguck und bewachten mich rund um die Uhr, sie verwanzten meinen Pkw, hörten meine Telefone ab, peilten und orteten mein Handy, und sie fotografierten und filmten jeden, der mein Atelier betrat und verließ. Aber nichts geschah. Wo hatte der Kuhl die Blüten her? Wem bot er sie an? Wo und wie stellte er sie her? Wer waren die Hintermänner? Alle diese Fragen blieben offen. Denn bei mir ruhte das Blüten-Projekt, weil Tarek immer noch keine Abnehmer gefunden hatte.

Als der Frust der Ermittler immer größer wurde, traten die Damen auf den Plan. Dass ich bei Eckelkamp meine DM-Collagen ausstellte, stand sogar in der Zeitung. Es war kein Problem für »Naima Jefferson« mich anzusprechen und die beiden Bilder bei mir zu kaufen. Die hingen jetzt vermutlich im Foyer der Wiesbadener BKA-Zentrale. Indem die »Halbinderin« vorgab, das bestellte Bild nicht abholen zu können, kam »ihre Bekannte« ins Spiel. Susanne Wagental legte mir die Schlinge um den Hals und zog sie Stück für Stück zu. Das war ihr perfekt gelungen. Beide Frauen hatten einen verdammt guten Job gemacht. Ich war ihnen total auf den Leim gegangen. Susannchen und ihrer kranken Mutter. Sogar die echte Eventagentur Niagara in Essen hatte man gebrieft und auf mein mögliches Erscheinen vorbereitet.

28.

Auf der Ulmer Höhe in Block C sagte mir Joakim Skloz beim nächsten Umschluss: »Ich habe meinen Prozesstermin. Nächste Woche bin ich ein freier Mann.«

Und ich erwiderte: »Mein Termin ist in zwei Wochen. Aber ein freier Mann bin ich danach bestimmt nicht.«

»Was hat dein Anwalt für eine Strategie? Zieht ihr die Nummer mit dem Kunstwerk aus Dollar-Scheinen durch?«

»Er meint, das würde nichts bringen, dadurch fühle sich der Richter vielleicht verarscht.«

»Das könnte natürlich sein. Hat er sich sonst was ausgedacht?«

»Denken ist nicht so dessen Sache«, sagte ich, »und Ideen entwickeln erst recht nicht.«

»Schmeiß ihn raus!«

»Das geht jetzt nicht mehr.«

»Wenn sie mich freilassen nächste Woche, komme ich zu deinem Prozess nach Köln.«

»Hab ich nichts gegen.«

»Kuhl! Wenn du raus bist, dann machen wir einen echten Warhol! Ich war vor Jahren in Amerika und habe nachgeschaut, auf was für Papier er gedruckt hat. Ich bin zu der Papierfabrik gefahren und habe tausend Blatt davon gekauft, mit original Wasserzeichen und allem! Dann machen wir irgendeinen Kopf, den von ihm keiner kennt, der vielleicht auch politisch nicht korrekt ist, Charles Manson oder Phil Spector oder so, und wir denken uns eine Geschichte dazu aus. Du gibst das Bild dann deinem Galeristen, und eine junge Kunstgeschichtlerin, die in seinem Lager wegen ihrer Doktorarbeit die Bestände sichtet, findet plötzlich dieses Original! Sensation! Ab zu Christie's damit!«

»Joakim, du bist verrückt!«

»Vielleicht. Aber ich brauche auch Geld. Das Finanzamt will 2 Millionen Euro von mir, meine Frau will sich scheiden lassen. Wahrscheinlich muss ich den Picasso zweimal verkaufen, zweimal für 40 Millionen Dollar, einmal nach Tel Aviv, einmal nach Paris. Das hätte einen Vorteil. Der israelische Kunde ist zwar ein Duzfreund von Präsident Sarkozy, aber er ist Waffenhändler, und er soll sogar versucht haben, Uran in den Iran zu schleusen. Stell dir vor! Ein Jude hilft den Mullahs, die A-Bombe zu bauen, um damit Israel plattzumachen! Auf jeden Fall hatte er den Deal über Frankreich abwickeln wollen. Das kam aber raus, und nun hat er Landesverbot.«

»Du hast ja wieder Storys drauf, nee nee.« Kopfschüttelnd lächelte ich ihn an.

»Das ist keine Story!«, regte er sich auf. »Das ist die Wahrheit. Also mache ich eine perfekte Kopie von dem Picasso, und die verkaufe ich dem Waffenhändler in Tel Aviv, und das Original verkaufe ich nach Frankreich, jeweils für 40 Millionen.«

»Aber hast du nicht mal erzählt, der Picasso gehört, einem russischen Milliardär?«

»Ja, das stimmt auch! Dem habe ich gesagt, da würde ich 20 Millionen für bekommen. Da war er mit einverstanden, und ich durfte das Bild mitnehmen. In Düsseldorf haben sie mich damit hoch genommen. Dabei war das Bild nicht gestohlen und nicht gefälscht.«

»Eine echte Dora Maar im Hotelzimmer, ich glaube, da hätte ich auch zugeschlagen.«

»Blödmann«, sagte er und lachte. »Ich hätte schon längst raus sein können, wenn ich ausgepackt hätte.«

»BKA?«

»Ja sicher! Die haben gesagt, ich könne sofort meine Dora Maar nehmen und durch die Tür in die Freiheit gehen, wenn ich Ihnen ein paar Namen und Tipps geben würde, wie der Kunsthandel funktioniert. Das habe ich natürlich nicht getan. Ich hacke doch nicht die Hand ab, die mich füttert! Und trotzdem muss der Richter mich nächste Woche freilassen. Sie haben nichts gegen mich in der Hand.«

»Ich drücke dir die Daumen.«

Joakim sollte recht behalten. Nach dem Gerichtstermin war er ein freier Mann. Das gönnte ich ihm, obwohl die Ulm ohne ihn für mich nur noch schwer zu ertragen war. Aber auch mein Termin stand an.

Der zuständige Staatsanwalt war eine rheinische Frohnatur. Er machte gerne Witzchen und hätte einem während des Prozesses am liebsten zwischendurch auch mal gerne jovial auf die Schulter geklopft. Aber das sollte einen nicht darüber hinwegtäuschen, dass er ein harter Hund war, der sich verbissen in seine Fälle einarbeitete. Joschka Fischer hatte das zu spüren bekommen, denn als Oberstaatsanwalt hatte Egbert Bülles damals in der Schleuser- und Visa-Affäre die Anklage vertreten. Seit Jahren war er Leiter der Abteilung Organisiertes Verbrechen bei der Staatsanwaltschaft in Köln. Meine müde Vertretung auf dem Anwaltsbänkchen hatte keine Chance gegen den versierten und gut vorbereiteten Rhetoriker.

Ich erklärte dem Richter, dass ich keine meiner Dollar-Noten in den Umlauf gebracht hätte, und wenn die verdeckte Ermittlerin alias Susanne Wagental mich nicht überredet hätte, ihr welche davon zu verkaufen, dann lägen diese heute noch in dem Container und noch morgen und vermutlich auch noch nach meinem Tod.

»Gut«, sagte der Richter, »das BKA hat etwas nachgeholfen, aber Sie hätten ja auch Nein sagen können! Selbst wenn man Ihnen zehn Millionen Euro geboten hätte, wäre es trotzdem Ihre freie Entscheidung gewesen.«

Als ich daraufhin noch mal die erste Dollar-Geschichte zur Sprache bringen wollte, wegen der ich ja damals meine ganze Existenz verloren habe und die damit die Basis geschaffen habe für die jetzt verhandelte Angelegenheit, pfiff mich der Richter sofort zurück und sagte, ich solle da bloß kein Fass mehr aufmachen, mit der Bewährungsstrafe sei ich damals gut bedient gewesen.

Mein Anwalt hatte überhaupt nichts zu vermelden, was in irgendeiner Weise erwähnenswert wäre.

Auch Joakim, der brav im Publikum saß und Daumen drückte, brachte mir kein Glück.

Staatsanwalt Bülles beantragte sechseinhalb Jahre, der Richter verurteilte mich zu sechs Jahren, ohne Bewährung.

Wegen meines Alters und meiner etwas gebrechlich anmutenden Verfassung sollte ich meine Strafe als Freigänger verbüßen, in der eigens darauf ausgerichteten JVA in Euskirchen.

An den fünf Werktagen darf man als Freigänger fünfzehn Stunden jeden Tag »frei gehen«, wenn man eine Beschäftigung nachweisen kann. Die restlichen Stunden muss man sich in dem Gefängnis aufhalten, das wegen der idyllischen Umgebung Erlenhof genannt wird.

Man sollte natürlich nachts nicht besoffen in die Strafanstalt zurücktorkeln, und als Freigänger in einem Spielcasino gesichtet zu werden, wäre auch nicht allzu clever.

Freunde und Familie kauften einen gebrauchten VW-Golf für mich und halfen mir, eine Bude in einem Hinterhof in Ehrenfeld zu finden, in der ich wieder ein Atelier einrichten konnte.

Kaum hatte ich dort alles zusammengetragen, was von meinem Besitz noch übrig geblieben war und in den Kellern und Garagen meiner Brüder und Neffen meine U-Haft-Zeit überstanden hatte, stand Joakim Skloz in der Tür – und zwar so, wie ich ihn im Knast kennengelernt hatte: Teuer, aber etwas antiquiert gekleidet, perfekt rasiert und frisiert, spleenig, etwas verhuscht, aber überbordend von kreativen, kriminellen und schalkhaften Ideen. Er schaute in meine Kartons, wählte einige Zeichnungen und Drucke aus und legte sie vor mir auf den Arbeitstisch. »Wie viel willst du haben dafür?«

»20.000?«

»Gib mir die Sachen mit, ich bekomme 50.000 dafür.«

Eine Woche später fuhr ein Taxi vor, und Joakim nahm ein verpacktes Bild aus dem Kofferraum. Es war der Picasso. Dora Maars Profil vor weiß blühendem Strauch und tiefblauem Himmel.

»Das BKA hat mir das Bild endlich zurückgegeben«, sagte er. »Aber mit meiner Frau läuft es nicht so gut im Moment, ich will das Bild nicht in einer ihrer Immobilien deponieren. Kann ich es vorübergehend bei dir lassen, Kuhl?«

»Wenn du niemandem sagst, dass man hier in dieser Bude einen Picasso für 40 Millionen Euro stehlen kann, gerne.«

Wir hängten Picassos leidenschaftliche Exgeliebte an die Wand und darüber meinen Warhol-Indianer.

Als das erledigt war, öffnete Joakim seine Aktentasche und zog ein kleines Aquarell hervor. »Ein Kandinsky«, sagte er. »In München gekauft für die 50.000, die ich für deine Sachen bekommen habe. Der Osthoff in Mainz will 120.000 zahlen für die Zeichnung. Aber ich denke, wenn der Osthoff 120.000 bietet, dann bekomme ich dafür in Berlin beim Silberstein 200.000.«

»Wäre nicht verkehrt«, sagte ich.

Es vergingen weitere zwei Wochen, bis Joakim plötzlich in meine Bude stürmte und den Picasso von der Wand nahm.

»Dora Maar ist verkauft«, erklärte er aufgeregt, »ich fliege mit dem Bild morgen nach Tel Aviv.«

»Was ist mit dem Kandinsky?«

»Der liegt in Berlin beim Silberstein. Dessen Kunde will sich die Tage entscheiden. Ich denke, da gibt es 250.000 für.«

»Ich will ihn hierhaben«, sagte ich.

»Wie bitte?«

»Dora Maar war ein gutes Pfand. Aber was mache ich, wenn dir der Mossad in Tel Aviv die Gurgel durchschneidet? Gehe ich dann in Berlin zu deinem Silberstein und sage: Geben Sie mir bitte meinen Kandinsky wieder?«

Joakim überlegte einen Moment und sagte dann: »Du hast recht. Aber mein Flieger nach Tel Aviv geht schon morgen Nachmittag. Wie sollen wir es machen?«

»Wir steigen in meinen Wagen«, sagte ich, »und holen den Kandinsky beim Silberstein in Berlin ab.«

»Jetzt gleich?«

»Jetzt gleich.«

Nach der Berlinreise sah ich Joakim erst einen Monat später wieder. Wir tranken Kaffee in einem Ehrenfelder Bistro, und er erzählte, der Picasso sei verkauft. Mit dem Finanzamt habe er sich auf 500.000 geeinigt. Silberstein habe einen Kunden aufgetan, der für meinen Kandinsky 300.000 hinlege. Ein kirgisischer Jude, der morgen Abend wieder in seine Heimat zurückfliege. Ich gab ihm die Zeichnung.

Am nächsten Abend rief ich Joakim auf dessen Handy an. Er sagte, das Geschäft sei gelaufen, die 300.000 in seiner Aktentasche verstaut. Ob ich mit Halbe-Halbe einverstanden sei.

150.000 Euro bar auf die Hand? Natürlich war ich damit einverstanden. Das sagte ich ihm, und Joakim erwiderte, morgen früh gehe er noch zu einem befreundeten Zahnarzt und dann setze er sich in den Zug nach Köln.

Um 15 Uhr am nächsten Tag rief ich Joakim an. Er sagte, er sitze im Zug, der um 18 Uhr im Kölner Hauptbahnhof eintreffe. Okay, sagte ich, dann käme ich ihn dort abholen.

Um sechs stand ich auf dem Bahnsteig. Der Zug aus Berlin rollte ein. Um viertel vor sieben der nächste. Dann noch einer kurz nach acht. Ich wählte Joakims Nummer. Die digitalisierte Stimme eines Operators erklärte, dass die von mir gewählte Nummer nicht vergeben sei.

Nein, sagte ich, nicht auch noch du, Joakim. Ich wollte es einfach nicht glauben.

Um zehn verließ ich den Bahnhof und stieg in meinen schwarzen Golf, den ich am Breslauer Platz geparkt hatte. Unter dem Scheibenwischer klemmte ein Knöllchen über 30 Euro.

Konnte das alles denn wirklich wahr sein?

DANK AN

Tim Berners-Lee für die Erfindung des World Wide Web, ohne das die Arbeit an diesem Buch schätzungsweise zwei Monate länger gedauert hätte.